DELPHI
bei Droemer

Harald Knauss

Das Vogelorakel

Die geistige Welt der Vögel als Lebenshilfe

Delphi bei Droemer

Die Folie des Schutzumschlags sowie die Einschweißfolie
sind PE-Folien und biologisch abbaubar.
Dieses Buch wurde auf chlor- und säurefreiem Papier gedruckt.

Umschlaggestaltung: Vision Creativ, München
Umschlagfoto: Bavaria/Stock Imagery, Gauting
Karten-Fotos: Reinhard Siegel/Werner Layer
Karten-Illustrationen und Spielplan: Hans-Christian Sanladerer
Satz: Ventura Publisher im Verlag
Druck und Bindung: Ebner Ulm
Printed in Germany
ISBN 3-426-29024-3

5 4 3 2 1

Inhalt

Geleitwort

Es gibt nur selten Menschen, die den Künstler und Forscher so genial in sich vereinen wie der Autor dieses Buches. Der Stellenwert des Vogelorakels ist ein besonderer, weil in Mitteleuropa die ganzheitliche Therapie nur sehr zögernd auch den Vogel beachtet und das materialistische Denken ihn zum »Ziervogel«, zum »Zuchtmaterial« degradiert hat. Im gleichen Maße, wie die Vögel aus deutschen Wäldern verschwinden und flurbereinigte Felder die Buschbewohner vertrieben haben, taucht der Vogel an anderer Stelle wieder auf: Allein in deutschen Privathaushalten werden 10 Millionen zahme Papageienvögel gehalten, Hunderte von professionellen Vogelzüchtern halten durchschnittlich 50 bis 80 Vögel, dazu kommen Tausende von Hobbyzüchtern, die ebenfalls 10 bis 40 Vögel halten. Es werden Nachzuchten en masse produziert, es werden Tausende von Tropenvögeln der Freiheit beraubt, um deutsche Wohnzimmer, Keller, Speicher, im günstigsten Fall Vogelzimmer und Freivolieren zu schmücken. Das gilt auch für das übrige Europa. Eine Handvoll chemischer Waffen sind auf das zarte Luftwesen gerichtet – kein Wunder, daß sich auch das Sterben in dreistelligen Zahlen pro Jahr rechnet! Ja, es ist unübersehbar: Der Mensch fühlt sich zum bunten, singenden Vogel trotz aller Technik magisch hingezogen und scheut weder Kosten noch Opfer, um auch die seltensten Tropenvögel in unseren Breiten zu halten.
Was ist das für eine Sehnsucht?
Das Vogelorakel gibt viele Antworten, die nachdenklich machen, die aber auch auf anschauliche Weise die uralte Beziehung Mensch-Vogel erklären. Bis auf wenige Ausnahmen sind die Orakelwesen heimische, europäische Vögel. Auf beispielhafte Weise ist es Harald Knauss gelungen, tief in das Wesen der Vögel zu schauen und durch seine Sensitivität auch ein modernes Vogelorakel für den modernen Menschen zu entwickeln. Wer sich auf irgendeine Weise zum

Luftwesen Vogel hingezogen fühlt, findet hier Deutungen nach alten Vorbildern, die eine neue und echte Lebenshilfe ermöglichen. Aus der Sicht des Vogeltherapeuten, Züchters und Ornithologen ist das Vogelorakel eine reiche Quelle, vom Vogel mehr zu begreifen als lediglich biologische Fakten. Zum Wissen gesellt sich innere Erfahrung. Und welche lichte, feine Energie könnte das besser vermitteln als die der Vögel?!

Dr. Rosina Sonnenschmidt

Jeder durchgeistigte Blick in die Natur
führt zu einem Stück Selbsterkenntnis.
(Hermann Poppelbaum)

Einführung

Unzählige Schriften handeln vom Wesen und Wirken der Pflanzen und ihrer feinstofflichen Natur. Selten findet man jedoch Schriften, die sich mit dem geistigen Wesen der Tiere und insbesondere mit dem der Vögel beschäftigen. Doch spielen Vögel in allen Kulturen dieser Welt seit alters eine bedeutsame Rolle. Dabei wird in den alten Überlieferungen streng unterschieden zwischen Tieren und Vögeln. Das spricht für deren besondere Stellung.

Zwei Wege gibt es, auf denen wir uns dem Wesen der Vögel nähern können: den Weg der Mythen und den Weg der geisteswissenschaftlichen Erkenntnisse. Der Mythos war früher eine ganz eigene Erkenntnis- und Erlebnisart der inneren Welten, die Priestern und Eingeweihten zugänglich waren. Für uns heute gibt es aus materialistischer Sicht nur eine Realität: die erfahr- und greifbare Welt der festen Materie. Wir setzen heute den Mythos mit Märchen oder Legenden gleich, in denen irgendein von kollektiver Bedeutung durchdrungenes Ereignis erzählerisch äußerst phantastisch ausgestaltet und verändert wird. Die Geschichte wird Trägerin eines archetypischen Musters, das heißt Trägerin einer Botschaft, deren Inhalt für alle Menschen dieselbe emotionale Aussagekraft hat. Es muß etwas sein, das die Psychologie deuten kann. Daß diese archetypischen Geschichten, Märchen und Legenden vielleicht aber auf feinstofflichen Ebenen Wirklichkeit waren oder sind, akzeptiert die moderne Wissenschaft nur allmählich.

Der Traum zum Beispiel ist für den Träumer absolute Wirklichkeit und Realität, wenn auch nur auf der physischen Ebene. Er bekommt Schweißausbrüche und Herzrasen. Sobald er aber die Augen öffnet, sieht er die Welt anders. Meist braucht er Zeit, sich in der Tagrealität zurechtzufinden. Für den Träumer war sein Traum eine reale Erfahrung. Im esoterischen Gedankengut wird diese Erfahrungsebene astrale Ebene genannt. Auch hellsichtige Menschen oder Tiere sehen Wesen, die physisch nicht greifbar, aber doch vom feinstofflichen Sinn erfaßbar sind. Langsam lernen wir heute wieder durch neue Erkenntnisse der Biologie und vor allem der Physik, daß es mehrere Welten gibt, die genauso real sind wie die der festen Materie. Diese Welten sind nicht ertastbar und begreifbar, aber mit anderen Sinnen lassen sie sich erschließen.

Der große Gelehrte und Harmoniker Hans Kayser fragte einmal, wie wohl unsere Welt und Erkenntnis aussähe, wenn nicht dem Tastsinn, dem »Begreifsinn«, absolute Priorität zugeordnet worden wäre, sondern zum Beispiel dem Hörsinn? Wenn wir also die Welt zuerst über das Hören erführen? Was wäre dann »Zeit« für uns, die wir jetzt zum Beispiel über den Sonnenstand messen? Es wäre eine ganze andere Welt. In der Tat haben ja viele Tiere eine andere Erlebniswelt, wenn die Priorität ihrer Wahrnehmung anderen Sinnen zugeordnet ist. Wie erfährt ein Tier, das sich hauptsächlich über Geruch orientiert, Welt? Wir wissen es nicht, weil bei uns der Geruchssinn relativ schwach in unserem Bewußtsein ausgeprägt ist und der menschliche Erkenntnisweg immer nur über ein Sich-in-Verhältnis-Setzen zur Welt verläuft. Durch Forschungen über die Funktion unseres Gehirns wissen wir heute, daß diese rationale, analytische Erkenntnis von Welt nur eine Teilerfahrung ist. Sie beruht darauf, daß nur das als wahr anerkannt wird, was materiell sichtbar ist. Dies bedingt ein recht begrenztes Erfassen von Welt. Jedes Huhn ist wissenschaftlich ein Huhn, weil es in den wesentlichen Punkten den allgemeinen Kriterien der Hühnergattung entspricht, die man durch Vergleichen bestimmt hat.

Äußerliche individuelle Abweichungen sind dabei einkalkuliert. Aber all dies sagt nichts über das Wesen des Huhns aus. Es sind rein systemische Ordnungen, ganz entsprechend dem Erkenntnisvermögen unserer linken Gehirnhälfte. In dieser linken Hälfte liegt

unser Werte- und Glaubenssystem, das alle Erfahrungen abspeichert. Deshalb reagieren wir bei ähnlichen Erfahrungen immer nach ähnlichen alten Mustern, das heißt, wir funktionieren. Wissenschaftler, die hauptsächlich mit den Fähigkeiten der linken Gehirnhälfte arbeiten, tun sich natürlich schwer mit Erkenntniswegen, die dieser verschlossen sind. Deshalb wehren sie sich auch ganz vehement gegen alternatives Denken, das ihr Glaubenssystem bedroht und damit ihre ganze Lebensauffassung. Die Arbeit mit der linken Gehirnhälfte ist an sich eine gute und wichtige Sache, die viele technische Leistungen ermöglichte. Problematisch ist ihre Ausschließbarkeit und Dominanz. Erst durch die Einbeziehung der rechten Gehirnhälfte ergibt sich ein Ganzes. Die linke Gehirnhälfte meistert die Atomspaltung und den Bau eines Kernkraftwerks, formuliert den Nutzen und setzt dies auch um. Die rechte Gehirnhälfte aber wird fragen, welche Auswirkungen auf das Ganze sich dadurch ergeben, und wird vielleicht alternative Ideen einbringen, wie sich dasselbe Endergebnis auf völlig andere, kreative Weise erreichen läßt.
Auch in der Betrachtung der Tierwelt müssen wir weg von der reinen Strukturerfassung zur Erkenntnis kommen, daß wir es mit dynamischen Prozessen zu tun haben. In dem Buch »Umwelt und Innenwelt der Tiere« des Biologen Jakob Johann von Uexküll finden wir folgende Ausführungen:

Die Tiere und Pflanzen entstehen nach einer Art Melodie, sagt Karl Ernst von Bär, sie bilden nicht nur Einheiten im Raum wie Maschinen, sie sind auch Einheiten in der Zeit, und diese zu fassen ist der menschliche Geist nicht fähig. Sie bleiben für ihn Wunder. Uns sind nur mechanische Einheiten verständlich, in denen wie in Maschinen alle Teile sich gegenseitig im Raume gleichzeitig bedingen. Es scheint uns ganz widersinnig, daß es Faktoren geben könne, die sich auch in der Zeit gegenseitig beeinflussen könnten. Für unseren Verstand gibt es in der Zeit nur eine Wirkung vom Vorhergehenden

auf das Folgende und nicht umgekehrt. Wenn etwas Derartiges einträte, daß nämlich das Folgende auf das Vorhergehende wirkte, so würden wir ohne weiteres von einem Wunder reden. Und doch findet Derartiges im Protoplasma statt. Nicht eine vorhandene, sondern eine kommende Struktur bestimmt die Leistungen des Protoplasmas. Das fertige Hühnchen steht zwar in direkter Abhängigkeit von den ersten Furchungsvorgängen des Keimes, aber ebenso sind die ersten Keimesfurchen abhängig von der Gestalt des auszubildenden Hühnchens.
(Zitiert aus Guenther Wachsmuth: »Erde und Mensch«)

Die Erfahrung von Welt über unsere rechte Gehirnhälfte ist vollkommen anders, genauso real, wahrscheinlich sogar viel realer im Sinne einer ganzheitlichen Betrachtung der Lebensprozesse. Die rechte Gehirnhälfte arbeitet ganzheitlich, kennt weder Zeit noch Begrenzung und ihre Sprache ist nonverbal, also in Bildern.
Und damit sind wir mitten im Mythos. Moderne Therapien verwenden gerade diese Fähigkeiten des Gehirns zur Lösung von psychischen Problemen. Die linke Gehirnhälfte kann sie nicht leisten, meistens hat sie auch diese Probleme verursacht. Der Mythos kann uns in eine andere Welt führen, die keine Zeit und Trennung kennt, auch keine Trennung zur Tierwelt. Die Erkenntnis der physischen Realität, die wir heute hauptsächlich mit Hilfe der Fähigkeiten der linken Gehirnhälfte erreichen, bedarf eines Objektes und des Abstandes. Wir können nur etwas betasten, was außerhalb unseres Selbst liegt. Die rechte Gehirnhälfte arbeitet dagegen mit den inneren Welten, da Zeit- und Raumbegrenzungen für sie nicht existieren. Sie gibt uns die Befähigung, uns in das Wesen anderer Lebewesen hineinzuversetzen. Die Sprache der Vögel zu verstehen, ist mit der linken Gehirnhälfte nicht möglich, diese gibt uns lediglich die nicht zu verachtende Fähigkeit, einen Vogel an seinen Lauten zu erkennen. Seine Sprache zu verstehen, ist nur mit den intuitiven Kräften einer ganzheitlichen Wahrnehmung möglich, die mehr im Bereich

der rechten Gehirnhälfte liegen. So erstaunt es auch nicht weiter, daß sehr viele Biologen, die in ihrer Ausbildung ganz auf die Fähigkeiten der linken Gehirnhälfte trainiert sind, zwar sehr viel faktisches Wissen über Tiere, aber wenig Zugang zum Lebewesen »Tier« haben. In der Vogelzucht ist erstaunlich, wie wenig gerade die Wissenschaftler vom Wesen des Vogels begreifen und wie weit sie davon entfernt sind, dem Vogel eine eigene Persönlichkeit zuzugestehen.

Der Mensch als Ganzes ist direkt mit jedem Bereich der Natur verbunden, besser gesagt, mit den Kräften, die in jedem Naturreich walten. Diese Kräfte hat der Mensch sozusagen in sich abstrahiert. Unser Skelett, das gesamte physische Kraftsystem des Menschen ist eng verwandt mit dem *Mineralreich.* Dies sind die Kräfte der Stabilität. Nehmen die Mineralkräfte in uns überhand, so werden wir dichter und eingeschränkt in unserer Bewegung, es kommt zu Kristallisationsprozessen.

Mit der *Pflanzenwelt* verbinden uns die Kräfte des Wachstums und des Stoffwechsels. Dabei spielt es im menschlichen Körper eine große Rolle, daß diese Kräfte sich nie so ausleben können wie bei der Pflanze, sondern begrenzt und oft umgewandelt werden müssen.

Mit dem *Tierreich* verbinden uns die Beweglichkeit, die Triebkräfte und die Empfindung. Beim Tier beeinflussen diese Kräfte stark das Äußere, indem sie den Körper seinen Umweltbedingungen anpassen. Im Menschen sind diese Kräfte abstrahiert: Sie geben ihm Unabhängigkeit und die Fähigkeit, sich verschiedenen Bedingungen anzupassen. Daß der Mensch die Kräfte der einzelnen Naturreiche begrenzen, ja oft zurückdrängen und überwinden muß, führte den Anthroposophen Rudolf Steiner zu der Auffassung, der Mensch bilde eine Art Antithese zu den Naturkräften und fasse die Naturreiche auf höherer Ebene zusammen. Das Wesen des Menschen ist mit dem der Tiere am engsten verknüpft, da beide sich über die starke Kraft des Empfindens, des Gefühls ausdrücken.

Es gibt aber wesentliche Eigenschaften, die den Vogel mit der

Menschenwelt besonders stark verbinden. Vor allem wäre hier die stimmliche Artikulationsfähigkeit zu nennen, die Fähigkeit zu musikalischem Ausdruck. Des weiteren verbindet uns die starke Wahrnehmung über das Auge, wenngleich die visuelle Wahrnehmung bei Vögeln viel ausgeprägter und auch besser ist. Das Auge spielt eine große Rolle, das zeigt sich auch im Werbungsverhalten. Farben haben hier bei Vogel und Mensch eine große Wirkung. »Er spreizt sich wie ein Pfau«, sagt der Volksmund. Auch in der Mode sind Vogelfedern ein wichtiger Bestandteil. Aber eine Fähigkeit, wonach der Mensch immer strebte, ist nur dem Vogel zu eigen: die Kunst des Fliegens. Dieses Sicherheben von der Erde und Einswerden mit dem luftigen Element ist der große Traum der Menschheit. Das gelang bisher nur, indem wir technische Apparate entwickelten, die dem Vogelreich abgeschaut waren. Selber können wir nicht fliegen. Aber diese geheime Sehnsucht ist stark und Jahrtausende alt. In allen großen geistigen Kulturen symbolisiert der Vogel die menschliche Seele, die ewiges Leben besitzt. In der materiellen Welt ist diese Seele begrenzt durch den physischen Körper und seinen Gesetzen unterworfen. Nach dem physischen Tod löst sich die Seele, gewinnt ihre Freiheit und Unabhängigkeit wieder und kann sich wie ein Flügelwesen (Engel) durch die geistigen Räume bewegen. Diese Ahnung liegt tief im Unbewußten des Menschen verborgen, dieses Wissen um die Fähigkeit zu fliegen, die wir nach dem Tod wiedererlangen. All dies sind Bilder und Analogien, die wir mit den Vögeln verbinden und die uns wiederum mit dem mythischen Kräften dahinter in Kontakt bringen.

Vögel und andere geflügelte Wesen wie die Engel waren immer auch Botschafter der göttlichen Welt. Sie tauchen als Mahner, Seelentröster und Botschafter auf. Es gab früher in jeder Kultur die Vogelorakel. Jeder Vogel war einem bestimmten Gott verbunden und wies auf eine entsprechende Botschaft hin. Kommende Ereignisse wurden aus dem Auftauchen und dem Flug der Vögel gefolgert. Dies ist nicht weiter verwunderlich, zeigt sich doch am Zug der Vögel immer die erst kommende Jahreszeit. Der Vogelzug hat bis heute etwas Rätselhaftes und Geheimnisvolles. Am Schwalbenflug lesen heute noch Bauern das Wetter ab; Rabe und Krähe gelten heute noch, meist im Volksglauben, als Unheilverkünder. Zur Zeit Goethes galt der Ruf des Kuckucks für Frischvermählte als gutes Omen, ließen sich Glück und Anzahl des Nachwuchses aus diesem Ruf heraushören. Die Eule ist bis heute ein Symbol der Weisheit. Daß diese Bilder und Vorstellungen immer noch aktiv im menschlichen Unterbewußtsein sind, beweisen therapeutische Sitzungen. Auch im Schaffen der Künstler sind sie noch vorhanden. Sehr schön zeigt sich dies im letzten Bild von Vincent van Gogh, das schon seine Todesahnung widerspiegelt. Sein Titel lautet »Kornfeld mit schwarzen Vögeln«. Das ganze Bild spricht für sich. C. G. Jung beschreibt, daß Vögel häufig in Träumen der Patienten auftauchen. Es geht dabei um in das Unterbewußte verdrängte Energien, die einen großen Anteil an der Aktivität der rechten Gehirnhälfte haben. Wir werden in der Gesellschaft absolut »linkshirnig« erzogen, so daß die Energie der rechten Hälfte wild wuchert und unser Unterbewußtsein bereichert. Beide Hälften zusammen ergeben aber erst eine ganzheitliche Wahrnehmung.

Auch in der Betrachtung der Vogelwelt dominiert meist dieses analytische Denken. Berichte über Haltung, Brut und Krankheitsbilder füllen die Zeitschriften. Kaum jemals findet sich aber ein Artikel, der das Wesen des Vogels behandelt und nicht Äußerlichkeiten wie Futter, Haltung oder Aufzucht. Wenig findet man über die Beziehung zwischen Tier und Mensch, da man ja »artgerecht« halten möchte, wobei der Mensch nur als »Vermieter« auftreten darf. Es werden Tiere angeblich artgerecht gehalten und doch finden sich erstaunlich viele kranke Vögel und jede Menge Todeskandidaten. Heutige Menschen sind selber fast naturentwöhnt und sprechen doch von naturnaher, artgerechter Haltung. Woher das Wissen darüber wohl stammt? Wenn wir das Wesen eines Vogels, sein individuelles Selbst nicht kennen, können wir ihm keine gute Hal-

tung bieten. Da spielen wesentlich mehr Faktoren eine Rolle als Futter und Volierengröße. Es ist natürlich wichtig, solche Dinge zu wissen, denn sie bilden die minimalste Grundlage eines Zusammenlebens, aber dies sollte der Anfang sein.
Vögel sind eine Faszination, auch wenn wir oft nicht erklären können, warum. Vielleicht kann uns die altehrwürdige Kunst des Vogelorakels zu einem neuen Verständnis der Beziehung zwischen Mensch und Vogel verhelfen.

Die Vögel in Mythologie und Volksglauben

In allem sind Offenbarungen der Zukunft verborgen; die wichtigsten aber werden dir die weissagenden Vögel verkündigen. Dieß sind solche Thiere, die aus Menschen in Vögel verwandelt wurden, wie die Dichter sagen. Höre daher aufmerksam zu, was die Krähe spricht, achte auf ihre Stellung, wenn sie sitzt, merke darauf, ob sie zu deiner Rechten oder Linken fliegt, ob sie geschwätzig ist, ob sie schreit oder schweigt, ob sie vorausgeht oder nachfolgt, ob sie die Ankunft des Vorbeipassierenden erwartet oder flieht, und wohin sie sich wendet; dieß Alles beachte genau.
(Agrippa von Nettesheim)

Die verschiedenen Schilderungen eines glückseligen Zustands, der »Paradies« genannt wurde, haben gemeinsam, daß sie einen Zustand bezeichnen, in dem der Mensch die Gesamtheit der Welt, die Zusammengehörigkeit aller Wesen erkennt. Er erkennt dies nicht nur, sondern wird Teil einer Kraft der Liebe, die wie ein magnetisches Band alle Wesen verbindet. Orpheus und König David waren solche Gestalten, die kraft ihrer inneren Harmonie, ausgelöst durch die Musik, zu allen anderen Wesen, vor allem zu den Tieren, in harmonischer Beziehung standen. Solche Bilder haben einen doppelten Effekt: Menschen haben innerlich ihre triebhaften, tierischen

Kräfte harmonisiert und befriedet, und deshalb zeigen sich die Tiere auch friedlich. Diese Erlösung des Tierreiches durch den Menschen findet sich in allen Religionen. In frühen Kulturen gab es zwischen Mensch und Tier ein Verwandtschaftsverhältnis: Der Mensch erkannte im Tier einzelne Charakterzüge wieder, die ihm selbst zu eigen waren. Als Individuum und als Mitglied eines Clans stand er in einer Art magisch-mystischer Verbindung mit »seinem« Tier. Je nach den Charakterzügen eines Tieres wurden den Stammangehörigen Namen zugeteilt. In den Wappen und Namen der Rittergeschlechter finden wir diese Tradition ebenso wie in vielen Vornamen, zum Beispiel Wolfgang. Auch Hildegard von Bingen war der Meinung, daß das Wesen eines Tieres sehr viel Ähnlichkeit mit der Natur eines Menschen haben kann. Dabei hat das Tier Eigenschaften, die löblich und förderlich sind, aber auch solche, vor denen man sich hüten sollte.

Den Ahnen sprach man früher die Fähigkeit zu, sich jederzeit in ihr Totemtier verwandeln zu können. Sie waren somit Teil der tierischen wie auch der menschlichen Natur. Der Schutzgeist des Tieres war durch ein Schicksalsband mit dem Menschen verbunden, und das Tier war der Schatten des Menschen, sein »alter ego«. Das Totemtier war tabu; an seinem Befinden konnte man die Zukunft des zugehörigen Menschen oder Clans erkennen. Der Wille der Götter wurde über den Schutzgeist vermittelt. Mensch und Totemtier bildeten eine Art Lebensgemeinschaft, und die Fähigkeiten des Totemtieres ließen sich auf den Menschen übertragen. Dies geschah durch Rituale und Zauber und spielte vor allem bei der Initiation eine wichtige Rolle.

Nach dem Tod begleitete die Seele des Tieres den Menschen ins Jenseits. Da das Entweichen der Seele immer mit einem Fliehen und Fliegen verbunden war, einen Akt der Befreiung darstellte, kam der Vogelwelt natürlich besondere Bedeutung zu. Der Schamane eines Clans war die Person, die am engsten mit dem Vogel verbunden war. Er konnte schon im irdischen Leben seine Seele lösen, mit ihr durch Zeit und Raum fliegen, und er war fähig, mit den Schutzgeistern zu sprechen. Außerdem schrieb man ihm als Eingeweihtem die Macht zu, durch das Nachahmen von Vogelpfiffen und Vogelrufen das Wetter verändern zu können. Er sollte Stürme entfesseln oder auch beruhigen können. In seinem Buch »Adler und Schlange« schreibt Manfred Lurker:

Wie bei anderen Völkern Sibiriens, trägt auch bei den Sojoten der Schamane ein Vogelkostüm; bei den Tungusen ist der Stiefel regelrecht einer Vogelklaue nachgebildet. Die Schamanen der Mongolen haben Flügel an den Schultern und glauben sich in den Vogel verwandelt, dessen Kleid sie tragen. Das Auftreten als Vogel ist besonders mit dem Bild des Adlers verbunden, der ja als Vater des ersten Schamanen galt und der im Mittelpunkt eines Mythen-Komplexes steht, zu dem auch der Weltbaum und die ekstatische Schamanenreise gehört. Bei der sogenannten Reise des Schamanen glaubt man, daß dieser – während er behende den Zeremonial-Baum hinaufklettert – die neun Himmel durchwandert, dabei soll ihm der Vogel behilflich sein.

Der Vogel mit seinen Federn, wesensverwandt mit Wind, Raum und Licht, ist Symbol der steten Wanderung, des Nichtseßhaften. Der Reisende und Wanderer durch Raum und Zeit entspricht ihm. Dieses Nicht-Verwurzelt-Sein und das Nicht-am-Besitz-Hängen wird mit dem Vogelwesen verbunden. Sich nicht an etwas fest zu binden, stets wieder loszulassen und weiterzuziehen, bringt eine stete Verjüngung mit sich. Nur der Philister altert, der gut Bürgerliche, dem der warme Herd wichtig ist. Diese Kraft der stets wiederkehrenden Verjüngung findet sich in vielen Vogelmythen. Mit den Vögeln verbunden ist auch die Wanderung der Sonne im Jahreslauf. Die Sonne steht in der Psychologie für das ureigene Ich, die integrierte Persönlichkeit. Im Mythos ist sie häufig dem jungen Sonnenhelden gleichgesetzt. Bei Nacht oder zur Winterzeit wird der Sonnenheld

von den Vögeln ernährt. In vielen Mythen und Legenden werden ausgesetzte Waisenkinder, Hilfesuchende und Eremiten von Vögeln mit Speise und Trank versorgt.
Die Himmelsatmosphäre und die allen Kulturen eigene Vorstellung des Kosmos als Weltenbaum sind stets mit den Vögeln verbunden. Götter durcheilen den Weltenraum als geflügelte Gestalten. Im indischen »Rigveda« werden Sonne (Indra) und Mond (Soma) als zwei schöne Vögel beschrieben, die gemeinsam den gleichen Baum (Himmel) umfliegen. In Indien galten die Vögel seit alters her weise und allwissend, und sie waren den Brahmanen gleichgestellt. Im germanischen Volksglauben finden wir den dunklen Vogel als Symbol der Nacht und des Winters, sein Exkrement ist die Sonne. Dunkle Vögel wurden als böses Omen angesehen, weil die schwarze Farbe ihrer Flügel das Sonnenlicht verdeckte. Der hölzerne Vogel symbolisierte den Phallus, in dieser Symbolik findet er sich bis in die Zeit der Hochblüte der französischen Ars Erotica des 18. Jahrhunderts.
Die Vögel hatten wegen ihrer Verbindung zur menschlichen Seele immer eine herausragende Bedeutung. J. B. Friedreich schreibt:

... es repräsentiert sich im Allgemeinen in den Vögeln das lebendigste, bewegteste Leben; sie sind in steter Beschäftigung und es ist ein ewiges Treiben und Thätigsein in ihnen. Sie sind ein passendes Sinnbild des nie ruhenden, immer thätigen und kunstreichen Lebens, und das Prädikat eines losen Vogels ertheilt der deutsche Sprachgebrauch nur dem intelligenten und lebendigen Kopfe.

Die Federn eines Vogels und sein Flug galten in der Antike als Sinnbild für Elan und Begeisterung. Besonders die Seherinnen in den Orakelstätten bedurften für ihre visionäre Schau der Begeisterung und Ekstase. Auch aus diesem Grunde wurden die Vögel als Orakel bedeutsam.
Sie galten in allen Kulturen als Begleiter und Sendboten der Götter,

denn sie waren ihnen stets nahe. Für die Assyrer waren sie Dolmetscher des Himmels. Über deren Königsthron hingen goldene Käfige mit Vögeln. Man bezeichnete sie als »heilige Zungen«, und der König sollte durch ihre Anwesenheit bei der Rechtsprechung immer an das Walten des göttlichen Gesetzes erinnert werden. In allen Kulturen bemühte man sich, aus dem Verhalten der Vögel den Wunsch und Willen der Götter abzulesen. Solch eine Vorstellung ist nicht verwunderlich, scheint doch der Vogel von allen Zwängen frei, die den Menschen an die Erde binden. Allen Kulturen ist auch das Bild vom Anfang der Welt zu eigen, in dem der Vogel über dem Wasser ober Urnebel schwebt. Immer wieder taucht der Mythos vom »Ur-Ei« auf, aus dem die Erde entwachsen sei. Das Ei war Symbol des Ursprungs und die Urbedingung des kommenden selbständigen Lebens. In der indischen Mythologie war die Welt zunächst ein »Goldenes Ei«, in dessen Inneren Brahman ruhte. Als es sich spaltete, wurde Brahman geboren, Himmel und Erde entstanden aus den beiden Eihälften.

In den esoterischen Lehren werden die verschiedenen Energiekörper oder Hüllen des Menschen als »aurisches Ei« bezeichnet. Das Ei hat als mythisches Symbol große Bedeutung. Indem der Mensch sich aus diesem aurischen Ei löst und auf dem Weg der Selbsterkenntnis und Erleuchtung oder durch den physischen Ablöseprozeß, den Tod befreit, bekommt er gleich den Engeln Flügel. Der Vogel ist dem Menschen diesen Schritt voraus, weshalb es auch immer menschliche Sehnsucht war, fliegen zu können. Indem er sich aus dem Ei »schält«, vollzieht der Vogel seinen Prozeß der Befreiung, den der Mensch im täglichen Ringen mit sich selbst erst erreichen muß. So ist der Vogel auch heute noch Symbol für die Seele, die ihr Leben erst nach einer Befreiung erhält.

Gilt allgemein der Vogel als Sinnbild der Seele, so wurden einzelne Vogelarten bestimmten Göttern und damit auch bestimmten Energiequalitäten zugeordnet, die nutzen und schaden konnten. Bei den Ägyptern wurde der Sonnengott Amun durch den Falken repräsen-

tiert, der griechische Hermes erschien in seiner wendigen Klugheit als Sperber. Der nordische Gott Odin erschien stets in Begleitung zweier Raben, während die Sperlinge seine Sendboten waren.
Priester und Eingeweihte konnten aus dem Verhalten der göttlichen Vögel den Willen der Götter erkennen und weissagen. So entstanden die Vogelorakel. Gedeutet wurden Flug, Verhalten und Gesang. Besonders wichtig war, wie einem die Vögel begegneten, von welcher Seite sie kamen, ob sie einzeln oder zu mehreren auftraten und vieles mehr. Reste dieses Orakeldenkens finden wir auch heute noch in mancher Bauernregel und in dem Glauben, daß Tiere Katastrophen vorhersagen können. Gänse und Enten gelten als besonders feinfühlig für Erdbeben. Im Krieg glaubte man, daß sie vor Bombenangriffen warnen könnten.
Am Beispiel des Schwalbenflugs können wir sehr deutlich die Veränderung unseres Denkens erkennen. Im naturnahen Erleben früherer Zeiten gab der Schwalbenflug Auskunft über Wetter und Glück, vor allem auf Reisen. Die Schwalbe hatte noch Bedeutung für den Menschen, war Teil des Ganzen, Teil von Himmel und Erde. Heute wissen wir intellektuell sehr viel über die Vogelart Schwalbe, wissen etwa, daß sie bei Tiefdruck niedrig fliegt, weil die Fluginsekten sich in Erdnähe aufhalten. Das ist zwar richtig, aber wie arm sind wir doch »im Geiste« geworden! Wir haben altes tiefes Erleben durch ödes Intellektualisieren ersetzt, ohne einen neuen Sinn zu finden. So ist für den heutigen Menschen der Schwalbenflug völlig bedeutungslos. Wir haben die Wettervorhersage und sehen im Kalender, daß es Frühling wird, dazu brauchen wir auch keine Schwalbe mehr. Nur noch ökologisch orientierte Wissenschaftler »brauchen« die Schwalbe: Sie verzehrt eine Menge Insekten und trägt zur Stabilisierung des ökologischen Gleichgewichts bei, sozusagen als natürliche »Insektenvertilgungsmaschine«.
Jahreszeiten spielen für uns keine große Rolle mehr, Tag und Nacht auch nicht, denn die Menschen heute gestalten ihre Bedingungen selbst. Wurde die Ankunft der Zugvögel als Boten des Frühlings

früher begrüßt und gefeiert, so ist dies im Zeitalter des elektrischen Lichts kein großes Ereignis mehr. Wir können uns diese kalten, dunklen Monate des Winters nicht mehr vorstellen. Obst und Gemüse kommen im Winter aus anderen Ländern, wir können alles zu jeder Zeit essen. Eigentlich ist es ziemlich gleichgültig geworden, ob es Vögel gibt oder nicht. Uns erschreckt nicht, wie still es in unseren Wäldern geworden ist, abgesehen vom menschlich verursachten Lärm. Naturfilme können wir nicht mehr betrachten, ohne Musik darunterzulegen. Die eigenen Klänge der Natur genügen nicht mehr. Wissenschaftler versuchen uns seit Jahrzehnten ein Welt- und Naturbild zu vermitteln, das rein funktional ist. Man spricht vom ökologischen Gleichgewicht, vom Kreislauf der Nahrungskette: die Welt als riesige Maschine, wo Milliarden von Rädchen ineinandergreifen und der Mensch zum göttlichen Mechaniker wird. Die Weisheitslehrer früherer Epochen würden lachen angesichts der Absurdität einer solchen Anmaßung.

Wir müssen den Mythos des Kosmischen wieder neu entdecken, um zu gesunden. Wir müssen gerade dem phantastisch Anmutenden wieder Raum geben in unserem Leben. Jedes Tier ist ein Ausdruck bestimmter Qualitäten der ätherisch-astralen Ebene, und das Verschwinden jeder Art bedeutet ein Verschwinden dieser Energie. Dieser Mangel wird Einfluß haben auf alle anderen Lebenseinheiten dieser Erde.

Schon bei Agrippa von Nettesheim sehen wir in seinem Werk »Von der geheimen Philosophie« (1511) die sich langsam öffnende Kluft zwischen der alten und der neuen Zeit. Waren es früher Sendboten der Götter oder gar die verkleideten Götter selbst, die sich in der Erscheinung der Vögel zeigten, so wird bei ihm schon vieles wegrationalisiert. Das Erscheinen einer Krähe hat bei Nettesheim immer noch große Bedeutung, aber keine spirituelle mehr. Der Vogelflug wurde zum Instrument, um Vorhersagen über den Alltag treffen zu können. So bedeutete das Erscheinen zweier Krähen eine Heirat, während das Auftauchen einer einzelnen Krähe oder gar einer schwarzen Taube Witwenstand ankündigte. Die Munterkeit eines Schwans deutete eine glückliche Reise an, besonders auf den Wasserwegen. Ein Schwarm sich streitender Vögel wies auf eine Veränderung der Regierung. Allein der Adler als Herrscher der Lüfte konnte durch sein Erscheinen eine Veränderung solcher Vorbedeutung bewirken.

Wir sehen: Schon im frühen 16. Jahrhundert bekam das Detail eine ungeheure Bedeutung, während das übergeordnete Ganze verschwand. Deshalb wurden diese Lehren der Vergangenheit von der modernen Wissenschaft abgelehnt. Im rein rationalen Denken waren sie natürlich nicht haltbar.

Aber für uns heute gilt es wieder zu erkennen, daß jede Vogelart Symbol für eine bestimmte Lebensqualität ist. Als Symbol möchte uns dieser Vogel etwas mitteilen, er kann für uns zum Schlüssel zur inneren Welt der Vögel werden. Unter diesem Gesichtspunkt betrachtet, erhalten die altehrwürdigen Vogelorakel wieder ihren Wert.

Eine interessante Ansicht über die Bedeutung der Tiere, vor allem von Stier, Löwe und Adler, für die alten Mysterien und deren Orakelstätten finden wir in der anthroposophischen Lehre von Rudolf Steiner. Nach seinen Erkenntnissen gab es zur Zeit von Atlantis drei große Kulturimpulse, die zunächst vom Zeichen des Löwen, dann dem des Stieres geprägt wurden. Der dritte Impuls war ganz auf die Sinnes- und Bewußtseinsentwicklung des Menschen gerichtet und stand unter dem Zeichen des Vogels. Es war das Goldene Zeitalter, eine Hochblüte der Menschheit. Die führenden Persönlichkeiten jener Zeit unterstanden dem Einfluß einiger großer Vogelwesen, vor allem dem des Adlers. Diese Vogelwesen waren Ausdruck kosmischer Kräfte oder Wesen, die in die Gesetzmäßigkeit geistiger Entwicklungen eingeweiht waren. Die Orakelstätten und Mysterienschulen jener Zeit waren die Orte, an denen der Schüler diesen hohen Wesen nahe kommen konnte. Dies bewirkte einen großen Entwicklungsimpuls der Menschheit, der sich auf

allen Ebenen als sehr fruchtbar erwies. Das Volk, das diesen Impuls überbrachte, waren die Tolteken, deren Macht sich einst von Florida bis über das südamerikanische Inkareich erstreckte. Die Tolteken galten als »Vogelrasse«, und ihr geistiges Oberhaupt galt als der Geist des Adlers. Diese interessanten Betrachtungen erklären viele Charakteristika der Indianerkulturen: Die Vogelnamen der Häuptlinge, der Federschmuck, die mit Vogelmerkmalen geschmückten Totems bekommen tiefen spirituellen Sinn.
In den Betrachtungen der alchimistischen Symbolik von C. G. Jung finden wir zahlreiche Ausführungen über die Bedeutung des Vogels. Der Vogel steht immer als Symbol für Transzendenz, Befreiung und Bewußtseinsveränderungen, wie man sie in Trance erfährt. Überhaupt steht er für das Sublime, Flüchtige, das sich stets Wandelnde und nicht zu Begrenzende. So wurde der »Wandervogel« Sinnbild des stets Wandernden, der zu jeder Zeit gerade auf Seßhafte eine magische Anziehungskraft ausübte.
Der Schamane kann seinen Körper in Trance und Ekstase verlassen, um gleich einem Vogel durchs Universum zu fliegen. Schamanen wachsen auf dem Baum der Weltenachse auf, die ganz der Weltenesche Yggdrasil gleicht, und ihre Schamanentrommel ist aus dem Holz dieses Baumes gefertigt. Mit Hilfe der Energie seines Trommelrhythmus versetzt der Schamane sich in Trance, in der sich sein feinstofflicher Körper vom physischen Körper bewußt und kontrolliert löst. Seine Tierschutzgeister bittet er um Kraft für seine Reise. In allen Schamanenkulturen steht der Vogel als Symbol für die Fähigkeit, eine neue Gestalt annehmen und sich wieder in die ursprüngliche Gestalt zurückverwandeln zu können. Eng verknüpft mit dieser Verwandlungsfähigkeit ist das Zeichen der Swastika, das Hakenkreuz. Es findet sich in allen Kulturen, auch im Schamanismus. In den Mythen der nordamerikanischen Schamanen werden die Vögel erschaffen, indem der Weltenschöpfer »Schwarzer Hactcin« einen aus Schlamm geschaffenen Vogel im Uhrzeigersinn herumwirbelt. Dies ist ein Akt der Magie. Dinge werden herbei-

oder weggezaubert, treten also in das Stadium der Verwandlung. Die Swastika ist das flammende Rad, das sich dreht. Vom Zentrum aus fließt das Feuer in vier Richtungen bis an den Umkreis, der selbst in Flammen gerät, bis sich ein in alle Richtungen drehendes Feuerrad bildet. Die Kunst des Feuers ist in der Alchimie die Kunst der Verwandlung. Für den Schamanen zeigt dies auch seine unendliche Kraft an, die er als »ganzer« Mensch besitzt. Jung zitiert den Kommentar des Gelehrten Joseph Campbell über eine Höhlenzeichnung:

In Lascaux befindet sich die Abbildung eines Schamanen mit einer Vogelmaske, der in Trance liegt. Die Schamanen in Sibirien tragen heute noch solche Vogelkostüme, und von vielen glaubt man, ihre Mütter hätten sie von einem Vogel empfangen ... Der Schamane ist demnach nicht nur der einheimische Bewohner, sondern sogar der begünstigte Nachkomme jener mächtigen Reiche, die für unser normales, waches Bewußtsein unsichtbar sind, die man höchstens einmal in einer Vision zu sehen bekommt.

Sobald der Mensch seine irdische Hülle ablegt, kann sich seine Seele frei, gleich einem Vogel, in alle Universen erheben. Zeit und Raum sind keine bindenden Elemente mehr. C. G. Jung spricht davon, daß wir viele Schichten in unserem Unterbewußtsein haben, die aus uralter Vergangenheit stammen. Da sind durchaus auch Schichten enthalten, in denen wir den Tieren noch sehr nahe standen, in denen ein Schamanentum noch Bedeutung hatte. In der Nacht der Träume sind wir jenen uralten Schichten sehr nahe. Deren Impulse fließen willkürlich und oft verzerrt in unser Tagesbewußtsein. Beschäftigt man sich mit diesen verschiedenen Realitätsebenen, so eröffnen sich ganz neue Bewußtseins- und Erfahrungsbereiche für das eigene Leben.
Jede Tierart ist Vertreter einer ganz eigenen Welt im großen Meer der Archetypen. Erschließt man sich die Welt der Vögel, so betritt

man deren eigenes Reich. Über die Dichte der Erde schichten sich die leichteren Elemente, und bedingt durch den ewigen Kreislauf müssen diese immer wieder zur Erde zurückkehren, um dann wieder aufzusteigen. Die Luft verdichtet sich zu Wasser, fällt als befruchtender Regen und steigt dann wieder im gasförmigen Zustand auf. Es ist der Kreislauf steter Wandlung, das ewige Rad der Wiedergeburt.

Die Vögel wurden diesem Prinzip gleichgesetzt, unterliegen sie doch einem ähnlichen Kreislauf, indem sie jedes Jahr ihre Federn erneuern. Sie stehen für die stete Wandlung in der Natur, die als Prinzip auch der Alchimie zugrunde liegt. Die Vögel sind eine Art »Destillationsprodukt« des Himmels, sind Symbol für die Dämpfe und flüchtigen Substanzen und stehen darum der Vorstellung von Naturgeistern sehr nahe. Die Vögel befruchten und besprengen gleichsam die Erde, was sie mit ihrem Kot tatsächlich tun. C. G. Jung schreibt: »Dieses Motiv deutet wohl auf eine befruchtende Wirkung des geistigen Aspektes der Archetypen auf das Wirklichkeitsbewußtsein des Individuums hin.« Vögel sind die Inspiratoren des Menschen, geben ihm Gedanken, Träume, Ideen und Phantasie ein. Insofern sollte auch jeder Vogelhalter untersuchen, was hinter seinem meist völlig unbewußten Wunsch steht, sich mit der Vogelwelt zu beschäftigen. Jeder Vogel steht als Symbol für ein geistiges Reich, das sich unserem Bewußtsein erschließen läßt. Das sollte uns auch neue Horizonte im geistigen Denken und in unserer Kreativität erschließen. Wir sollten uns die Inspirationen aus der Vogelwelt zunutze machen, was nur dann geht, wenn wir sie auch aufzunehmen und zu interpretieren verstehen. Das erfordert aber Arbeit an uns selbst, so daß die Barrieren unseres materiellen Denkens fallen und wir wieder mit anderen Lebewesen eins werden können.

Ähnliche Gedanken über die Vögel drücken auch die Schriften der Hildegard von Bingen aus. Sie schreibt in ihrem Buch »Physika«:

Wie die Seele des Menschen, solang sie im Körper verweilt, lustig ist, so daß sie von der Luft emporgehoben und in der Höhe gehalten wird, weil sie sonst erstickt würde ... so sind auch die Vögel geschaffen und beschaffen. Mit ihnen muß die Seele fühlen und wissen, was sie zu wissen hat, weil die Vögel durch die Federn in die Höhe getragen werden und sich überall in der Luft aufhalten. So wird auch die Seele, solang sie im Körper verweilt, durch die Gedanken emporgehoben und breitet sich allum aus. Die Vögel, die sich in der Luft aufhalten, stellen die Fähigkeiten des Menschen dar, sich in seinen Gedanken vieles vorzusagen und zu bestimmen, was er in sich erwogen hat, ehe er all dies in ein offenkundig Werk umsetzt. Die Tiere aber, die auf der Erde herumlaufen und auf ihr wohnen, sinnbilden die Gedanken des Menschen, die er zur Tat umsetzt ...

Leider erfuhren diese Gedanken eine grausame Verwirklichung durch den Menschen. Die frühen Auguren oder Orakeldeuter machten ihre Vorhersage den historischen Berichten zufolge allein aufgrund der Vogelbeobachtung. Im Zuge des magischen Volksglaubens wurden Vögel zu bestimmten Zwecken an Scheunen und Türen genagelt. Im Gefolge der sogenannten Christianisierung wurden Vögel in den Himmel gehoben, verdammt, vor die Inquisition befördert, gefoltert, verbrannt. Man malträtierte Vögel auf tausendfache Weise, um bestimmte Wirkungen zu erzielen, nicht zuletzt auch im Rahmen der Medizin. Die Vorstellung, bestimmte geistige Kräfte in die Materie zwingen und bannen zu können, richtete unerhörten Schaden an.
Gerade jetzt, da wir Menschen dabei sind, die Lebensräume der Vögel und sie selbst in unsinnigen Laborversuchen zu vernichten, können uns die Vögel lehren, daß sich in ihnen bestimmte göttlich-kosmische Kräfte äußern, die uns etwas mitteilen wollen. Vielleicht ist dies eine letzte Chance für uns Menschen, auch unser eigenes Überleben zu sichern.

Ist der Mythos »Vogel« oder Vögel als Einweihungsmysterien für uns heute kein Thema mehr? Betrachten wir ihr Wesen mit unseren inneren Sinnen, können wir uns ihre mythische Kraft neu erschließen.

Die Vögel in der Astrologie

In den alten Schriften finden wir immer wieder die Zuordnung von Tieren und Tiergruppen zu bestimmten Planeten, die ja entsprechend Götter symbolisieren. Schon im Namen des »Tierkreises« zeichnet sich die Bedeutung der Tiere ab. Vier Gestalten spielen in den Einweihungsprozessen eine wichtige Rolle: der Stier, der Löwe, der Skorpion (dessen Erhöhung der Adler ist) und der Wassermann (der Mensch). Sie bilden die Punkte der Sonnenwende im Jahreslauf und verkörpern gleichzeitig die vier Elemente. Es sind mächtige Gestalten, die auch den Evangelisten zugeordnet sind. Die Tiere waren ein Ausdruck der Willenskräfte dieser Götter, und deshalb eigneten sie sich so gut für Orakelvorhersagen. Von Agrippa von Nettesheim erfahren wir:

Denn nach der Lehre der Platoniker wohnt den unteren Dingen eine gewisse Kraft inne, vermöge deren sie zum großen Theil mit den oberen übereinstimmen und weßhalb auch die Thiere mit den himmlischen Körpern zu harmonieren und ihre Körper sowie ihr Naturell mit solchen Kräften ausgestattet zu werden scheinen, welche ihren oberen Vorstehern, denen sie zugetheilt sind, entsprechen. Man muß daher in Betracht ziehen, welche Thiere saturnisch sind, welche dem Mars u.s.w. angehören, und nach den Eigenschaften derselben die Vorbedeutungen erforschen.

Der Himmel galt als Sinnbild der Luft, der nur mit Hilfe von Flügeln zu durcheilen war. Er galt aber auch als der Weltenbaum, auf dem

Nester gebaut wurden. Der nächtliche Himmel galt als Straße, die von Wanderern benutzt wird.

In den Mythen Litauens wird die Milchstraße als »Straße der Vögel« bezeichnet, da man der Auffassung war, daß die Seelen der Verstorbenen als Vögel dort herumflatterten.

Atmosphäre und Baum des Himmels sind die Welt der Vögel und ihres Mythos. Jeder, ob Gott, Held oder Dämon, kann diesen Bereich nur durchqueren, wenn er die Gestalt geflügelter Tiere annimmt. Alle Bewegungen und Geschehnisse am Himmel, also die Planeten, die Winde, die Wolken usw. wurden in den Mythen zu fliegenden Tieren, vor allem zu Vögeln. Das Erscheinen und Verschwinden der Sonne, was im übergeordneten Sinne dem Frühjahrs- und dem Herbstbeginn zugeordnet wurde, wurde mit der Vogelwelt verknüpft. Wettererscheinungen wurden als Auswirkungen der Planeten und ihrer Verhältnisse betrachtet. Da die Vögel mit den Planeten und ihren Göttern verknüpft waren, galten sie als deren Propheten und Boten für alles Kommende. Denn alles sichtbare und unsichtbare Geschehen auf dieser Erde hat seine Ursache im Himmel. Die Zuordnung der Vögel im astrologischen Sinn kann unter zwei Aspekten erfolgen. Es gibt die Möglichkeit der Zuordnung unter dem biologisch-naturwissenschaftlichen Aspekt, wie dies die anthroposophische Wissenschaft im Sinne Rudolf Steiners tut. Dabei spielt der Tierkreis eine entscheidende Rolle. Die andere Möglichkeit besteht in der Zuordnung der Vögel zu den Planeten, was unter Berücksichtigung des äußeren Erscheinungsbildes der Vögel und der damit verknüpften Emotion erfolgte. Diese müssen mit den Qualitäten, Bewegungen und Farben der Planeten korrespondieren. Schon die Germanen orientierten sich an den Farben, um ihren Göttern die entsprechenden Vögel zuzuordnen. Elster und Storch wurden aufgrund ihrer Farben Schwarz-Weiß der Göttin Holda zugeordnet, alle rotfarbigen Vögel dem Gott Donar oder Thor. In die folgende Zuordnung der Vögel zu den Planeten fließt wohl vor allem die Sichtweise der Antike ein. Im nordischen Kulturkreis wurden manche Vögel anders in ihrer Bedeutung gesehen. Den Griechen etwa galt der Specht als Unglück, den Germanen als Weissagevogel. Die Zuordnung basiert auf der Lehre des Agrippa von Nettesheim.

Sonne: Dem solaren Prinzip wurden die Vögel zugeordnet, die dem Licht am nächsten waren, die sich in großer Höhe bewegten und einen scharfen Blick hatten. Alle die Vögel, »die das Licht anrufen und preisen«, waren die Königstiere Adler, Geier, Storch, Habicht, Schwan und der Wundervogel Phönix.

Mond: Dem lunaren Prinzip, als Sinnbild des Elements Wasser, wurden die Wasservögel zugeordnet. Auch Tiere, die mit dem Menschen zusammenleben, fielen unter das mütterliche Prinzip des Mondes. Sie drückten Anpassung an die Beweglichkeit aus. Dazu zählten: Gans, Ente, Taucher, Reiher und alle anderen Wasservögel, aber auch Nachtigall und Eule.

Mars: Die Kräfte des Mars galten als wenig lieblich, sie waren eher die triebhafte Durchsetzungskraft, das Recht des Stärkeren. Alle Vögel, die räuberisch und gierig sind, wurden diesem Prinzip zugeordnet. Sie haben keine Schönheit der Stimme, sondern geben nur krächzende und »erstickende« Laute von sich. Sie galten als Unglücksvögel. Beim Mars spielte das feurige Temperament und seine Farbe Rot in der Zuordnung eine Rolle. Hier finden wir wiederum Vögel, die schon der Sonne zugeordnet wurden. Man erkannte in diesen Vögeln durchaus das Gesetz einer polaren Kraft, die sich günstig oder ungünstig zeigen konnte: Adler, Falke, Habicht, Geier, Eulen, Kauz, Weihe, Rabe, Krähe, Specht (vor allem der Schwarzspecht).

Venus: Die friedfertigen, »zur Liebe neigenden« Vögel wurden ihr zugeordnet. Vögel, »die ihre Jungen lieben« wie Schwan, Bachstelze, Schwalbe, Pelikan, Taube, Fasan, Rabe, Rebhuhn und Sperling.

Merkur: Der Merkur bringt die Kraft der Kommunikation, des Verständnisses. Deshalb wurden ihm die Vögel zugeordnet, »wel-

che von Natur aus klug, lebhaft, gute Sänger und musikalisch« sind wie Stieglitz, Drossel, Amsel, Lerche, Nachtigall, Papagei, Elster, Ibis, Storch.
Jupiter: Der Planet der Weisheit und Gerechtigkeit. Ihm wurden die Vögel zugeordnet, die ein ruhiges Temperament zeigen, »Vögel von großer Pietät und Muster der Dankbarkeit« wie Hühnervögel, Storch, Schwalbe und Pelikan. Dazu zählte auch der Adler, der als König Milde und Gerechtigkeit ausdrückte.
Saturn: Er war der Planet des Schicksals, der Begrenzung und des Unglücks. Viele langhalsigen Vögel und solche mit heiseren, krächzenden Lauten wurden ihm zugeordnet wie Kranich, Reiher, Strauß, Pfau, Uhu, Wiedehopf, Rabe.

Interessant und sympathisch ist, daß nicht festgelegt war, welcher Vogel schlecht oder gut ist. Jeder Vogel konnte je nach Umstand verschiedene Bedeutungen annehmen. Versetzt man sich unter dem psychologischen Gesichtspunkt in die Vögel und ihre Planeten hinein, so ergibt dies für den Astrologiekundigen noch zusätzlich interessante Aspekte. Diese Art der Naturbetrachtung ist alles anders als primitiv. Sie arbeitet nur mit anderen Mitteln. Für die Psychologie der Vögel lassen sich wertvolle Rückschlüsse ziehen.

Die Entsprechungen der Vier

Wie oben schon erwähnt, gab es die vier großen »Tiere« der Einweihung: Löwe, Stier, Mensch und Adler. Sie entsprachen den Elementen Feuer, Erde, Wasser und Luft. Waren die Zahlen Eins bis Drei der göttlichen Sphäre vorbehalten, so galt die Zahl Vier als Symbol jeglicher irdischen Manifestation und war somit verknüpft mit den Kräften von Raum und Zeit. Alles Irdische gründet sich auf die Vier und hat seinen Anfang in ihr. Es ist die Zahl der Gegenwart, die sich aus der Vergangenheit gründet, aber die Zukunft schon in sich trägt.

Löwe	**Adler**	**Mensch (Wassermann)**	**Stier**
Feuer	Luft	Wasser	Erde
Licht	Durchsichtigkeit	Beweglichkeit	Festigkeit
warm	feucht	kalt	trocken
Sommer	Frühling	Winter	Herbst
Tierreich	Pflanzenreich	Metalle	Mineralien
Vernunft	Geist	Seele	Körper
Verstand	Denkvermögen	Phantasie	Gefühl
Glaube	Wissenschaft	Meinung	Erfahrung
Gerechtigkeit	Mäßigkeit	Klugheit	Tapferkeit
Sehen	Hören	Schmecken, Riechen	Fühlen

Daraus folgt, daß die Vögel ganz allgemein dem Element Luft zugehören, aber in ihrer Unterteilung in Feuer-, Erd-, Luft- und Wasservögel auch Qualitäten besitzen, die den anderen Einweihungszeichen entsprechen. In den Erdvögeln wird sich also ein Einfluß des Stiers geltend machen, bei den Feuervögeln ein Einfluß des Löwen, bei den Wasservögeln ein Einfluß des Menschen. Gerade beim Menschen zeigt sich dies ganz deutlich, denn Wasservögel wie Schwan, Gans oder Ente spielen in der Mythologie und den Schöpfungslehren eine besonders bedeutsame Rolle. Die Beziehung Mensch–Vogel wird aus der Perspektive der Elemente im Lichte der spirituellen Lehren sehr interessant. Das Zeichen »Wassermann«, das dem Menschen zugeordnet ist, erscheint hier im Bereich des Elements Wasser, obgleich es in der Astrologie dem Element Luft zugeordnet wird. Die umgekehrte Situation finden wir im Skorpion, dessen Erhöhung der Adler ist. Der Skorpion wird in der Astrologie dem Element Wasser zugeordnet, aber als Adler zeigt er sich im Element Luft. Wieso diese Vertauschung? Darin liegt das Geheimnis von Evolution und Involution verborgen. Der Abstieg des Geistes von der himmlischen Ebene zur materiell-irdischen wird als Prozess der Involution bezeichnet. Er entspricht der Inkarnation des Geistes im »Fleisch«. Evolution ist der Weg vom tiefsten, dichtesten Punkte irdischer Inkarnation zurück zum Geistigen, der Weg zurück ins »Haus des himmlischen Vaters«. Solange der Mensch seine Aufmerksamkeit auf den Brennpunkt irdischer Inkarnation richtet, wird er vom Wasser regiert, von der Welt der Gefühle und Emotionen. Erst wenn er innerlich erwacht und den Weg zurück antritt, bewegt er sich in den geistigen Bereich, in das Element Luft hinein. Erkennen und Bewußtsein sind damit verbunden, beide gehören zur Luft. Die Vogelwelt als Ganzes, als Gruppenseele sozusagen, hat dieses Stadium bereits erreicht, das der individuelle Mensch anstrebt. Dem Vogel als Individuum geht es aber umgekehrt. Er steigt in seiner Entwicklung von der Ebene der Luft herab auf die Ebene des Wassers. Er wird den Bereich der Emotionen, des individuellen Fühlens erst noch kennenlernen.

Die Entsprechungen der Sieben

Nach der Verbindung der Vögel zur Zahl Vier erfolgt die Zuordnung der Vögel zu den sieben Planetengeistern. Allgemein haben wir die Zuordnung verschiedener Vögel zu den Planeten schon betrachtet. Entsprechend dem jedem Planeten innewohnenden Geist gibt es dessen entsprechenden Boten, die sieben Planetenvögel. Die Zahl Sieben galt als Ausdruck der Differenzierung einer Ganzheit, die in sich geschlossen ist. Die sieben Planeten waren Ausdruck der siebenfachen Entfaltung der göttlichen Einheit. Diese wirkten auch auf die sieben Essenzen im menschlichen Körper ein. Heute würde man dies als die sieben Chakren bezeichnen. Es sind die sieben Kräfte im Menschen, die er in sich als Ganzheit integriert hat und die seine Persönlichkeit ausmachen.

Saturn	Jupiter	Mars	Sonne	Venus	Merkur	Mond
Wiedehopf	Adler	Geier	Schwan	Taube	Storch	Eule

Die Entsprechungen der Zwölf

Durch die Entsprechung zur Zwölf binden sich Tierkreiszeichen, Götterwelt und Vogelwelt. Spielt bei der Zahl Vier der Raum die entscheidende Rolle, so bezeichnet die Zwölf die Wirkung der Zeit auf alle Manifestationen. Sie ist die runde Zahl des Himmels mit seinen zwölf Kraftfeldern, in denen die Planeten wirken.

Tierkreiszeichen	**Monat**	**Göttergestalt**	**Vogel**	**Tier**	**Baum**	**Planet**	**Stein**
Widder	März	Pallas	Eule	Ziege	Ölbaum	Mars	Sardonyx
Stier	April	Venus	Taube	Katze	Myrthe	Venus	Karneol
Zwilling	Mai	Phöbus	Hahn	Stier	Lorbeer	Merkur	Topas
Krebs	Juni	Merkur	Storch	Hund	Haselnuß	Mond	Chalzedon
Löwe	Juli	Jupiter	Adler	Hirsch	Eiche	Sonne	Jaspis
Jungfrau	August	Demeter	Sperling	Schwein	Apfelbaum	Merkur	Smaragd
Waage	September	Vulcanus	Gans	Esel	Buchsbaum	Venus	Beryll
Skorpion	Oktober	Mars	Specht	Wolf	Ahorn	Mars	Amethyst
Schütze	November	Diana	Krähe	Hirsch	Palme	Jupiter	Hyazinth
Steinbock	Dezember	Vesta	Reiher	Löwe	Fichte	Saturn	Chrysopas
Wassermann	Januar	Juno	Pfau	Schaf	Kreuzdorn	Saturn	Kristall
Fische	Februar	Neptun	Schwan	Pferd	Ulme	Jupiter	Saphir

Die Götter bzw. Planeten sind folgendermaßen charakterisiert:

Pallas Athene: Göttin der besonnenen, taktischen Kriegskunst. Sie war ein Symbol der besonnenen Macht, der Weisheit und Bildung.

Auch die handwerklichen Künste wie Weben und Spinnen unterlagen ihrem Einfluß.
Venus: Göttin der Schönheit, Liebe, Lebenskraft, des Frühlings. Die formende Kraft.
Phöbus: Dies ist ein anderer Name für den strahlenden Sonnengott Apollo. Ihm unterstand das Orakel von Delphi. Musik und Prophetie waren seine Künste.
Merkur: Gott des Handels, des Reisens und der Klugheit. Die erkennende Kraft.
Jupiter: Gott des Himmels, der Macht und der Fruchtbarkeit. Die sinngebende Kraft.
Demeter: Göttin der Landwirtschaft und der Ernte. Sie stand dem Mysterium von Eleusis vor, das die fortwährende Neugeburt alles Sterblichen ermöglichte. Sinnbild der bürgerlichen Ordnung.
Vulcanus: Gott der Schmiede und Handwerkskünste. Er beherrschte die Kunst des Feuers und damit oblag im die Metallbearbeitung und Formung.
Mars: Gott des zerstörenden Krieges, der Stürme und Leidenschaften. Die dynamische Kraft.
Diana: Göttin der Jagd, der Natur und der wilden Tiere
Vesta: Göttin des Herdfeuers, der Gastlichkeit und der Familie. Ihren Dienerinnen oblag der Unterhalt des ewigen Feuers.
Juno: Göttin der Frauen und der Ehe. Sie erzeugte die Kraft der Empfängnis und des Gebärens. Die sittlichen Gesetze unterstanden ihr.
Neptun: Gott des Meeres. Kraft der universellen Liebe und Transzendenz.
Saturn: Gott der Saat, Ernte, Fruchtbarkeit. Die Macht des Gesetzes. Die begrenzende Kraft.

Diese Entsprechungslehre läßt sich unabhängig vom Orakel schon auf folgende Weise nutzen. Lassen Sie mich dies anhand eines Beispiels veranschaulichen.

Nehmen wir an, jemand ist am 2. Juli geboren. Nach der Astrologie ist er damit im Tierkreiszeichen des Krebses geboren. Schauen wir in der Tabelle der Zwölf nach, so finden wir dort unter dem Zeichen des Krebses den Storch als Vogel. Also wird der Betreffende viele der Eigenschaften des Storches in sich bergen. Da er aber im Juli geboren ist, so finden wir unter diesem Monat das Zeichen des Löwen, mit dem Adler als entsprechendem Vogel. Es wird also ein Untereinfluß des Adlers hinzukommen. Des weiteren wird der Krebs vom Planeten Mond regiert, weshalb der Ausdruck seiner persönlichen Eigenschaften über die Kräfte und Qualitäten der Eule geschieht.

Für astrologisch Kundige lassen sich innerhalb der Horoskopdeutung natürlich noch vielfältige Beziehungen herstellen. Mit den Vögeln astrologisch zu arbeiten hat den Vorteil, daß sie greifbar und klarer umrissen sind. Der Vogel als Bild ist ein klares Symbol. Auch kann jeder seine Eigenschaften vergleichen mit denen von Partnern. Weiterhin besteht die Möglichkeit, die im Vogelorakel zu einem aktuellen Thema gezogenen Vogelbilder zu den Geburtsvögeln in Bezug zu setzen.

Das Vogelorakel in alten Kulturen

In frühen Kulturen finden wir noch die Anschauung, daß der Vogel stets der Bote eines Gottes ist, der wichtige Botschaft zu bringen hat. Gerne verweist die konventionelle Wissenschaft darauf, daß die früheren Kulturträger von der sie umgebenden Natur abhängig waren, daß sie ihre Naturgesetze nicht kannten und deshalb Naturphänomene personifizierten. Man prägte die Vorstellung von naiven Naturreligionen, die vom »hellen Licht der Wissenschaften« und »Aufklärung« weit entfernt lagen. Aber fragen wir uns einmal: Über was hat uns die Zeit der Aufklärung wirklich aufgeklärt?

Es war kein geringerer als der geniale Komponist Franz Schubert, der in seinem Tagebuch zur Scheidung zwischen Phantasie, also kreativem Denken, und aufklärerischem Denken schrieb:

O Phantasie! du höchstes Kleinod des Menschen, du unerschöpflicher Quell, aus dem sowohl Künstler als auch Gelehrte trinken. O bleibe noch bei uns, wenn auch von wenigen anerkannt und verehrt, um uns von jener sogenannten Aufklärung, jenem häßlichen Gerippe von Fleisch und Blut, zu bewahren!

Aufklärung heißt für Schubert Vernunftdenken, zweckorientiertes rationales Denken; gerade für den echten Gelehrten fordert er die Phantasie, wie auch für den Künstler.
In den großen antiken Kulturen, wie in Persien, Indien und Babylon, finden wir die bedeutende Stellung des Vogelorakels (»auspicia, auguria«), das nur von der Priesterkaste gelehrt und ausgeübt werden durfte. In vielen anderen Kulturen ebenfalls. Die germanischen nördlichen Völker, die russischen Priester und die Slawen pflegten das Vogelorakel. Das Verhalten der Vögel, ihr Aussehen und ihre Laute wurden als lebendige Sprache der Götter betrachtet, die es zu beobachten galt, um ihren Willen zu erfahren. Die Griechen bildeten im Abendland eine grundlegende Methodik heraus, die Lebensweise der Vögel zu beobachten und daraus Deutungen zu ziehen. Bei allen großen Entscheidungen von öffentlichem Belang wurden in Athen die Auguren (Orakeldeuter) hinzugezogen. Agrippa von Nettesheim schreibt in seinen »Magischen Werken« über die Auguren:

Die Augurien bestanden in der Beobachtung der Weissagevögel. Es gab drei Arten derselben. Die einen verkündigten durch ihren Flug, die anderen durch ihren Gesang die Zukunft; jene heißen praepetes, diese oscines; die dritte Art waren junge Hühner, die man aus ihrem Behälter nahm und ihnen Futter reichte. Fraßen sie begierig, so war dies ein gutes Vorzeichen, verschmähten sie aber das Futter, ein böses. Die, welche aus dem Flug, dem Fressen oder dem Gesang der Vögel die Zukunft verkündigten, hießen Auguren.

Kein König oder Ältestenrat tagte ohne Anwesenheit eines Auguren. Die Auguren kleideten sich für die Befragung des Orakels in Weiß, wandten ihr Antlitz in die nördliche Richtung, so daß ihre rechte Seite nach Osten wies, dem Sonnenaufgang entgegen, die linke nach Westen, zum Sonnenuntergang. Mit geheiligten Stäben steckten sie ein Feld ab, das Beobachtungsfeld, weihten es durch ein Gebet, wahrscheinlich sogar mit Räucherungen. Jede Bewegung, jeder Laut und jedes Verhalten von Vögeln auf diesem Feld wurde beachtet. Alle Beobachtungen wurden auf Tafeln festgehalten: Welche Arten von Vögeln auftauchten, ihre Anzahl, ihre Stimmgebung und ihr Flugverhalten. Man unterschied sorgfältig die verschiedenen Stimmlaute der Vögel. Für jede Art von menschlicher Tätigkeit oder sozialer Stellung gab es entsprechende Vögel. Wasservögel hatten besonders für die Schiffahrt Bedeutung, Greifvögel für das Kriegswesen, die Tauben waren dem König vorbehalten.
Vögel, die aus dem Osten auftauchten, die Kraft der Sonne mitbrachten, galten als günstig, die aus dem Westen kommenden eher als ungünstig. Vögel der Nacht hatten keine gute Vorbedeutung. Günstig war es, wenn mehrere Vögel einer Art auftauchten. Einzelne Vögel galten als nicht besonders förderlich. Das Erscheinen seltener Vögel oder gar fremder Vögel wurde als schlechtes Omen gewertet. Es bedeutete das Auftauchen fremder Völker oder den Beginn von Umwälzungen und das Ausbrechen von Volksseuchen. Mit den Römern erreichte das Vogelorakel eine letzte Blüte. Sie reduzierten drastisch die Anzahl der Vogelarten, die sich für das Orakel eigneten. Später wurden nur noch Hühner oder die gemästeten Gänse verwendet. Mit der Genußsucht ging das Römische Imperium seinem Ende entgegen, und die Vögel landeten dabei als Delikatesse auf dem Eßtisch. Der unaufhörliche Abstieg in den Materialismus und seine Denkweisen begann. Allein der Volksglau-

be bewahrte noch Teile dieser uralten Wissenschaften und Erkenntnisse, wenn auch verzerrt und zum Teil banalisiert. Die Kirche bemühte sich zwar, durch Druck auf die Obrigkeit alle Wahrsagekunst zu verbieten und zu bestrafen, aber ganz verschwand sie nicht. Die »aucelli« und »auspices« mit ihrer Kunst gab es selbst noch im Mittelalter, gerade auch in Italien. An der Wende zur Neuzeit, in der Renaissance, tauchten die alten Lehren der Magie und der Orakelkunst in den Werken vieler bedeutender Persönlichkeiten wieder auf, in einer zum Teil schon unglückseligen materialistischen Denkweise.
In den »Magischen Werken« (1511) des Agrippa von Nettesheim mischt sich uraltes geistiges Wissen mit materialistischem Zweckdenken. Er handelt zum Beispiel einen esoterischen Grundsatz ab wie »Gleiches zieht Gleiches an« und zieht folgenden Schluß:

Wenn wir z. B. Liebe erwecken wollen, so müssen wir ein Thier suchen, das in der Liebe sich auszeichnet. Dahin gehören die Taube, der Sperling, die Schwalbe, die Bachstelze. Von diesen Thieren müssen wir diejenigen Theile oder Glieder nehmen, in denen hauptsächlich der Liebestrieb herrscht. Solche Theile sind das Herz, die Hoden, die Gebärmutter, das männliche Glied, der Samen, das Blut von der Reinigung. Dieß muß jedoch zu der Zeit geschehen, wenn solche Thiere in der Brunst sind; dann eignen sie sich ausnehmend zur Hervorrufung der Liebe. Um die Kühnheit zu vermehren, müssen wir unseren Blick auf den Löwen oder den Hahn richten, und von diesen das Herz oder die Augen oder die Stirn nehmen … Wer daher ein Raben- oder Fledermausherz bei sich trägt, soll nicht schlafen können, bis er es weglegt.

Schon bei Nettesheim verfestigt und materialisiert sich geistiges Wissen. Inneres Wissen wird zur Macht und Möglichkeit, die materiellen Bedingungen zu verändern. Es ist die Magie des Materialismus, ein geistiges Gesetz zu verstehen, um daraus etwas zu machen, einen Zweck zu erfüllen. Durch dieses primitive Verständnis von Magie kam viel Leid über die Tiere und auch über die Menschen, etwa bei den Hexenprozessen. Nettesheim war ein Mensch seiner Zeit und im Gegensatz zu vielen anderen noch einer, der die Magie zu verstehen trachtete. Wir verdanken ihm die Überlieferung einiger wertvoller Details über die Vogelorakel. Er beruft sich auf einen Autor namens Michael Scotus, der auf die Bedeutsamkeit, von welcher Seite der Vogel kommt, eingeht und folgende Regeln aufstellte:

1. Wenn ein Mensch ein Geschäft abschließen will, und trifft auf seinem Weg dorthin auf einen Vogel, der sich auf seiner rechten Seite aufhält und sich dort sogar niedersetzt, ist dies ein gutes Omen für den Ausgang und für den Erfolg.
2. Hält sich der Vogel auf der linken Seite und steht dort sogar unbeweglich, so ist dies von schlechter Vorbedeutung.
3. Bewegt sich der Vogel vor dem Menschen von der rechten Seite zur linken Seite hinüber, ist dies ein gutes Zeichen.
4. Kommt ein Vogel von der rechten Seite geflogen und hält dort noch an, so ist dies ein gutes Zeichen.
5. Beugt sich der Vogel auf der rechten Seite des Blickfelds zurück oder zieht er sich gar zurück, ist dies von schlechter Bedeutung.
6. Bewegt sich ein Vogel hinter dem Rücken, fliegt dann rechts auf und hält auf gleicher Höhe des Blickfelds kurz an, so ist dies gut.
7. Hält der Vogel, der sich im Rücken hält, auch hinter dem Augur auf der rechten Seite an, ist dies kein gutes Zeichen.
8. Fliegt der Vogel von rückwärts zur linken Seite und hält dann inne, ist dies von schlechter Bedeutung.
9. Bewegt sich ein Vogel ohne innezuhalten von der linken Seite nach der rechten und verschwindet dort, so ist dies gut.
10. Kommt der Vogel von der rechten Seite und zieht hinter dem Rücken zur linken Seite, hält dabei inne, so ist dies kein gutes Zeichen.

Krähe und Taube wurden mit Heirat in Verbindung gebracht. Aus diesem Grund war das Erscheinen von zweien dieser Vögel ein glückliches Zeichen. Ein Vogel allein kündigte Witwenstand und Mißerfolg an. Ein krächzender Rabe, gar noch von einer hohlen Eiche, bedeutete ebenfalls Mißgeschick, während ein munterer Schwan eine glückliche Reise anzeigte. Allein das Erscheinen eines Adlers setzte alle vorher getroffenen Voraussagen außer Kraft, da er der Göttliche ist und daher von bester Bedeutung für das eigene Glück war.

Wir erfahren durch die Werke von Nettesheim eine ganze Menge über die Deutung der Vögel. Aber es ist schon ein erstarrendes Wissensschema geworden, das nur begrenzte Aussagen zuläßt. Ein krächzender Rabe ist schlecht, ein singender Schwan gut, die Eule grundsätzlich schlecht. Die eigentlichen Fähigkeiten des Augurs, des Sehers, waren damit überflüssig geworden. Aber es war ja gerade seine Kunst, die Zeichen richtig zu deuten, das heißt, ihre wahre Bedeutung im Moment, in der Situation, in bezug auch zum Fragesteller aufzudecken.

Beschäftigt man sich mit Sensitivität und Medialität – und nichts anderes ist die Orakelkunst –, so weiß man, daß sie nie so angewendet worden sein kann. Natürlich gibt es gewisse grundlegende Informationen oder archetypische Muster für auftauchende Zeichen und Symbole. Wir kennen dies auch aus der sensitiven Arbeit mit Farben. Rot bedeutet Lebensenergie, Wille, Aggressivität, Leidenschaft usw. Das weiß ein Medium oder ein Augur. Und doch hängt die Deutung des Rot, das gesehen wird, stark von der Fragestellung ab, vom Zeitpunkt, von der Schwingung des Fragestellers und von den kosmischen Informationen, die sich das Medium erschließt. Vielleicht ist es ein Übermaß an Rot, was Unruhe bedeuten kann, vielleicht wird Rot dringend gebraucht, weil Entscheidungskraft fehlt usw. Es gibt Tausende von Möglichkeiten, allein die Farbe Rot zu deuten, und gerade die Zusammenhänge spielen eine wichtige Rolle. Ebenso verhält es sich mit der Deutung der Vögel. Die Welt der inneren Bilder spielt dabei eine wesentliche Rolle, die wir mit dem Erscheinen eines Vogels verbinden.

Die Deutung der Vögel versank im Lauf der Zeit in die Bedeutungslosigkeit, was auch die fortschreitende Loslösung des Menschen aus den natürlichen und damit kosmischen Zusammenhängen anzeigte. Verzerrte Reste dieses einstigen Wissens überlebten im magischen Sumpf des Volksglaubens und in abenteuerlichen magisch-medizinischen Rezepturen, die nichts als Leid über die Tiere brachten. Noch heute sehen wir diese Problematik der magischen Medizin, die mit Magie überhaupt nichts mehr zu tun hat, in Ländern wie China, wo Tiger und Nashörner für verzerrte Aspekte von Medizin herhalten müssen und ausgerottet werden. Dies ist das Produkt reinen Aberglaubens, ist ein Zeichen der Verblendung und hat mit der Weisheit früherer Priester und Auguren nichts mehr zu tun.

Auch der geniale Arzt Paracelsus (ca. 1493 –1541) beschäftigt sich mit der Kunst des Orakels in seinen Büchern der Philosophie. Er geht davon aus, daß die Tiere in ihren Sinnesleistungen ganz klar den Menschen übertreffen. Er führt die Nachtsichtigkeit der Eule an, den unübertrefflichen Geruchssinn des Geiers und die Fähigkeit des Sittichs, ganz klar zu unterscheiden, welches Futter für ihn gut ist und welches nicht. Durch die Fähigkeit der Tiere, ihre Sinne so weit ausstrecken zu können, ist für ihn klar, daß Tiere Dinge entdecken können, die der Mensch noch nicht wahrnimmt. Wie für alle Mystiker steckt auch für Paracelsus in der Natur als Offenbarung Gottes die Möglichkeit der Weissagung. Der Augur oder Seher muß nur in ihr lesen können wie in einem Buch. Es gibt kein Tier und kein Ding der Natur, das nicht eine Weissagung in sich trüge. Vögel, die zu einer für sie ungewöhnlichen Tageszeit singen oder zu ungewöhnlicher Zeit erscheinen oder fremdländische, seltsame Vögel tragen eine Weissagung in sich. Das irdische Geschehen wird nach Paracelsus vom Gestirn gelenkt, also einer Art feinstofflichem Pendant zur irdischen Welt, in dem alle Geschehnisse wie in einem Buch verzeichnet sind. Dort liegen die Ursachen für alles irdische

Geschehen. Die Sterne bewirken Zeichen durch die Tiere, so daß der Mensch sie erkennen kann. Alle Dinge und Wesen im Umfeld einer Person oder eines Volkes sind wohl der Beachtung wert, daß sie ein gemeinsames ätherisches Energiefeld umspannen, durch das die Energie der Sterne wirkt. Heute sprechen die Wissenschaftler von sogenannten Informationsfeldern, die alles durchziehen und zu denen der Mensch Zugang bekommen kann. Paracelsus schreibt von siderischen Geistern der Weissagung, die mit äußeren Zeichen durch Tiere Botschaften übermitteln. Er vergleicht dies mit der Fähigkeit von Ärzten, die ja auch aus äußeren Anzeichen den Charakter einer Krankheit herauslesen müssen. Der Mensch erhielt von Gott ein Privileg, das auch seine Sonderstellung in der Natur unterstreicht. Nach Paracelsus muß das Gestirn, welches das Geschick des betreffenden Menschen prägt, dem irdischen Verlauf immer voraus sein. Das heißt, daß der Himmel schneller wandert als die Erde, die Dinge sich im Feinstofflichen schneller manifestieren, aber Zeit brauchen bis zur irdischen Manifestierung. Das ist eine Chance für den Menschen, der in der Natur zu lesen weiß, sein Geschick im voraus zu erfahren und damit noch Veränderungen einleiten zu können. Dadurch, daß die Sinne der Tiere viel weiter in die siderische Welt ragen, werden die Tiere und Wesen, die zu dem entsprechenden Gestirn gehören, viel schneller beeindruckt als der Mensch. Sie erfühlen schon eine Wirkung, bevor der Mensch überhaupt etwas ahnt, und verhalten sich dementsprechend. Das Gestirn schickt dem Menschen also Vorboten für sein Schicksal und wie sein Handeln sich in Zukunft auswirkt. Von Menschen, die diese Dinge nicht begreifen oder begreifen wollen, schreibt Paracelsus:

Wenn er das aber nicht versteht, so handelt er wie ein Stummer, wie ein Tier, wie ein wütender Stier, ohne Vernunft, menschliches Wesen und Gemüt. Denn solche Weissagungen des Augurium zeigen des Menschen Frömmigkeit an, auch seine Falschheit (»Schalckheit«)

und das Ende und den Ausgang davon. Sie zeigen auch des Menschen Irrtum und Unverstand an, seinen irrigen Wandel, seine Leichtfertigkeit, seine Üppigkeit, seinen Hochmut, seine Verführung …
Selig ist der, der von Gott begnadet ist, die Weissagungen, die gegeben werden, wohl zu verstehen und zu erkennen. Noch seliger aber ist, wer infolge solcher Weissagungen ein aufrichtiges Gemüt empfängt und eine Besserung erfährt, aufmerksamer und witziger wird …
Darum ist diese Auguria eine natürliche Kunst und es ist dem Menschen nützlich, sie zu erlangen, zu kennen und zu lernen und sie ist ein Stück und ein Teil der großen Weisheit, die ein Mensch haben soll.

Paracelsus beschreibt auch die Gründe, warum das Orakel nicht mehr geachtet wurde. Das Wissen über die Geistwesen, die diese Zeichen in der Natur vollbringen, sei geschwunden. Der Augur nimmt das Krächzen eines Raben wahr, weiß, was dies bedeutet, und wundert sich, daß seine Voraussage nicht eintrifft. Er hat nicht mehr die Fähigkeit, klar zu unterscheiden, ob das Gestirn durch den Raben spricht oder nur Geister der Verwirrung und Verblendung, die ihm durch die Tiere etwas vorgaukeln, um ihm vom Glauben an die Fähigkeiten der Natur abzubringen. Und indem er diese Fähigkeiten dann aufgrund seines Mißerfolgs ablehnt, lehnt er das Werk Gottes ab. Paracelsus schreibt dazu:

So geschieht es nicht, dadurch wird jetzt die Natur des Vogels verachtet, die ihm Gott gegeben hat. Und weil also die Kreatur verachtet wird, so wird auch Gott dadurch verachtet. Ihr aber werdet wohl daran tun, daß ihr auf die Tiere, die bei euch wohnen, gut Acht habet … Habt auch Acht darauf, daß es kein Tier gibt, das nicht eine Weissagung in sich hätte.

Sehr viel Weisheit und wahrhaft okkultes Wissen birgt sich in den Werken des Paracelsus, dessen Ausführungen, ähnlich denen von Hildegard von Bingen, heute eine Renaissance unter alternativen Wissenschaftlern erfahren. Uns täte etwas von dieser Weisheit und Demut, die in der Weltsicht des Paracelsus stecken, gut. Nehmen wir sie als Aufforderung, uns in ein inneres Verhältnis der göttlichen Natur wieder einzuarbeiten.

Die allgemeine Symbolik der Vögel

Adler

Der Adler galt wohl überall als der bedeutendste Vogel. Die Adlerfeder kennzeichnete nicht nur einen kühnen Jäger, sondern war auch Zeichen des freien, selbständigen Menschen, der niemandem untertan war. Sie stand für Freiheit und Stolz. Wegen seines gewaltigen Flugvermögens wurden dem Adler Blitz, Wind und Sturm zugeordnet. Seine Sehkraft wurde der Allwissenheit Gottes gleichgesetzt. Er galt stets als Herrscher und wurde das beliebteste Wappentier, da er Macht, Sieg und Erfolg verkörperte.

Rudolf Steiner sah ihn differenzierter, indem er bemerkte, daß der Adler ganz auf die »Kopfwahrnehmung« konzentriert sei. Der Kopf ist auch jener Teil des Menschen, in dem Sinnes- und Nervenfunktion vereint sind. Hier entstehen Gedanken, die den Menschen über sich hinausheben können. Diese Kraft, die die Gedankenbildung beim Menschen ermöglicht, ist dieselbe Kraft, die eine Feder erschafft und die es dem Vogel ermöglicht, sich in die Luft zu erheben. Die großen Götter wie Zeus, Agni und Odin wurden mit dem Adler verglichen.

Seine Schwingen waren Symbol des Lichthimmels, der sich wie ein schützendes Dach über die Erde spannt. In der Antike wurde das Giebeldach der Tempel mit dem Namen des Adlers bezeichnet. Der Adler galt als der Kühne und Adelige, als Herr des Feuers und Donners, und keiner kam ihm sonst an Ehre gleich. Er hatte die Fähigkeit, das, was er berührte, hinter sich herzuziehen. Sein Schnabel wurde der menschlichen Nase gegenübergestellt, eine Adlernase markiert einen kräftigen, geistreichen, großzügigen und selbstbewußten Menschen.

Adler galten als unsterbliche Wesen, die sich in einer Quelle verjüngten. Daher waren sie das Symbol der Seele und damit der Unsterblichkeit.

Adler und Schlange sind die beiden Gegensätze, die das Rad der Zeit und ewigen Wiederkehr prägen. Beides sind die Tiere Zarathustras. Erst wenn die Schlange vom Adler emporgehoben wird, verwandelt sich die Erdgebundenheit in himmlische Freiheit. Dies wird als Aufgang der Sonne bezeichnet, und Adler oder Falke dienen als Symbol für diesen Vorgang.

Der Adler bringt den Lorbeer in seinen Krallen oder transportiert einen Speer, der, in die Erde gesteckt, sich zum Lorbeerbaum wandelt. Durch diesen Lorbeer steht der Adler auch in Bezug zu der griechischen Sage um Daphne, die alle Bewerber abwies und lieber frei und einsam durch die Wälder streifte. Um sich den Nachstellungen Apollos zu entziehen, wurde sie in einen Lorbeerbaum verwandelt. Der Lorbeer war der Erdgöttin heilig und kein Mann durfte ihn berühren oder gar seine Blätter kauen.

In der Alchimie steht der Adler als Symbol für den »Lapis«, den Stein, die befreite Seele. Er bezeichnet die Intuition, die eine geistige Möglichkeit erahnt. Er ist der aus der Materie aufsteigende Geist.

Amsel

Der Amsel wurden magische Kräfte nachgesagt. Als schwarzer Vogel war ihre Magie nachts wirksam. Eine Amsel unter das Bett gelegt, sollte bewirken, daß die Person im Schlaf alles ausplaudert. Deshalb wurde die Amsel später oft auch der Inbegriff eines geistlichen Beichtvaters. List und Schlauheit sollte sie vermitteln.

Ihr schwarzes Gefieder galt als Trauerfarbe und so wurde die Amsel der Nacht und der Dunkelheit zugeordnet. Einsam lebe sie in den Wäldern, so wurde von ihr berichtet, deswegen wurde sie symbolisch den Einsiedlern zugeordnet. Die Amsel sänge im Wald zum Lobe Gottes die schönsten Lieder, in der Gefangenschaft würde sie fett und könne nur schlechte Lieder pfeifen. Ebenso erginge es dem Einsiedler, wenn er den Verlockungen der Welt erläge und seine Waldeinsamkeit verließe.

Als Vertreter der Familie der Drosseln zeichnet den Körper der Amsel ein Wohlmaß an Proportion aus, so daß sie anmutig und elegant wirkt. Sie gilt als klug und begabt. Ihre Begabung als Komponistin ist genial und ihre Melodik ist von apollinischer Reinheit. Sie singt an allen möglichen Orten, wobei das Licht eine Rolle spielt. Abends rückt sie der Sonne möglichst nahe, indem sie einen hohen Platz sucht.

Einst soll es weiße Amseln auf dem Berg Cyllene in Griechenland gegeben haben, als Zeichen der Lichtkraft. Als diese Lichtkraft auf die Erde herabstieg, wurde ihr Äußeres schwarz, als Zeichen der Verhüllung. Diese göttliche Kraft wurde als Luzifer, den Lichtbringer, bezeichnet oder auch als Hermes.

Bachstelze (Wasserstelze)

Sie ist eine Frühlingskünderin und verspricht jedem Unternehmen Glück und Erfolg. Da sie munter und beweglich ist, wird sie mit einer Ballettänzerin verglichen. Wegen ihres Federkleids ähnelt sie einer Nonne. Der Anblick einer Bachstelze am Beginn einer Arbeit verspricht Erfolg. Das unruhige Hinundherfliegen einer Stelze bedeutet eine Ortsveränderung oder Wanderschaft. »Bachstelze« galt auch als Schimpfwort für ein aufgeputztes, stolzes Mädchen.

Bleßhuhn

Das Bleßhuhn wird als verständiger Vogel betrachtet, da es nicht herumstreunt, sondern sich ein Nest baut und dort bleibt. Es entfernt sich kaum davon. Es galt den christlichen Predigern als Mahnung, nicht die vielen Stätten der Irrgläubigen aufzusuchen, sondern dem Himmel als einziger Wohnstatt verbunden zu sein.

Buchfink

Dieser Vogel wurde bedauerlicherweise stets wegen seines berühmten Gesangs gefangen. Da jeder Buchfink einen eigenen »Schlag« hat, galt seine musikalische Erfindungsgabe als unerschöpflich. Auch als Wettervoraussage wurde der Gesang bewertet. Sein Wesen ist munter und fröhlich. Da er vor allem im Frühling singt, wurde er mit den Mai- und Springtänzen in Verbindung gesehen. Der Buchfink galt aber auch als einfältig, den man leicht rupfen oder übervorteilen konnte. Da er im Winter seine Nahrung aus dem Mist sucht, wurden auch die etwas »unsauberen« Leute vom Land als »Schmutzfinken« bezeichnet.

Distelfink

In den Mythen ist über diesen Vogel wenig zu finden. Sehr häufig erscheint er auf Heiligenbildern in Verbindung mit dem Christuskind. Auch seine Vorliebe für stachlige Disteln, zusammen mit seinem fröhlichen Gesang, brachte ihn der Symbolik Christi nahe. Auf manchen Bildern wird er auch mit der Mutter Maria dargestellt. Die Distel steht als Heilpflanze ganz im Bezug zu Leber und Galle, die energetisch gesehen der Sitz unserer Fröhlichkeit sind. Der Sage nach soll ihn Gott beim Bemalen der Vögel vergessen haben. So blieben nur noch die übriggebliebenen verschiedenen Farbtupfer für ihn übrig, weshalb er so bunt ist. Einen »bunten Vogel« nennt man einen Menschen mit vielen Facetten und Farbtupfern.
Ein Distelfink im Garten soll Glück bringen und baldige Heirat anzeigen. Ähnlich dem Kreuzschnabel soll der Distelfink die Gabe

haben, Krankheiten an sich zu ziehen. Seine Bewegungen sind zierlich und voller Anmut und sein Schwatzen wird mit dem eines fröhlichen Kindes verglichen. Jugendliche Verliebtheit wird ihn daher auch gleichgesetzt.

Dompfaff

In ganz Europa wurde der Dompfaff wegen seines Äußeren, seiner schwarzen Kappe und seiner Wohlbeleibtheit mit Geistlichen und Mönchen verglichen. Der Gimpel wurde stets mit materiellem Wohlstand verbunden. Hat man Geld in der Tasche, wenn man im Frühling einem Gimpel begegnet, so bedeutet das ein gutes Geschäftsjahr und materielle Genüsse. Gimpel sollen Krankheiten anziehen und heilen. Geiz wird ihm nachgesagt. Menschen, beschränkt an materiellen oder geistigen Gaben, werden mit seinem Namen tituliert. Da er sich sehr ungeschickt hüpfend auf dem Boden fortbewegt, versinnbildlicht er Behäbigkeit und unsicheres Gehen.

Eisvogel

Wie viele andere Wintervögel – Krähe, Specht, Zaunkönig und Rotkehlchen – wurde der Eisvogel auch als St.-Martins-Vogel bezeichnet. St. Martin galt als der heilige Totengräber, als Bringer des Winters, der mit den Armen seinen Mantel teilte. Alle »Leichenvögel« bestatten die Toten, erwecken sie aber auch wieder zum Leben. Der Eisvogel galt als Wetterprophet und kündigte den Schiffern Sturm an. Man schrieb ihm die Fähigkeit zu, das Meer beruhigen und die Wogen glätten zu können. Mit dem Kopf folgte der Eisvogel der Richtung des Windes. Shakespeare benutzt ihn in seinen Werken als Symbol der wetterwendischen Hofschranzen. Auch als eine Art Kompaß wurden getrocknete Eisvögel verwendet. Die glänzenden

Farben des Eisvogels sollten alle Dämonen verjagen. Als Vogel der Aphrodite war er in die Liebesmysterien eingeweiht und hatte eine phallische Bedeutung. Um die Gunst eines Liebsten zu erringen, sich den Auserwählten geneigt zu machen, wurde ein Zauber mit dem Eisvogel verwendet. In der griechischen Sage stürzt sich Alkyone ins Meer und wird zum Eisvogel verwandelt, als ihr ertrunkener Gatte ans Ufer gespült wird. Eine andere Sage berichtet, daß Alkyone und ihr Gatte Keyx den Namen von Hera und Zeus annahmen, worauf Zeus aus Zorn sie in einen Eisvogel und ihn in einen Taucher verwandelte. Auch eine der Plejaden wurde nach ihm benannt, wie Friedreich überliefert:

... daß der Eisvogel sich beim Untergange des Plejadengestirns zeige, und daher eine der Plejaden nach ihm benannt werden konnte, weil sein Entfernen im Frühlinge, wo er sich nach dem Meere fortmacht, günstiges Wetter für die Schiffahrt bedeute. Um die Zeit, wenn diese Vögel nisten, tritt Meeresstille ein.

Einen Eisvogel im Haus aufzubewahren, versprach im Mittelalter Wohlstand und Ehre. Wegen seiner vielen schillernden Farben bezeichnet man ihn auch heute noch als einen »fliegenden Edelstein«.

Elster

Sie wurde mit dem mythischen Wasser in Verbindung gebracht und dem Gott Bacchus zugeordnet mit seinem ambrosianischen Trank. Da Alkohol die Zunge löst, ist sie so geschwätzig. Sie galt wie die meisten Rabenvögel als Bote der Unterwelt, war also der Winterzeit zugeordnet. Sie haßte alles Helle und stahl deshalb alles Silber und Gold, so wie der Winter die Goldfarbe des Sommers stiehlt und versteckt. Sie kündigte Gäste an und war wegen ihrer Geschwätzig-

keit gefürchtet. Da sie Weiß und Schwarz trägt, zeigte dies ihre beiden Charakterzüge. Sie galt als Symbol des Dualismus in der Natur. Wenn die Elster ganz weiß wird, dann bricht eine neue Weltperiode an, in der es keinen Dualismus mehr gibt. Glück und Freiheit vereinigen sich in ihr mit Unglück und Boshaftigkeit.
Eine blaue Elster zeigte die Gefahr der Auszehrung für einen Menschen an. Schreiende Elstern um ein Haus sollten vor allem Kranken Unglück vorhersagen. Sich streitende Elstern oder auch ein Zank zwischen Elstern und Hähern sollte Staatsumwälzungen ankündigen. Bei den Germanen war sie der Göttin Hel zugeordnet, die die Unterwelt beherrschte und jeden gestorbenen Sünder mit Qualen bestrafte. Diese Göttin war aus fleischfarbener und schwarzer Farbe. Dies sah man in der Elster widergespiegelt. Wegen ihres Kreischens identifizierte man sie mit verwandelten Hexen. Sie zu jagen, brachte Unglück.
Da Elstern sehr vorsichtige Vögel sind und ihre Nester in hohe Bäume bauen, galt das Auffinden einer Elster als Vorbedeutung für großes Glück. Gleichzeitig beschrieb dies in der französischen Umgangssprache jemanden, der an die Spitze gelangt ist und die Höhe seiner Macht erreicht hat. In den russischen Märchen bestraft die Elster den jüngsten der fünf Brüder, die ein Symbol der fünf Finger sind, also den kleinen Finger. Ihr Vorwurf ist, daß er zu faul sei, zum Brunnen zu gehen, um Wasser zu holen. Das heißt, er trägt nichts bei zur steten Lebenserneuerung. Der kleine Finger ist dem Herzen zugeordnet und steht für die Polarität Liebe, Vergebung – Zorn, Ärger.

Ente

Die Ente ist vor allem in den indischen und nördlichen Mythen ein Symbol der Einheit zur Zeit des mythischen Urwassers. Die Ente schwamm in diesem Urmeer und symbolisierte als »Goldene Ente«

am Tag die Sonne, nachts verwandelte sie sich in Silber als Symbol des Mondes. Später wurde sie auch als »Zerschneider, der in Stücke bricht« bezeichnet, da sie ihr Ei zerstört. Das »Ei« wird synonym auch für »Perle« verwendet. Dies ähnelt der Apfelgeschichte im Paradies. Denn die Ente fällt aus dem Himmel ins Wasser und errichtet ihr Nest auf dem Kopf eines Diebes. Dies zeigt den Fall des Menschen aus der emotionalen Ureinheit mit allen Dingen und die Entwicklung des Verstandes, der alles zerteilt und analysiert. Der Dieb entspricht der Bedeutung von »Maya« oder der Welt der Illusion. Die Schätze, die eigentlich im mythischen Wasser liegen, sind somit weg. In einem Märchen von einem jungen Mädchen, das einer Fee die Haare kämmt und der als Dank Perlen vom Haar der Fee zufallen, findet sich eine Lösung für die Ente, zur Ganzheit zurückzukehren. Dies geschieht erst durch eine gute Tat, ohne zu fragen und zu analysieren. Das symbolische Bild besagt, daß der Mensch die Perlen der Weisheit aus seinem Verstand gewinnt.

Im Aussehen der Ente verbindet sich nach Ansicht einiger Autoren der Ernst mit der Komik. Enten galten in Indien als Inbegriff ehelicher Treue und Verbundenheit. Vor allem dem Erpel wurde in der indischen Welt eine erotische Bedeutung beigelegt, da er stark und heftig in der Brunst sei. Dem deutschen Aberglauben nach soll das Einnähen eines Entenschnabels »beliebt bei den Frauenzimmern machen«.

Vergebliche Arbeit und alles, was sich in blauen Dunst auflöst, wurde von Paracelsus mit der »Blauen Ente« verbunden. Eine schwatzhafte, dumme Person, die kaum das Haus verläßt, wurde ebenfalls mit der Ente verglichen. Verliert einer beim Spiel Hab und Gut, dann wird er gerupft wie eine Ente. In manchen Sagen spielt das »Goldene Ei«, das eine Ente legt, eine wichtige Rolle. Der Tod der Ente bedeutet für den Helden meist eine Verwandlung zum Guten hin.

In Finnland galt sie als Schöpferin der Welt. Sie legte sieben Eier, sechs goldene und ein eisernes. Als sie zerbrachen, wurde aus der oberen Hälfte einer Schale der Himmel, aus der unteren die Erde. Der Dotter wurde zur Sonne, das Eiweiß zum Mond. Die vielen kleinen Bruchstücke ergaben die Sterne. Das zerbrochene Eisenei aber wurde zu den Regenwolken. Als Wasservogel galt die Ente als Ankünderin von Regen.

Eule

Als Nachttier hat sie ein sehr gutes Sehvermögen und ein unglaublich gutes Gehör. Ihr Flug ist geräuschlos und gleich einem Geist. Einsam durchstreift sie die Nacht. Die Nacht symbolisiert diesen Zustand unglaublicher Fülle, bevor der Tag die Fülle offenbart. Deshalb galt sie wohl den Indern als Symbol der Göttin Lakschmi, die Schönheit, Überfluß und Zauber in ihrem Wesen ausdrückt. Weit spannt sich da unser Geist über den nächtlichen weiten Himmel, wir ahnen die Welt, die hinter der Realität liegt. Wer des mystischen, traumhaften Schauens mächtig ist, dem tritt nachts das okkulte, verborgene Leben hervor. Jeder Schritt, der uns dem allumfassenden Geheimnis näher bringt, offenbart immer mehr unsere Unwissenheit. Im Mittelalter galt die Eule als Begleiter des Einsiedlers und des Meditierenden. Nach Nettesheim zeigt eine Eule Fleiß und Wachsamkeit, da nichts sie im nächtlichen Sehen blenden kann. Jungfrauen, die faulenzten, wurden von Eulen bestraft. Die Illusion hat keine Macht über die Eule, sie sieht die Welt klar, auch wenn sie verschleiert ist. Das war wohl der Grund, weshalb die Griechen sie zum Symbol der Weisheit erkoren haben. Hier war die Eule der Göttin Pallas Athene, der »Eulenäugigen«, zugeordnet, und deutete auf Erfindungsgabe, Weisheit und Künstlertum hin. Pallas Athene besaß einen Helm, der es ihr erlaubte, unsichtbar zu werden, und ihr undurchdringliches Geheimnis wurde dem Blick der Eule gleichgesetzt. Pallas Athene vermochte in den Gedanken der Menschen zu lesen, eine Fähigkeit, die auch der Eule zugeschrieben wurde.

Häuser und Städte, die Eulen beherbergten, standen unter dem Schutz dieser Göttin. Lege man einem Schlafenden einen Eulenkopf unter sein Bett, so könne man dessen Gedanken lesen, war eine alte magische Anweisung. Im »Physiologus« gilt die Eule als Vertreter der Finsternis, als Symbol für den Menschen, der in Finsternis wandelt. In vielen Kulturen finden wir Eule und Käuzchen auch als Begleiter des Todes. Im indischen Buch »Mahabharata« wird sie mit dem bösen Geist verglichen, »der hell sieht, im trüben fischt und in seinen abscheulichen Handlungen Geschick und Glück zeigt«. Wie die Eule vermag er jede Gestalt des Nachts zu unterscheiden. Da ihr Auge von gelber Farbe ist, wurde sie dem Mond, dem lunaren Prinzip, zugeordnet. Dem Dionysos, dem Prinzip sommerlicher Hitze und des rauschenden Blutes, war sie als Sinnbild der Nacht und Kälte feind. Da Dionysos das rauschende Leben mit all seinen Genüssen bevorzugte, galt die Eule aus diesem Grunde früher als Mittel gegen Alkoholismus.
Die Römer ordneten sie der Kriegsgöttin Minerva zu. Sie war Sinnbild der Verwüstung und des Unglücks. Wegen ihres Äußeren war sie auch ein Sinnbild des Komischen und Närrischen.
Eule und Krähe waren sich stets feind, und das geflügelte Wort »Eule unter Krähen« bedeutete, daß ernste Gefahr im Verzug war. Die Eule galt den Germanen als steter Begleiter der »Wilden Jagd«, die den Menschen andeutete, daß eine neue Kraft das Land durchdringt und sich stürmischer Umbruch anbahnt.
Die Eule ist ein widersprüchliches Symbol. Die Griechen sahen in ihr Scharfsinn und Gelehrsamkeit vereint, weswegen sie heute noch das Symbol des Buchhandels ist. Die Eule steht hier auch für den fleißigen Menschen, der noch in der Dunkelheit geistig weiterarbeitet und sich bildet. Im übrigen Europa sah man die Eule oft als Ausdruck eines plumpen, einfältigen oder eines ängstlichen »duckmäuserischen« Menschen, der einsam vor sich hin lebt. Die Vorliebe der Eulen für verlassene und düstere Orte hat sicherlich zu ihrem schlechten Ruf beigetragen.

Die Eule ist stets konträr gesehen worden, da sie mit dem rationalen Verstand nicht zu fassen ist. Sie ist ein Tier der Nacht. In der Nacht ist die Sehkraft ausgeschaltet, also unser Tagessinn, dafür werden die anderen Sinne schärfer, vor allem der Gehörsinn. Wir werden hellhörig. Dies war vor allem in früherer Zeit für das Überleben nötig, denn in der Nacht ist man verwundbarer. Den einen, wie Griechen oder Kelten, galt sie also als Weisheitsvogel, während sie sonst meist als Totenvogel betrachtet wird, der Unglück und nahen Tod kündet. In späterer Zeit bis hin zur Romantik wird sie zur Begleitung oder Inkarnation einer Hexe oder gar Satan selbst. Geizige, untreue, unzüchtige Frauen werden kurzerhand in Eulen verwandelt. Die humoreske Seite der Eule zeigt sich in Till Eulenspiegel. Spiegel und Eule schauen auf den Grund der Dinge. Till Eulenspiegel zeigt die Schwächen der so ehrbaren Bürger auf, die Enge und Dummheit ihrer Moral, die sich selbst oft ad absurdum führt. In schillernden, mißdeutigen Worten mit viel Witz entlarvt er die Hohlheit des sich immer mehr von der Natur entfernenden Menschen. Diese Launigkeit Till Eulenspiegels spiegelt sich auch im Naturell der Eule, die ihm in ihrer schwer faßbaren, dämonischen Vitalität ein adäquater Partner ist.

Falke

In Indien wird er der Göttin Indra zugeordnet. Kein Gefängnis kann ihn halten; überall vermag er schnell zu entfliehen. In seinen Fängen trägt er als Sonnensymbol die schöne, jungfräuliche Ambrosia (Feuchtigkeit des Mondes), die das Leben verlängert und sogar Tote wiedererwecken kann. Alle feindlichen Dämonen vermag er zu besiegen. Dies wird vor allem seiner ungeheuren Atemkraft zugeschrieben. Außerdem kann er heilen. Er breitet seine Fittiche schützend über die Erde, und seine beiden scharfen Augen, die als Abbild von Sonne und Mond galten und denen nichts verborgen bleibt, erleuchten die Welt. Im alten Ägypten galt er als Zeichen des Schutzes und wurde dem Gott Horus zugeordnet, dem »oben Befindlichen«. Der Sonnenaufgang wurde mit dem Falken verbunden. Sein Kreisen über der Erde war Symbol der Sonnenbewegung. Seine Schnelligkeit und Klugheit sind notwendige Kräfte, um Abenteuer siegreich zu bestehen. In der Renaissance wurde sein Kopf durch eine Haube verhüllt als Symbol der Hoffnung, daß das Licht die Finsternis zu vertreiben vermag. Treue und Ergebenheit verband der christliche Glaube mit ihm, da er stets freiwillig nach dem Flug auf die Hand seines Meisters zurückkehrt. Der scharfe Sehsinn und das kühne Aufschwingen wurden bewundert.

Gans

Sie wird dem ägyptischen Gott Amun Re zugeordnet, dem Schöpfer und Erzeuger der Welt. Er wird als der große »Schnatterer« bezeichnet und brachte die Sprache, den Laut in den Raum des Schweigens. Das Schnattern der Gans galt auch als Enthüllung eines Betruges. Sie wurde auch der Göttin Isis zugeordnet und so zu einem erotischen und fruchtbaren Symbol. Die Griechen verbanden sie mit Aphrodite (Venus) und sie war Opfergabe des Priapus, des Gottes der Zeugungskraft. Eine Gans soll alle Liebesdinge fördern, und lange Zeit galt Gänseschmalz als Aphrodisiakum. Da man mit ihren Kielen schrieb, war sie auch Symbol der Gelehrsamkeit. In ironischem Widerspruch dazu steht, daß sie in späterer Zeit die Dummheit verkörperte. Wahrscheinlich trug ihr watschelnder Gang zu diesem Urteil bei. Ähnlich den Hühnern war die Gans Zeugungs- und Todessymbol, den ewigen Kreislauf zwischen Werden und Vergehen bezeichnend. Sie wurde nach der Ernte geschlachtet, um die Korngeister gnädig zu stimmen.

Als Symbol der Fruchtbarkeit war sie auch eng mit Wohlstand verbunden. Die Martins-Gans ist Symbol des Winters und wird im

Winter gegessen, um anzukündigen, daß die Sonne (»das Goldene Ei«) wiederkehrt. In der indischen Lehre reitet der Mondgeist Soma auf einer Gans. Ernähren sich doch dort die Gänse nachts beim Mondschein, weshalb sie als Zeichen der Wachsamkeit und des Scharfsinns galten. Auch in Europa gibt es wundersame Erzählungen über die Fähigkeit der Vorwarnung von Unglücken durch Gänse oder Enten. In vielen Sagen werden Gans, Ente und Schwan synonym verwendet. Es sind Tiere, die als Mittler zwischen den Urpolaritäten dienen. Mädchen und Prinzen werden in Schwäne und Gänse verwandelt. Der Schatten des Ichs, der als böse Schwiegermutter mit häßlicher Tochter auftaucht, will erlöst werden, wie zum Beispiel im Märchen »Die Gänsemagd«. Dieser Vorgang verbindet Vergangenheit und Zukunft, gibt neue Lebensenergie. Stets geht es um die Befreiung der Anima durch den Animus und der Befreiung vom eigenen Schatten. Eine besondere Rolle spielt die Gans für Mädchen, da sie ihm in vielen Märchen dazu verhilft, erwachsen zu werden, sich abzunabeln und die frauliche und erotische Seite zu entwickeln.

Geier

Häufig wurde er als Synonym für den Adler verwendet. Sein hoher Flug brachte ihn in Verbindung zur Sonne. Er symbolisierte den Höchststand der Sonne, den Zenit, und wurde deshalb auch stets mit dem Helden, als dem Höchstmaß an Kraft und Mut, verbunden. Die Gestalt des Herakles ist eng mit dem Geier verknüpft. In Indien wird die Sage berichtet, daß der Geier Sampati einst seine Schwingen verlor, als er mit seinem jüngeren Bruder zu nahe an die Sonne flog und Sampati den Bruder schützen wollte. Häufig tauchen zwei Geier auf, was sie mit dem Mythos der Zwillinge verbindet. Auch die Geschichte von Daedalus und Ikarus scheint damit zusammenzuhängen. Die Geier werden im indischen Mythos den starken geflügelten Rossen gleichgesetzt, die den Wagen der Gottheit ziehen. Man glaubte, daß es bei den Geiern nur Weibchen gäbe und sie vom Ostwind befruchtet würden. Deshalb waren sie auch ein mütterliches Symbol. Im Orient galt der Geier als königlich edles Tier, da er kein lebendes Wesen jagt, sondern sich nur von Aas ernährt. Er stand für königliche Würde und Milde. Die Ägypter bildeten ihn über dem Königshaupt schwebend ab, in der einen Klaue den Ring der Herrschaft und in der anderen die Feder des Gesetzes.

Als Aasfresser waren sie den Germanen unrein und wurden später oft dem Teufel gleichgesetzt. Die Römer bewerteten sie als ungünstiges Zeichen, die eine Niederlage ankündigten, da die Geier über ihrem Opfer kreisen. Ein Geier, der einen Adler schlug, bedeutete für sie Verlust der Macht und Exil. Geier konnten die Vergangenheit und die Zukunft sehen. Ihre Federn sollen Geburtswehen erleichtern. Wegen ihrer Gefräßigkeit galten sie als Sinnbild des Parasiten und standen für Menschen, die eine Erbschaft nicht erwarten können. Der Geier gehörte zu den Tieren, die von Menschen im Namen ruchloser magischer Praktiken und christlichem Abwehrzauber rücksichtslos gequält wurden.

Goldregenpfeifer

Er wurde Christus zugeordnet, da er keinerlei schwarze Farbe im Gefieder trug. Ihm wurde Heilkraft nachgesagt und er war an königlichen Höfen zu finden. Brachte man ihn zu einem Kranken, so bedeutete ein Wegdrehen seines Kopfes den baldigen Tod, blickte er den Kranken aber an, so nahm er angeblich die Krankheit durch seinen Schnabel in sich auf. Vor allem sollte er Gelbsucht (eine Lebererkrankung) heilen können.

Aber auch Neid wird ihm zugeordnet (Leber/Galle).

Habicht

Er hat einen scharfen Blick, den er aus dem Genuß des Habichtskrautes zieht. Dieses Kraut übersandte man früher jemandem, den man darauf hinweisen wollte, daß er mit Argwohn beobachtet wird. Wegen seiner Schnelligkeit galt der Habicht als Sinnbild des Windes. Er war der Dolmetscher der Götter und brachte ihr Gesetz auf die Erde. Sein Kreisen gleicht dem Weltgeist, der aus sich selbst erschafft und in den alles wieder zurückkehrt. Der Habicht galt aber auch als Sinnbild des räuberischen Todes. In Persien verehrte man ihn als göttlichen Vogel, und die Magier dachten sich ihre Gottheit mit einem Habichtskopf. Die Eingeweihten des Mithraskultes wurden mit seinem Namen bezeichnet. Einst lebte in Griechenland ein angesehener Mann namens Hierax, der der Göttin Demeter huldigte und die ihm als Gnade reiche Ernten schenkte. Als dann einst ein Volksstamm versäumte, dem Gott Poseidon die alljährlichen Opfer zu bringen, richtete Poseidon aus Zorn deren ganze Ernte zugrunde. Hierax erbarmte sich des Stammes und schenkte ihm Getreide. Aus Rache verwandelte Poseidon darauf den Hierax in einen Habicht und damit vom Lebensspender zum Räuber.

Hahn und Huhn

Hühner hatten eine große Bedeutung für die Orakel in Griechenland, vor allem ihre Futteraufnahme. Bei den Germanen gehörten Huhn und Ei zu Donar, dem Gott der Fruchtbarkeit. Für Kranke wurde deshalb ein Huhn geopfert, um sich der erneuernden Kraft Donars zu vergewissern. Eng verbunden war der Hahn als Opfertier mit der Getreideernte. Man wollte dadurch die Korngeister gnädig stimmen. Hierbei spielt das Symbol des »Goldenen Hahns« eine wichtige Rolle. Er galt nicht nur als Symbol für Fruchtbarkeit und Erntesegen, sondern war auch als Feldzeichen überaus beliebt.

Als Verkünder des Tages und Lichtes war der Hahn vielen Völkern heilig. Die Griechen ordneten ihn den Gottheiten Aurora (Morgenröte) und Helios (Sonnengott) zu. Er ist ein Symbol für Wachsamkeit, da er von seinem hohen Standpunkt aus alles überschaut. Sein Krähen kündigt die Stunden des Tages an und das Ausbreiten seiner Flügel vertreibt die Löwen und allerlei Untiere wie Basilisken. Deshalb galt er als Schutz auf Reisen. Im Mittelalter nahmen ihn Reisende mit, wenn sie durch einsame Gegenden kamen. Der »Goldene Hahn« auf einem Baum war Symbol der Fruchtbarkeit. Er galt auch als kampflustig, reizbar und streitbar und wurde dem Kriegsgott zugerechnet. Vor allem seine Eigenschaft, sich unter keinen Umständen unterjochen zu lassen, brachte viele Heere dazu, Hähne mit sich zu führen, um durch Hahnenkämpfe den Mut der Soldaten anzufachen. Wegen seines Krähens wurde er auch »Trompeter des Morgens« genannt. Sein Rufen prophezeite Gutes für die bevorstehende Schlacht. Er hat die Fähigkeit, Tag und Nacht zu scheiden und kündigt die Zeit des Gebets an. Mit seinem Ruf vertreibt er alle Dämonen. Beim ersten Hahnenschrei müssen die Elfen die Erde verlassen haben, sonst sind sie gebannt. Der schwarze Hahn wurde der Nacht zugeordnet, sein roter Kamm der westlichen Abendsonne. Später galt dies als Zeichen des Teufels, der eine Hahnenfeder trägt. Die Germanen rechneten ihn auch dem bösen Feuergott Loki zu und mit ihm wurde der »rote Hahn« assoziiert. Dem Christentum galt er wegen seiner Geilheit auch als Sünder. Da Hühner nach dem Eierlegen gackern, galten sie häufig auch als Symbol der vorlauten Geschwätzigkeit.

Hahn und Henne sind in der Alchimie eng verbunden mit der »Conjunctio«, der Vermählung, was der Vereinigung von Sonne (Tag) und Mond (Nacht) entspricht. Im weltlichen Sinne sind Hahn und Huhn das Symbol ehelicher Gemeinschaft. Im Hohelied finden wir den Ausspruch »Nigra sum, sed formosa …« (Ich bin dunkel, aber lieblich). Das Dunkle zeigt das zauberische Wesen an, das auch furchterregend sein kann. Die Braut entspricht der Mondgöttin und zu ihr gehören Liebeszauber und Magie, aber auch Wahnsinn. Der Wandel des Mondes ist bedeutsam. Hirsch, Löwe und Hahn sind ihm als Wesen zugeordnet. Hahn und Huhn bekämpfen sich und gehen doch auch eine starke Bindung ein. Ist der Hahn die Kraft der Aggression, so ist das Huhn eher das Symbol der sorgenden, mütterlichen Kraft. Aggression und Liebe werden hier als Bestandteile der erotischen Kraft bezeichnet, als verzehrendes Feuer.

Kiebitz

Ähnlich dem Storch soll der Kiebitz ein verwandelter Mensch sein. Er galt als heiliger Vogel in vielen Religionen. In Deutschland wurde er auch als Muttergottestaube bezeichnet. Auch mit alten Jungfern wird er in Verbindung gebracht, die im Jenseits in der Öde leben müssen, weil sie ihre natürlichen Triebe nicht gelebt haben. In der Tat haben die Kiebitze im Freiland ja etwas Junggesellenhaftes. In der Sage soll einst eine Dienerin die Schere der Jungfrau Maria gestohlen haben. Da sie leugnete, wurde sie in einen Kiebitz verwandelt. Die Schere ist auch bei der Göttin Juno ein wichtiges Attribut. Sie symbolisiert die älteste Parze, das Sinnbild der Lebensmutter. So ist im Kiebitz die Annahme des lebendigen natürlichen Urquells bedeutsam.

Krähe

Krähen sind untereinander verträglich und friedlich. Man glaubte, daß sie monogam seien, und wenn einer der Partner stürbe, würde der andere sich nicht wieder vermählen. Zeigte sich bei einer Vermählung eine einzelne Krähe, so sah man dies als Vorboten einer baldigen Trennung. Da Krähen recht alt werden, galten sie als Sinnbild eines langen Lebens. Der Krähe wurde auch die Gabe

nachgesagt, daß sie selbst den schlauesten Menschen zu umgarnen und zu blenden vermag. Deshalb diente sie den Römerinnen als Zaubermittel, um ihre Seitensprünge vor ihren Männern zu verheimlichen. Den Griechen galt sie als Symbol der Jungfrau und war somit ein Vogel der Pallas Athene. In Indien wurde die Krähe dem Gott Rama zugesprochen, der Inkarnation der Sonne. Hierher paßt auch die Vorstellung, daß die Krähe Ernährer und Förderer anderer sei, da sie die Kuckuckseier ausbrüte. Die Krähe ist der schlaueste der Vögel, wie »der Fuchs unter den Tieren und die Bettelmönche im Kloster«. Sie galt als Sinnbild der Nacht und ihr Ruf »Cras, cras!« (»Morgen!«) brachte ihr den Ruf des Zauderns und Aufschiebens ein. Einst soll Phöbus die Krähe ausgeschickt haben, um Weihwasser als Opfergabe aus einem Brunnen zu holen. Am Brunnen wuchs ein Feigenbaum, und die Krähe gelüstete es nach den Feigen. Deshalb wartete sie, bis die Feigen reif waren, also bis zum Beginn des Herbstregens, so daß die Krähe auch mit dem Regengott und dem Herbst assoziiert wird.
Als Boten Odins flogen sie durch die Welt, um ihm alle Nachrichten und Neuigkeiten zukommen zu lassen. Einst wollte die Krähe als König gewählt werden und schmückte sich dafür mit den bunten Federn, die andere Vögel verloren hatten. Die Eule durchschaute dies und man riß ihr alle Federn wieder aus, bis sie kahl war.
In Indien gab es einst einen frömmelnden Jüngling, der sich für sehr weise hielt. Er versäumte aber, seinen eintretenden heiligen Lehrer zu grüßen. Der Gott Vishnu bestrafte den Jüngling dafür, doch setzte sich der Lehrer für Milde ein. So bekam der Jüngling als Strafe tausend Wanderungen durch verschiedene Tierformen auferlegt. Als er am Ende der Verwandlungen wieder als Brahmane geboren wurde, war sein Stolz immer noch nicht erloschen, weshalb er in eine Krähe verwandelt wurde. Diese Geschichte spiegelt auch ein Ereignis wider, das den Gott Vishnu betrifft. Vishnu inkarnierte sich in den Königssohn Rama, um den zehnköpfigen Dämonenkönig Ravana zu besiegen. Der Stolz und die Hochmütigkeit Ravanas

erzürnten Vishnu. Er konnte aber nur als Mensch den Dämon besiegen. Ravana hatte einst durch allerlei Kasteiungen von Brahma die Unverwundbarkeit gegenüber Göttern und Dämonen erlangt. In seinem Hochmut hielt er es für unwürdig, auch Unverwundbarkeit gegenüber den Menschen zu erbitten. Als Mensch konnte Vishnu den Dämonenkönig besiegen.

Die Krähe wurde auch mit dem Tod in Verbindung gebracht, wie alle schwarzen Vögel. Die Krähe wird zum Schatten des Verstorbenen, und das Füttern der Krähen soll den Seelen eine glückliche Reise ins Jenseits ermöglichen. So gab man, um das Glück anzuziehen, vor allem auf Reisen stets etwas von seiner Mahlzeit den Krähen. Der Tod bedeutet aber im solaren Sinn auch den Beginn der Winterzeit.

Man bemühte sich in allen Kulturen, die fruchtbaren Korngeister gnädig zu stimmen, damit auch im nächsten Jahr das Leben fruchtbar und verjüngt wiederkehrt. So opferte man einen Teil seiner Ernte diesen Geistern, die meist in Vögeln personifiziert waren. Man gab der Natur einen Teil zurück. Äpfel und Korn beließ man zum Teil in der Natur als Opfergabe. Das Füttern der Vögel über die Winterszeit entstammt sicherlich diesem Ritus.

Kranich

Zunächst hatte der Kranich vor allem Bedeutung als Wetterprophet für die Fischer und Seeleute. Ein ruhiger Kranichzug bedeutete schönes Wetter, zogen sich die Kraniche dagegen auf das Festland zurück, so bedeutete dies widrige Winde und Sturm. Der Kranich kann lange auf einem Bein stehen und wurde dadurch häufig mit einem Menschen gleichgesetzt, der vor sich hin philosophiert und an einer Stelle stehenbleibt. Ziehende Kraniche waren in der Kunst ein Symbol für die Sehnsucht.

Er galt als Vogel der Unsterblichkeit. »Auf dem Kranich reiten«

bedeutet, in die Ewigkeit einzugehen. Mit ihrem Trompetengeschrei begrüßen sie die Sonne. Ihr kreisförmiger Tanz war Symbol für den Kreislauf Tod und Wiedergeburt und wurde oft vom Menschen in seinen Riten nachgeahmt. Wie der Storch galt er als Künder des Frühlings und als Symbol der Lebensfreude, was sicherlich aus seinem Springtanz hergeleitet wurde. Sein anhaltendes Schreien und Plaudern brachte ihm den Ruf des Verräters ein oder galt als Jammern und Klagen. Die Kraniche des Ibykus gelten als Symbol, daß bisher verborgene Verbrechen ans Tageslicht kommen. Da Kraniche in der Einehe leben, standen sie für eheliche Treue. Theseus führte mit seinen Gefährten einen Frühlingstanz auf als Dank an Apollo, daß er dem Labyrinth des Minotaurus auf Kreta entkommen konnte. Dieser Tanz ahmte die Windungen des Labyrinths nach und wurde als Kranich bezeichnet, weil er die Ankunft des Frühlings symbolisiert. Auch der berühmte Kampf der Pygmäen gegen die Kraniche, der auf vielen antiken Vasen zu sehen ist, scheint mit diesem Frühlingsgottesdienst zusammenzuhängen. Die Pygmäen sind ähnlich den Zwergen das Sinnbild der unterirdischen Geister, also der Verstorbenen. Diese trachten dem Lebendigen nach dem Leben, und erst die Frühlingssonne kann sie in Form des Kranichs besiegen.
In China wurden die Kraniche dem Glücksgott und dem Gott der Literatur zugeordnet. Auch ein langes Leben sollten sie verheißen.

Kreuzschnabel

Die Germanen ordneten ihn dem rotbärtigen Donnergott Thor zu, da die Form seines Schnabels die Rune dieses Gottes nachbildet. Deshalb schützt der Kreuzschnabel vor Blitzgefahr. Die Rune des Thors versinnbildlicht den Willen zum Leben. Sie steht für die Zeit nach der Wintersonnwende, in der der junge Sonnengott wiedergeboren wird und Himmel und Erde sich vermählen. Das Märchen vom Dornröschen wird ihr gleichgesetzt. Der Dorn wird zum Symbol von Todesschlaf und Leben, des ewigen Wechsels und Wandels. Dabei bleibt das seelische Leben aber stets erhalten. Tod und Leben sind nur die zwei Gesichter der einen Lebenskraft. Die Rune hat starken Einfluß auf die odmagnetischen Kräfte des Menschen.

Der Kreuzschnabel wird Christus zugeordnet, nicht nur, weil er nach der Weihnachtszeit brütet (von Januar bis April), sondern weil er sich dem Glauben nach bemühte, die Nägel aus dem Kreuz zu ziehen, an das man Christus geschlagen hatte. Die Heil- und Erlöserkraft Christi wird auch auf den Kreuzschnabel übertragen. Er soll alle Krankheiten des Menschen auf sich ziehen und danach sterben. Aus diesem Grund sollte man sich einen Kreuzschnabel im Hause halten, da er sogar erbliche Krankheiten aufnimmt und die Kinder schützt. Überkreuzt sich der Schnabel rechts, so soll dieses vor allem bei Frauenkrankheiten helfen. Überkreuzt er sich links, dann eher bei Männerkrankheiten.

Der Kreuzschnabel wird mit der Kiefer, Lärche und Fichte assoziiert, seinen Hauptnahrungsquellen. Ihr Stamm ist von roter Farbe, was wieder den Gott Thor ins Spiel bringt. Auch diese Bäume gelten als Symbol von Leben und Kraft. In der Heilkunde werden sie dem Saturn-Typus zugeordnet, der alles sehr ernst und schwernimmt. Gewissenhaftigkeit und Pflicht sind seine Prioritäten. Er neigt zu Schwächezuständen und zur Melancholie, wenn die Energie verbraucht ist.

Kuckuck

Er gilt als Künder des Frühlings und symbolisiert damit das Glück. Aus diesem Grund hat er eine stark erotische Bedeutung und weist auf die Zeit der Fruchtbarkeit hin. Er verkörpert die schöpferische

Kraft, das Wachstum und Gedeihen und erweckt mit seiner Frühlingsfrische jugendlichen Übermut und Wanderlust im Herzen der Menschen. Als Vogel der nordischen Gottheiten Fro und Donar war er Verkünder des Regens. Sein immer gleichförmiger Ruf hat etwas von einer Gebetslitanei, was gut zu seinem Leben als Einsiedler paßt. Andere Kulturen legen dies eher als Eitelkeit aus, als jemand, der stets von sich selber spricht. Seine Suche nach Einsamkeit rückte ihn auch in chinesischen Texten in die Nähe der Meditation. Er lehrt den anderen Vögeln drei wichtige Prinzipien der Lebensführung: die Konzentration der Gedanken auf den steten Wandel der Dinge, die Harmlosigkeit (Nicht-Schädigen) und die Erhabenheit der Gedanken. Die vollkommene Loslösung von allem Irdischen, das Nicht-Anhaften, führt zur wahren Fröhlichkeit. So kann sein steter Ruf für den noch im Irdischen Verhafteten Schwermut und Trauer kündigen, für den Losgelösten aber wahre Glückseligkeit. Der Kuckuck wurde häufig als Sinnbild eines um ihren verstorbenen Geliebten trauernden Mädchens betrachtet. Im germanischen Kulturkreis wurde ihm die Kunst der Weissagung zugesprochen. Er war dem Gott Donar zugeordnet, der Gesundheit, Glück und Reichtum verteilte. Wer im Frühjahr den Kuckuck hört und Geld und Brot im Sack hatte, dem war sein Auskommen für dieses Jahr gesichert. Sein erster Schrei im Frühling kündet dem Lauschenden sein Lebensalter, dem frisch vermählten Paar Nachwuchs an. Auch in Goethes Werken finden wir diesen Glauben überliefert. Der Kuckuck ist als Frühlingsbote eng mit dem Sinnbild des Osterhasen verknüpft, weswegen früher Kindern beim ersten Ruf des Kuckucks bunte Eier in ein Grasnest gelegt wurden. Daß der Kuckuck ruft und doch nur selten zu sehen ist, trug ihm auch den Charakterzug des Schalkhaften und Humorvollen ein. Er wird auch der in Wolken versteckten Sonne zugeordnet, da man ihn so gut wie nie sieht. Kinder verwenden seinen Ruf seit alters beim Versteckspielen. Er hatte aber auch eine phallische Bedeutung, galt als »indiskreter Beobachter himmlischer Liebesverhältnisse«, als Agent aller Liebeshändel und als Vogel der indischen Göttin Indra, als Verführer und Ehebrecher. »Als verborgene Sonne ist der Kuckuck bald ein abwesender Gatte, ein Hausherr auf Reisen, bald ein Verführer, der in geheimem Liebesverkehr mit dem Weibe eines anderen steht.« Sein Gesang galt in Indien als betörend. Da er die Jungen anderer Vögel aus dem Nest wirft, war er auch Sinnbild der Undankbarkeit, galt als Schmarotzer, der sich auf Kosten anderer nährt. Der Kuckuck kehrt nach seiner Wanderung stets an den gleichen Ort zurück, weshalb er als unsterblich und damit allwissend angesehen wurde. Er stand sogar im Ruf der Prophetie. Aber der Ruf des Kuckucks ist auch Symbol des Abschieds und des Alters, was sich in der Redewendung widerspiegelt: »Der hört den Kuckuck nicht mehr rufen.«

Lerche

In den indischen Mythen war die Lerche vor der Welt da. Als Pragapati, der Schöpfergott, sich vervielfältigen wollte, schuf er zuerst den Hymnus. Das Gebet war vor der Schöpfung da. Als der Vater der Lerche starb, gab es noch keine Erde, ihn zu begraben, und sie begrub ihn deshalb in ihrem Kopf. Auch in christlichen Legenden um Christophorus finden wir diesen Inhalt.
Die Lerche wird der Sonne zugeordnet, da sie nur bei heiterem, sonnigem Himmel singe. Sie gilt als Lobpreiserin der Sonne, ihr Gesang kommt aus vollem Herzen. Sie kann selbst im vertikalen Flug singen, was einzigartig ist. Dies und ihre Ankunft mit dem Frühling machten sie zur Hoffnungsträgerin schlechthin. Sie galt als Bringerin von Speise und Gütern, da sie ein Gebiet mit ertragreichem Ackerbau symbolisierte. Sie mahnt uns, daß wir den Schöpfergeist Sonne loben sollen, auf daß uns Wachstum zuteil wird. Warm wird es uns um das Herz bei ihrem Gesang, der alle Einsamkeit vertreibt, so daß freudige Hoffnung einziehen kann. Unser

Schritt wird beschwingt durch den Gesang der Lerche. Jubel und ein Gefühl der Freiheit begleiten uns. Es geht die Sage, daß eine sterbende Lerche ihren schönsten Gesang anstimmt. Hier zeigt sich ihr Charakter als mutige Gefährtin, die selbst in den Tod jubilierend vorausgeht, um zu zeigen, daß es nach dem Durchschreiten des Tores Hoffnung gibt. Das jubilierende Aufsteigen der Lerche in den blauen Himmel macht sie zu einem Seelengeschöpf. Da sie ihr Nest am Boden baut, ist sie Sinnbild des Menschen, der seine irdischen Verstrickungen überwunden hat. Dies paßt auch zum Bild, das sie im christlichen Denken eingenommen hat; dort war sie mit der Gestalt des heiligen Christophorus verbunden. Gleichfalls steht sie unter dem besonderen Schutz der Mutter Gottes. Wird die Nachtigall dem gefühlvollen Gesang, dem Lied zugeordnet, so steht die Lerche eher den Koloratursängerinnen und den Soloinstrumenten, vor allem der Violine nahe. Wer Schwierigkeiten hatte, zu sprechen, oder wer Gesang erlernen wollte, dem wurde empfohlen, eine Lerche zu verspeisen oder sich eine im Käfig zu halten. Im Indischen ist die Lerche Bringerin von Speisen und Gütern, Übermittlerin der Töne (Hymnensängerin) und Inbegriff der Opfernden.

Meise

Die Meisen sind gesellige Vögel, deren Munterkeit und Lebhaftigkeit beeindrucken. Immer sind sie geschäftig und emsig unterwegs. Sie gelten auch als Künder des Frühlings. Niedlich und geschmeidig ist ihr Naturell, gepaart mit einer Neugier, die manchmal an Frechheit grenzt. Eine lockere, kokette Frau wurde deshalb auch als »Meise« bezeichnet. Da die Meise kleine lebhafte Augen hat, wurden boshafte Menschen, die einen scharfen Blick hatten, mit ihr in Verbindung gebracht.

Nachtigall

Ihr nächtlicher Gesang bei Vollmond hat sie zu einem mystischen Vogel werden lassen, zu einem Inbegriff für die Macht des Gesangs und dessen Ausdruck größter Liebesfähigkeit. Ihr Gesang kommt gleichsam aus dem Nichts, aus einer anderen Welt und symbolisiert die Macht der Liebe, die Dunkelheit und Tod überwindet. Die Leidenschaftlichkeit ihres Gesangs, das An- und Abschwellen ihrer Töne machte sie zum Sinnbild des »romantisch-erotischen Stimmungszaubers«. Ihre Kunst liegt im Bereich des melodramatischen Vortrags. Sie galt, mit dem Schwan, auch als heiliger Vogel der Poesie. Sie wurde dem Mond zugeordnet, und so hatte sie auch eine phallische Bedeutung. Sie singt bei Nacht und im verborgenen, weshalb sie mit geheimen und verbotenen Liebesangelegenheiten verbunden wurde. Die erotische, geheimnisvolle, umgarnende, aber auch beängstigende Kraft wurde mit ihr verbunden. Häufig finden wir Erzählungen, wo das Mädchen mit dem Geliebten durch einen nächtlichen Wald geht und der Gesang der Nachtigall sie erschreckt. Das Betörende ihres Gesangs machte angst davor, die Vernunft zu verlieren und sich dem Verlocken und Verlangen hinzugeben. Ihr Gesang wurde auch für Lachen gehalten, das sie angesichts von Frauen befällt, die Prüderie vorheucheln. Eine Frau, die mit ihren Reizen Männer umgarnt, wurde als Nachtigall bezeichnet. Die Sonne (das Tageslicht und Alltagsbewußtsein, die Vernunft) trocknet die Nachtigall aus, so war die gängige Auffassung. Ihr Gesang stand in dem Ruf, Tote erwecken zu können. In jedem Lebewesen soll der Gesang ein Echo auslösen. Klagend und doch ermutigend klingt ihr Gesang. Im christlichen Glauben galt sie als Vogel der Erlösung und der Seligkeit, da man davon ausging, daß die Nachtigall nachts aus Sehnsucht nach dem abwesenden Lichte singe. Neben der Singstimme wurde ihr die Flöte zugeordnet. Sie galt als Botin der Liebe und ihre Klagelaute als Ausdruck der Vergänglichkeit aller Dinge. Im Ural und Altaigebirge war der männliche

»Nachtigall« ein Gott, der als Sänger in Vogelgestalt erschien und mit seinem mächtigen Gesang und seinem Atem Naturgewalten entfesseln konnte. Selbst wenn man diesen noch ausweichen konnte, trafen die unsichtbaren Energien ganz sicher. Es gab dort ein Waldvolk, das in Sümpfen hauste und als »Nachtigalls« bezeichnet wurde. Es galt wegen seiner Naturmagie als unbesiegbar.

Papagei

Er war das Sinnbild der Beredsamkeit. Oft wird er mit einem Paar Kirschen im Schnabel dargestellt. Dies soll bedeuten, daß er seine Rede in wohlgesetzten Worten zu formulieren vermag. Die Kirsche steht sicherlich auch als Symbol der Fruchtbarkeit und des Erotischen. Sie ist dem Mond zugeordnet, und Vögel dienen der Vermehrung der Kirschbäume, da sie die Kerne weitertragen. Sicherlich soll dies im Zusammenhang mit dem Papagei sagen, daß jemand, der den Kern des gesprochenen Wortes entdeckt, neue fruchtbare Anstöße für sein Leben bekommt. Aufgrund seiner Redebegabung galt der Papagei als Muse. Seine Stimme ist recht krächzend, was zu der Vermutung Anlaß gab, daß er das Dahinscheiden eines Menschen beklage.

Die Gestalten des indischen Götterpantheons, besonders der goldene Mond, wurden mit den Farben Grün und Goldgelb in Verbindung gesetzt. Von Zeit zu Zeit verwandelten sich diese Götter in Bäume oder Papageien. Da der Papagei in Indien der Nacht zugeordnet wurde, spielte er bei Liebesgeschichten und Enthüllung von Liebesgeheimnissen ein Rolle. Der phallische Gott Kama reitet auf einem Papagei, ebenso wie seine Gattin Rati, die Göttin der Lust. Kama ist die schöpferische Seite des Feuergottes Agni. Kama ist der Inbegriff des Begehrlichen, denn er ist der Schönste unter den Göttern, ein Jüngling, der nie altert. Als Inbegriff der tugendsamen und freien Liebe trugen Kurtisanen häufig Papageien auf der Hand. Der Sohn

Krishnas, der als »der Schwarze« bezeichnet wird, liest in der Gestalt eines Papageis den Ungeheuern aus dem »Mahabharata« vor. Die Griechen übernahmen diese Vorstellungen aus Indien. Auch das türkische Papageienbuch »Tuti-Nameh« geht auf manche indische Überlieferungen zurück. In diesem Buch galt der Papagei als Sinnbild des Dichters, sowie von treuer Liebe, Moral und allgemeiner Weltklugheit. Um während der Abwesenheit des Herrschers dessen Gattin vor einem Seitensprung zu bewahren, erfand er stets neue Geschichten über das Erotische, so daß sie nicht zur Tat schritt. Insofern spiegelt der Papagei die Macht der Gedanken und der Vorstellung wider. Auch ist ein Papagei unverbrüchlich treu. Als der Legende nach der Baum eines indischen Papageis, auf dem er stets saß, verdorrte, beschloß der Papagei, auch zu sterben. In der Tat sind Papageien auf ihren gewählten Partner fixiert und nehmen nicht leicht einen Wechsel an.

Pelikan

In der bedeutendsten Geschichte, die vom Pelikan überliefert ist, tötete er seine Jungen, die sich wider ihn erhoben hatten, konnte sie aber wieder zum Leben erwecken, indem er sich die Brust aufriß und sie mit seinem Blut benetzte. Auch soll er seine Jungen, wenn sie von einer giftigen Schlange gebissen wurden, durch Blutungen geheilt haben können. Er wurde im Christentum aus diesem Grund zum Sinnbild für Jesus den Erlöser, der sich für die Sünden der Menschen wider Gott opfert. Der Pelikan ernährt sich von Fisch, der ein wichtiges Symbol des Christentums ist. Jesu Leben voll Einsamkeit, Armut und Entbehrung, das zur Erlösung führte, wurde auch auf den Pelikan übertragen. Im psychologischen Sinn sind es die eigenen Wünsche, Begierden und Taten, die sich schließlich gegen ihren Erzeuger richten. Nur Reue kann erlösen. Auferstehung, Gesundung, Opfermut und Hoffnung machten den Pelikan in Flandern in frühen Zeiten zum Symbol und Emblem der Kranken- und Siechenhäuser. Da er sich bedingungslos für Artgenossen einsetzt und sogar opfert, stand er in hoher Achtung. In der Alchimie wird ihm die Farbe Rot zugeordnet, nämlich in dem Prozeß der »Rötung« und »Imbibition«. Die Farbe Rot steht für die Begierden, die einen Verwandlungsprozeß durchlaufen müssen, um geläutert zu werden. Das Gefäß, in dem dieser Prozeß stattfindet, wird als »Pelikan« bezeichnet.

Pfau

In Indien war er ein Symbol des Gottes Indra. Er wurde mit dem Sonnenlicht verglichen, das in tausend Strahlen glänzt oder die Farben des Regenbogens webt. Im Winter verliert er seine Federn wie auch seine Zeugungskraft und wurde zum Sinnbild des nächtlichen Sternenhimmels. Seine abgefallenen Federn legte sich die Krähe an. Das Grab des Pfaus war ein Baum, der sich zu einem Rohr und dann zu einer Flöte wandelte. Einst soll der Pfau lieblich gesungen haben. Der Sternenhimmel spiegelte sich in seinem Gefieder und die Tierkreiszeichen schmückten seinen Körper. Den Chinesen war er Inbegriff von Schönheit und Würde. Sie bezeichneten ihn als Wohltäter der Menschheit.
Aus Indien wurde er nach Europa gebracht. Die Griechen ordneten ihn der Gattin des Zeus zu, der Göttin Hera. Wegen seiner Farbenpracht symbolisierte er den Menschen, der nur auf Äußerlichkeiten Wert legt. Stolz und Eitelkeit wird dem Pfau nachgesagt. Aber seine Bedeutung ist viel tiefer und hängt mit den Augen auf seinen Federn zusammen. Er wurde als der »Vogel mit hundert Augen« bezeichnet und steht symbolisch für einen Menschen, der hellsichtig ist. Als Sonnenvogel ist der Pfau ein Symbol der Unsterblichkeit. Paradiesische Schönheit entspricht ihm. Im »Physiologus« wird der Pfau als Symbol für die polaren Kräfte im Menschen bezeichnet. Vom

Oberkörper her ist der Pfau ein edles, schönes Tier. Seine Füße jedoch sind häßlich und passen nicht zu ihm. Das wurde auf den Menschen übertragen: Schaut er nach oben zum göttlichen Licht, so wird er von innerer Schönheit erfüllt. Aber er sollte nie vergessen, ab und zu auf den Boden, auf seine Füße zu schauen, um sich zu erinnern, wie sehr er ins Irdische verstrickt ist und zu bösen Taten neigt. Einst soll der Pfau im Paradies lieblich gesungen haben, aber er wurde mit Adam und Eva daraus vertrieben. Nun soll sein heiserer Ruf eine stete Mahnung sein. Sein Fleisch galt den frühen Christen als unverweslich, weswegen er Sinnbild der ewigen Seligkeit wurde. Deshalb schmückt er als Ornament Gräber.

In der Alchimie ist er Symbol des »Mysterium coniugii«, dem Geheimnis der Verbindung und Verschmelzung. Er wird der Isis und Venus zugeordnet und damit allen Kräften des Schönen und Sinnlichen. Die Rundheit des Pfauenrads und seine Farbenpracht stehen für die Synthese aller Dinge, für den Kosmos überhaupt. Die Engel haben Pfauenfedern in ihren Flügeln. Das Rad des Pfaus symbolisiert den Bischof mit seiner Gemeinde sowie die christliche Gemeinschaft. Gebunden ist dies aber an den starken Einfluß der Sonne. Neigt sich die Sonne dem winterlichen Dunkel zu, so verliert der Pfau Federn und Farbe wie viele Vögel und wird unansehnlich. Er wird zum »Krähen-Pfau«, mit krächzender, heiserer Stimme. Wegen seiner Vielfarbigkeit wird der Pfau mit dem Regenbogen verglichen. Dieser ist ein Zeichen für die bevorstehende Synthese, für die Hoffnung und ein Beweis, daß man den rechten Weg beschritten hat. Der Pfau ist ein christliches Symbol für Auferstehung und für Schönheit und Vollkommenheit der Seele. Pfauen wandeln giftige Stoffe in heilkräftige Medizin. Deshalb symbolisieren sie auch den gerechten Menschen, der aus den Sünden zur Reinheit aufersteht. Auch zeigen die Pfauenweibchen ihre Jungen erst als Ausgewachsene dem Vater, also erst, wenn sie vollkommen sind.

Rabe

Dieser Vogel galt in alten Kulturen als Mittler zwischen Gott und Mensch. Er war Botschafter des Merkur und der Sonne. Im Mithraskult trugen bei Festen die Schüler, die Getränke ausschenkten, eine Rabenmaske. Dies war symbolisch eine Art Taufe durch den Geist. Der nordische Gott Odin wurde von Raben begleitet, und sie galten als Propheten, Zauberer und mit magischen Kräften begabt. Aus dem Ruf der Raben konnte man Zukünftiges heraushören. Raben tauchten auf Schlachtfeldern und Richtstätten auf, angeblich ernährten sie sich von Aas. Deshalb wurden sie stets als Künder schweren Schicksals oder als Unglücksbringer angesehen. Eine Versammlung von Raben war ein schlechtes Omen für Kampf oder Reisen. Die Wikinger nahmen auf ihre Fahrten Raben mit. Ihnen dienten diese Vögel als eine Art Kompaß, da Raben sehr schnell Festland finden. In Griechenland wurde der Rabe den Lichtkräften zugeordnet, deren Herr Apollon selbst war. Aus den Bäumen, auf denen Raben saßen, wurden Götterbilder geschnitzt. Bis in das 13. Jahrhundert hinein wurde er im Christentum als Zeichen göttlichen Schutzes angesehen. Er brachte angeblich den Einsiedlern Nahrung und Botschaft. Er galt als klug und vorsichtig, was ihm den Ruf eines Ratgebers und Weissagers verschaffte. Erst mit Wandlung der christlichen Religion änderte sich diese Sicht. Er wurde zum Unglücksraben ob seines schwarzen Kleides und gar zum Zaubervogel der Hexen. Mit Tod und Sünde brachte man ihn in Verbindung. Beim Exorzismus sollte der Teufel aus dem Besessenen in Rabengestalt ausfahren.

Dem Raben wurden große Intelligenz und scharfer Blick nachgesagt. Seine Lebensdauer ist lang. Das Gemeinschaftsleben der Raben hat einen strengen Ehrenkodex, und Zuwiderhandlungen können mit Vertreibung und Tod geahndet werden. Diese starke Orientierung an der Gemeinschaft, auch das abendliche Palaver gehört dazu, rückt die Raben in die Nähe eines Ritterordens. In der keltischen Symbolik wurde der Rabe dem Kriegswesen zugeordnet.

In der Alchimie finden wir den Raben als Symbol der »Schwärzung«, der sogenannten »Nigredo«. Das ist der Prozeß der Fäulnis, durch den die Materie in ihre Elemente zerlegt wird. Damit wird der Urzustand des Chaos herbeigeführt, aus dem dann ein neuer Zustand entstehen kann. Psychisch entspricht diesem Zustand die Melancholie, die Zerrissenheit. Es ist die schöpferische Nacht, in der das Reine und Unreine getrennt werden, damit der höhere Zustand der Reinheit und Unanfechtbarkeit erreicht wird. Diese Phase der Zerrissenheit wird mit der Passionszeit von Jesus verglichen. Der Rabe wird auch mit Blei verbunden, dem geringsten aller Metalle. So muß auch der Mensch der Geringste von allen werden, Demut lernen, im Schatten wandeln, bevor er den Weg zur Seele antreten kann. Dies kann auch auf jene Menschen bezogen werden, die im Schatten der Gesellschaft leben, die verleumdet und schlechtgemacht werden. Die schwarzen Schwingen des Raben wurden von der Luft befruchtet und daraus entstand ein silbernes Ei, die reine Seele.

In den nordamerikanischen Indianerkulturen finden wir den Raben als Schöpfergott: Als noch Dunkelheit und Chaos auf der Erde herrschten, es weder Bewegung noch Laut gab, schwebte der Rabe Yehl über diesem Urnebel. Indem er als Grashalm ein Mädchen befruchtete, schuf er die Welt. Daher galt er als heilige Lebenskraft und als Beginn des Lebens.

Eng verbunden mit dem Raben ist die heilige Eiche. Im alten Griechenland wurde die Mutter des Heilgottes Äskulap mit »Rabe/Krähe« bezeichnet. Sie heilte mit heiligen Eichenmisteln.

Rebhuhn

In der griechischen Sage wird Talos, der Erfinder der Säge, von seinem Onkel Daedalus von der Burg zu Athen in den Tod gestürzt.

Die mitleidigen Götter verwandeln Talos jedoch in ein Rebhuhn. Daher kommt angeblich die praktische Intelligenz des Rebhuhns. Häufig wird der Landwirt mit dem Rebhuhn verbunden. Intelligenz und auch prophetische Gabe wurden dem Rebhuhn zugeschrieben. Das zahme Rebhuhn gibt Laut, wenn im Haus Gift bereitet wird oder anderes Ungemach zu erwarten ist. Ihm wurden Heilkräfte zugeschrieben. Schnellfüßigkeit ist mit dem Rebhuhn verbunden.
Es geht der Glaube, daß ein Rebhuhn das verlassene Gelege eines Artgenossen ausbrütet. Sind die Jungen geschlüpft, so laufen diese allerdings angeblich sofort zu ihrer richtigen Mutter. Ähnlich gehe es dem Volksglauben nach jedem, der unrechtmäßig Reichtum erworben habe. Übermut und Schadenfreude werden dem Rebhuhn zugesprochen. Listige Betrüger werden als »Kinder der Rebhühner« bezeichnet, der Fuß des Rebhuhns gilt als betrügerisch. Rebhühner lassen sich der Überlieferung nach leicht durch Frauenstimmen locken und fangen. In der Sage dienten sie den Zwergen als Reittiere, als diese in den Kampf gegen die Kraniche zogen.

Reiher

Er schuf sich angeblich aus sich selbst heraus, weshalb man ihm geheime Kräfte nachsagte. Er galt als Symbol des Sonnenaufgangs, das heißt, er symbolisiert einen Grad persönlicher Entwicklung, an dem der innere, göttliche Mensch aufersteht. Sein Wesen galt als melancholisch. Er war Wetterbote, der Sturm ankündigte. In der Tat ändert der Reiher je nach Witterung drastisch sein Verhalten. Bei schlechtem Wetter ändert er selten seinen Standort, bei gutem Wetter schweift er umher. Merkur soll auf Erden seine Gestalt angenommen haben, als er die Menschen Wissenschaft und Kunst lehrte. Häufig wird in Abbildungen des Reihers gezeigt, wie er Schlangen frißt. In der christlichen Lehre wird der Reiher eher der Sünde zugerechnet, da er im Schlamm nach Gewürm sucht. Den

Römern galt das Erscheinen eines weißen Reihers als gutes Vorzeichen, daß Angst und Bedrängnis ein Ende haben werden. In der ägyptischen Kultur wurden Ibis und Reiher synonym verwendet. Hier war er der heilige Vogel, dem Gott Thot geweiht. Er war auch der Gott der Schrift und der Versammlung, weshalb das Reihersymbol das erste Schriftzeichen des Hieroglyphenalphabets war. Die Ankunft der Reiher war eng verknüpft mit dem Zeitpunkt der jährlichen Nilüberschwemmungen, die für Ägypten so entscheidend waren. Dabei spielte der Hundsstern, der Sirius, eine wichtige Rolle, da sein Aufgehen die Überschwemmungen anzeigte. So hing der Reiher auch mit dem Sirius zusammen.

Rotkehlchen

Einst soll dieser Vogel, dessen Blut eine Temperatur von 44 Grad Celsius hat, den Menschen von einer unbekannten Insel aus das Feuer gebracht haben. Dabei verbrannte er sich die Federn und diese wurden rot. Das feurige Rot ist in jeder Hinsicht seine Farbe, und so wird er auch dem Feuergott Thor zugeordnet. Noch im Mittelalter wurde gewarnt vor der Schädigung eines Rotkehlchens, weil dann der Blitz ins Haus schlüge, als Rache Thors. Rotkehlchen am Haus versprachen diesem zu allen Zeiten Frieden und Schutz. Vom Wesen her ist das Rotkehlchen sehr ambivalent und schwankt zwischen Zuneigung und Aggression. Hat man seine Zuneigung gewonnen, so ist der Freundschaftsbund unverbrüchlich, und leidenschaftlich verteidigt es einen vor jeder Gefahr. Seine Hilfsbereitschaft kennt keine Grenzen, wovon viele Geschichten erzählen. Nach der Überlieferung soll es das blutüberströmte Antlitz erschlagener Krieger mit einem Blatt bedecken. Dies galt als Akt göttlicher Barmherzigkeit, gab aber diesem Vogel auch die Bedeutung des Seelenvogels, der die Verstorbenen geleitet. In der romantischen Dichtung wurde oft ein Bild des Rotkehlchens gezeichnet, in dem es aus

Blumen einen Totenkranz flicht. Auch als Warner vor Unglücksfällen galt das Rotkehlchen und als Zeichen für einen erfolgreichen Handel.

Schwalbe

Häufig werden Göttinnen, die sich auf der Flucht befinden, in Schwalben verwandelt. Der ägyptischen Göttin Isis geschieht das, nachdem sie Osiris mit Hilfe des Totengottes wieder zum Leben erweckte. Die Ankunft der Schwalbe im Frühling nach langer Reise bringt Glück. Sie galt im germanischen Glauben der Freya und dem Donar heilig und stand damit in enger Beziehung zu Haus und Schutz. Jedes Haus, in dem Schwalben ihr Nest bauen, galt als vom Glück begünstigt. Die Bauern waren immer darauf bedacht, viele Schwalben im Stall zu haben, die Fröhlichkeit und plaudernde Geschwätzigkeit verbreiten. Außerdem fangen sie viele Fliegen. Schwalben singen im Gegensatz z. B. zum Schwan vor Publikum. Schwalbenzungen galten früher als Mittel, um sich jemanden geneigt zu machen, vor allem als Liebeszauber. Die Schwalbe wird der Klarheit des Lichts zugeordnet. Es wurde beobachtet, daß Schwalben blinde Nachkommen mit Schöllkraut kurieren, so daß ihnen Heilkräfte nachgesagt werden. Schöllkraut ist auch ein wichtiges Lebermittel und wirkt angeblich vor allem bei Menschen, die negativ denken, bei Schwarzsehern und Hypochondern. Schöllkraut und Schwalbe stehen für das Prinzip der Klarheit und überirdischen Schau. Wie die Schwalbe sollte man im Morgengrauen meditieren, um in diesen andächtigen Übungen den Weissagungen Gottes zu lauschen. Schwalben galten als Ratgeber, und ihr Flug wurde beobachtet, bevor man eine längere Reise unternahm. Im griechischen Glauben wurden sie der Göttin Aphrodite zugeordnet, was ihre Bedeutung für das Liebesglück betonte. Zwei Schwalben zeigen Mädchen an, daß sie bald heiraten werden. Im »Physiologus« wird hervorgehoben, daß die Schwalbe einen Teil des Jahres in der Einsamkeit der Wüste verbringt, den anderen Teil in menschlichen Siedlungen. Wenn die Einsicht blind wird, sollte man sich in die Einsamkeit begeben, um sich durch Reue zu läutern. Ihre Reiselust wurde ihr auch negativ ausgelegt, als zügelloses Schweifen. Sie wurde zum Sinnbild des noch unfertigen, unklaren Charakters, der Unbeständigkeit. Ihr Schwatzen galt oft als einfältig und verleumderisch. Ihr Auftauchen zeigte einem an, daß man sich vor Schwätzern hüten sollte. Im Verbund ist sie stets hilfsbereit, kann aber auch zänkisch sein. Ein wandelbarer, launiger Charakter wurde ihr nachgesagt. Wegen ihres besonderen Nestbaus bewunderte man sie als große Baumeisterin.

Schwan

Ist der Storch mit Kräften der Weisheit begabt, so werden dem Schwan die Kräfte des Herzens zugeordnet. Wegen seiner Schönheit und seiner harmonischen Bewegungen im Wasser war er stets ein erotisches Sinnbild. Die Griechen ordneten ihn der Venus zu, die dem Meer entstieg. Er galt ihnen als Symbol der Reinheit, und die Seelen reiner Jungfrauen verwandelten sich ihrer Ansicht nach in weiße Schwäne. Auch im nordischen Sagenkreis existieren die Elfenjungfrauen, die sich ein Schwanenfederhemd umlegen und sich in einen Schwan verwandeln. Der Schwan ist dabei Symbol für den Ätherkörper und die Aura eines Menschen. In der germanischen Mythologie war er den Elfen verwandt, da er sich zu Wasser, in der Luft und auf der Erde aufhält, wie die Elfen auch. Daher kommt wohl sein Name »Elbiz«, der früher in Deutschland gebräuchlich war und der eigentlich »Der Leuchtende« bedeutet. Die Kunst der Weissagung wurde dem Schwan zugesprochen. Auch in der indischen Mythologie finden wir diese Symbolik, reitet doch Brahma auf einem Schwan »Hamsa«. Dies bezeichnet die Vorstellung, daß die Erde auf dem Wasser schwimme und so die Fruchtbarkeit möglich wird. Das strahlende Weiß des Schwanengefieders machte ihn im Christentum zum Sinnbild der reinen Seele, und er wurde der Jungfrau Maria zugeordnet. Trotz seiner Unberührtheit, ewigen Jugend und seiner überirdischen Schönheit ist der Schwan aber auch sehr angriffslustig, weiß sich zu wehren. Das machte ihn im Mittelalter zu einem idealen Sinnbild für den edlen Ritter des Schwanenordens, wie wir es im »Lohengrin« finden.

In der germanischen Sagenwelt wurden die Schwäne den drei Nornen zugeordnet, gegen deren Schicksalsspruch selbst Götter machtlos waren. Sie hausten in einem See, auf dessen dunklem Spiegel immer zwei Schwäne schwammen. Aufgabe der Nornen war es, den Weltenbaum mit Wasser aus dem Schicksalsbrunnen zu gießen. Sie können die Gestalten von Schwänen annehmen. Deshalb wurden Schwäne als Boten des Schicksals betrachtet. Auch Weissagung war ihnen zuteil (»mir schwant etwas«) und weissagende Jungfrauen verwandeln sich in der Sage stets in Schwäne. Zerstört man die Form eines Schwans, so steigt der verzauberte Held oder die Heldin hervor. Wird der Held oder die Heldin vom Schwan gezogen oder gar selbst zum Schwan, so bedeutet dies, daß er/sie zurückkehrt ins göttliche Reich über das Meer des Todes. Schwäne kommen in den Sagen als Helfer und Befreier vor, und häufig opfern sie sich selber.

Früher glaubte man, daß eine Liebe unzerstörbar sei, wenn die Liebenden ihre Ringe in das Nest eines Schwans legten. Berühmt geworden ist vor allem der Gesang des sterbenden Schwans. In allen Kulturen finden wir diese Vorstellung, daß ein Schwan beim Nahen des Todes seinen schönsten Gesang anstimmt, aus Freude, daß er wieder zu seinem Schöpfer zurückkehrt. Aristoteles vertrat die Meinung, daß sich die Seelen von Musikern und Dichtern nach dem Tode in Schwäne verwandeln. Sie hätten wie der Schwan die große Gabe der Harmonie. Apollo, der griechische Gott des Gesangs, wird von einem Gespann von Schwänen getragen. So wurde der Schwan auch Sinnbild der Sonne. Auch über den germanischen Kriegern schwebten die singenden Schwäne als Ruf der unsterblichen Welt »Walhallas«. Schwäne galten den Schiffern als gutes Omen und symbolisierten eine ruhige Fahrt und ruhige Gewässer.

Specht

Der Grünspecht wurde dem nordischen Gott Thor mit seinem donnernden Hammer zugeordnet, während der Schwarzspecht der heilige Vogel des germanischen Gottes Donar war.
Dem Specht wurde die Gabe nachgesagt, jeden verschlossenen Ort mit Hilfe eines geheimen Krautes, der Springwurzel, öffnen und in das Innere hören zu können. Übersinnliches Wissen stand ihm offen, um verborgene Schätze aufzufinden. Der »Physiologus« ordnet ihn dem Teufel zu, da er genauso bunt sei wie dieser. Der Specht wie auch der Teufel klopften an Baumstämme, horchten in sie hinein, und wenn sie sie als hohl empfänden, würden sie eine Höhle hineinhauen. Im übertragenen Sinne wurde dies auf den Gläubigen übertragen. Nur in schwache, hohle Menschen könne der Teufel fahren. Im germanischen Glauben galt der Specht dagegen als Vogel der Weissagung. Auch die Römer ordneten ihn als Weissagevogel ihrem Gott Mars zu, und er ist als Bild auf dessen Holzstelen zu finden. Hier ist aber Mars nicht der Kriegsgott, sondern der fruchtbare Frühjahrsgott, Herrscher der Wälder und der Bäume. Die Eiche war ihm heilig. Der Bezirk, den ein Schwarzspecht wählte, galt Mars oder Donar heilig. Zog man aus, um eine neue Heimat zu suchen oder ein neues Heim zu gründen, so achtete man auf die Weissagung des Spechts. Die Indianer Amerikas trugen seinen Schnabel als Amulett für die Unverwundbarkeit. Seine Gefiederfarben galten als Sinnbild für die Buntheit des Lebens: Weiß, die unschuldige Kindheit – goldfarben, goldene Tage der Jugend – Grau, die Wolken des kampfreichen Lebens – Grün, die Hoffnung – Schwarz, der Zwei-

fel – Rot, die Wunden des Lebens. Damit drückt der Specht alle Hoffnungen und Enttäuschungen des Lebens aus sowie alle Freuden und Leiden.
Der Specht hatte auch phallische Bedeutung und wurde dem König Picus zugeordnet, dem Stammvater eines Geschlechts und Sohn des Saturn. Er erregte das Mißfallen der Zauberin Circe, die ihn mit Hilfe einer goldenen Rute in einen Specht verwandelte. Im christlichen Glauben werden dem Specht keine günstigen Eigenschaften nachgesagt. Einst soll Jesus eine Frau namens Gertrud, die gerade am Backen war, um Brot gebeten haben. Ihre Brote gerieten so groß, daß es ihr schien, für ein Almosen wäre das zuviel. Jesus verwandelte sie daraufhin in den Gertrudsvogel, den Specht, der nun mühsam sein Brot verdienen muß. Auch dürstet es ihn ewig, so daß er um Regen bettelt. Eine andere Legende berichtet, daß Gott einst von den Tieren einen großen Brunnen graben ließ. Nur der Specht lehnte die Arbeit ab, um sein Gefieder nicht zu beschmutzen. Seitdem muß er mühsam das Wasser suchen.

Sperling

Von seinem Äußeren her ist der Sperling eher unauffällig. Er trägt keinerlei Schmuck oder Maske. Dies zeugt von Bescheidenheit und Demut. Er verrichtet auf alles Brimborium, relativiert Schönheit und Macht und ist Sinnbild für ein schlichtes mönchhaftes Leben. Leicht unterschätzt man deshalb seine Klugheit. Dabei besitzt er großen Scharfsinn für alles, was ihm nützlich oder schädlich sein könnte. Aufgrund der Vorurteile galt er als Sinnbild eines Menschen, der alles nach dem Oberflächlichen, Äußeren beurteilt. Gefräßigkeit wurde ihm nachgesagt, die rein materielle Befriedigung seiner Wünsche und Triebe. Vom Wesen her ist er drollig und unterhaltsam. Er ist ein Lebenskünstler, der in der Hoffnung lebt, daß jeden Tag irgendwo für ihn der Tisch gedeckt ist. Im nordischen Kulturkreis wurde der Sperling als Bote und Nachrichtenträger des Gottes Odin betrachtet. Wegen seines starken Geschlechtstriebes und seiner häufigen Begattung galt er als erotisches Symbol. Der indische Liebesgott Kama reitet auf einem Sperling. Er sei der geborene Verführer und voller List. Ein böses Maul wird ihm nachgesagt und oft wird er als vorlauter Schwätzer bezeichnet. Sperlinge wurden stark mit dem menschlichen Leben verknüpft, ab der Phase, als die Menschen seßhaft wurden. Das Nest ist für den Sperling ein Hort der Sicherheit und der Heimat, wir für den Menschen sein Haus. Das Sperlingspaar bleibt meist ein Leben lang verbunden und seinem Nest treu. Das Gezwitscher der Sperlinge wurde auch mit dem Klatsch der Menschen verglichen, dem Durcheinanderreden verschiedener Stimmen.

Storch

Früher fielen die Menschen des Nordens bei Ankunft der Störche im Frühling auf die Knie. Das Frühjahr galt als Zeit, in der sich die noch ungeborenen Seelen langsam der Erde nähern, um sich zu verkörpern. Heute hat sich das noch als Bild vom Klapperstorch erhalten. Ibis und Storch wurden dem ägyptischen Gott Thot zugeordnet, dem Mondgott, der mit der Kunst des Schreibens verbunden war.
Der Storch wird oft auf dem Baum sitzend symbolisiert, was den Ort der Geburt anzeigt. Dies gibt dem Storch eine mütterliche Bedeutung. Seine Ehe und die Aufzucht der Jungen wurden stets als vorbildlich betrachtet, weshalb er Glück für Heim und Familie symbolisierte. Er wurde als Glücks- und Friedensbringer betrachtet und stand als Symbol für Eintracht. Die Funktion des Richters und Rechtsstifters wurde ihm zugesprochen, da er als alt und klug galt. Der Storch meidet alle Orte, an denen Unfrieden und Untreue herrschen. Der Überlieferung nach sollen Störche zu Gericht sitzen,

wenn einer von ihnen Ehebruch begangen hat. Sein Name »Adebar« setzt sich aus dem germanischen »Od« (Wohlstand, Besitz) und »bero« (tragen, bringen) zusammen, weshalb er auch als Gaben- und Glücksbringer bezeichnet wurde. Angeblich läßt er seine Jungen auf dem Rücken mitfliegen, um sie aus der Not zu retten. Dem Mythos nach beugte er sich tief ins Wasser hinab, um von dort die ungeborenen Seelen ans Licht und ins Leben zu bringen. Auch in seiner Färbung, oben Weiß und unten Schwarz, wurde symbolhaft das Niederkommen des Geistes in die Materie gesehen, also ein Akt der Befruchtung. Auch ist der Bericht weitverbreitet, daß Störche verwandelte Menschen seien. Das spiegelt sich auch im Märchen vom Kalif Storch wider.
Im deutschen Volksglauben wird er der Göttin Holda (Frau Holle) zugeordnet und verläßt im Herbst die Erde, um in sein heimatliches Lichtreich, das Elfenland, zurückzukehren, wo er wieder Menschengestalt annimmt.
In seinem Äußeren sah man etwas Pedantisches, Schulmeisterliches. Steif wie mit Frack, Perücke oder Degen schreite er wie im Menuett. Als Sinnbild einer ernsten und doch lächerlichen Pedanterie galt er als Inbegriff des Philisters, als Muster häuslicher Tugend. Da er nur klapperte, war man der Meinung, er habe keine Zunge, und somit wurde er der Musik zugeordnet. Noch Heinrich Heine bezeichnete ihn als »Kapellmeister des grünen Waldorchesters«. Da er sich stets mit seinem Schnabel putzt, war er angeblich Inspiration für die Ärzte, die das Purgieren, das Klistier erfunden haben. In Indien und Griechenland galt er als Symbol der Fürsorge.

Taube

Die Interpretation der Taube ist von der Farbe abhängig. In den indischen Mythen gibt es die schwarze Taube, die als Nachtgeschöpf keine positive Bedeutung hat. Die meisten Mythen aber

handeln von der weißen Taube, deren Deutung wir hier zugrunde legen.
In der Literatur finden wir die Taube als Sinnbild treuer Liebe, Reinheit und Anhänglichkeit und als Sendboten. Immer wieder ist es wie ein Wunder, wie eine Taube ihren Weg nach Hause findet. In der vorchristlichen Mythologie wird sie häufig einer Göttin zugeordnet, der babylonischen Lichtgöttin Ishtar oder der griechischen Göttin Aphrodite, und symbolisiert Liebe und Fruchtbarkeit. In den alten Sprachen des Orients ist das Wort »Taube« häufig gleichbedeutend mit dem Wort »Priester«. Daß die Taube als einziger Vogel seine Jungen mit einer Art Milchsaft des Kropfes ernährt, was sonst nur bei Säugetieren üblich ist, hat ihr besondere geistige Bedeutung unter den Vögeln verschafft. In der christlichen Mythologie finden wir dies ganz deutlich. Sie taucht als Friedensbringerin auf, als Mahnung der Götter für ein gutes Einvernehmen unter den Menschen, aber auch als Inspiration für Dichter und Prediger. Geistige Einbildungskraft, das Visionäre ist ihre Stärke, Klarheit und Schönheit bringt sie in die Unordnung der Welt und der Gedanken. Sie gilt als Sinnbild der Treue und Liebe und ihr ruhiges, arg- und sorgloses Leben gleicht einem friedlichen Idyll. Leicht kann man sie verlocken. Noah sandte sie aus, und ihre Rückkehr zeigt den Beginn eines neuen Lebens an, die Auferstehung und Wiedergeburt. In der Alchimie steht die weiße Taube für die »prima materia« und wird mit der Königin von Saba verglichen, die keusch, rein und voller Weisheit gewesen sein soll.
Die Taube ist ohne Falsch. Selbst wenn ihre Jungen geraubt werden, verfällt sie nicht in Zorn und Rachegelüste, sondern nimmt es als Willen Gottes hin. Tauben sind in der Gemeinschaft stark, und das Schwirren ihrer Flügel soll den Habicht abhalten. Nur eine verirrte einzelne Taube kann von ihm erlegt werden.
Das Gurren der Tauben galt vielen als Seufzen. So wurde sie auch zum Klagevogel und im Totenkult verwendet. Die Assyrer glaubten, daß einst ein Ei vom Himmel in den Euphrat gefallen sei. Fische

hätten es an Land gebracht und die Tauben hätten es ausgebrütet. Überall im Orient war die Taube heilig, so daß es nicht wundert, daß sie ein zentrales Symbol auch im Christentum wurde.
In der Alchimie sind die weißen Tauben ein wichtiges Symbol. Die sieben Tauben sind die aus einer Rose heraus verwandelten sieben Ursünden. Diese Ursünden sind: Fleischeslust (Venus, Geschmack der Rose), Unmäßigkeit (Jupiter, Saft), Geiz (Saturn, Blattgrün), Faulheit (Mond, Farbe), Zorn (Mars, Frucht), Neid (Merkur, Duft), Hochmut (Sonne, Berührung). Die Taube steht auch in enger Verbindung zum Metall Blei und zum Saturn, dem alternden, kranken König. In ihnen ist die strahlende weiße Taube, die keusche, weise und reiche Königin von Saba, verborgen. Die Tauben der Diana zähmen den inneren Löwen durch ihre Zärtlichkeit und Sanftmut. Die Tauben erwecken erst die inneren Triebe und Leidenschaften, können sie aber dadurch auch verwandeln zu etwas Höherem. Die Taube war auch ein Bild der Mutter Gottes, der Weisheit und Gerechtigkeit und galt als Symbol für den Weg der Mitte, den Weg zwischen den Gegensätzen.

Wachtel

In Indien bedeutet ihr Name die Lebhafte, Schnelle, Wachsame und war Sinnbild auch des Pilgers. Den Griechen galt sie als dem Herakles heilig, da sie diesen wiederbelebte. Andere vertraten die Meinung, die Wachtel habe Herakles von einem epileptischen Anfall geheilt. Lange noch galt die Wachtel als giftig und epileptisch, da sie bei Nacht giftigen Nieswurz esse. Aber sie galt auch als Heilmittel bei Epilepsie. Ihr Leben ist stark vom Mond abhängig, da sie nachts wandert und schreit. Ihr Ruf zeigt dem Landwirt den zu erwartenden Preis der Ernte an. Da sie im Herbst in den Süden wandert, galt sie als Zeitvogel, als Sinnbild der Wiedergeburt und als Frühlingsvogel. Als Bringer von Neuigkeiten war sie auch dem

Merkur heilig. Ihr Mut und Kampfgeist wurden hochgerühmt. Im Frühling zeigen die männlichen Wachteln in ihren Kampfspielen großen Mut. Wachtelkämpfe gab es ähnlich den Hahnenkämpfen. Der Wachtelschlag zeigt die Fruchtbarkeit des Jahres an. Die Emotion der Wachtel in Kampf und Erotik ist hitzig.
Die Wachtel, Sinnbild der Sonne, findet sich häufig in den Mythen in Beziehung zur Schlange, Sinnbild des Mondes. Sie steht dem Held Bhima bei im Kampf gegen die Schlange und hilft auch Herakles gegen das Schlangenungeheuer Typhon, den Vater der Hydra.

Waldschnepfe

Sie galt als Vogel des Geheimnisses und der Zauberei. Sie pflegt eine Vorliebe für die Dämmerung und das Sternenlicht, so daß ihr Kommen und Gehen geheim bleiben. Dies brachte sie mit der Hexenkunst in Verbindung. Bei allerlei Schuß- und Kugelzauber spielte sie eine Rolle. Wegen ihres Gangs wohl wurde sie zur Bezeichnung für eine galante, aber etwas eingebildete Dame. Das Streichen und Balzen dieser Vögel, der sogenannte Schnepfenstrich, wurde auch zur Bezeichnung für die Prostituierten, die »auf den Strich« gehen.

Wendehals

Seine Fähigkeit, den Kopf in alle Richtungen zu drehen, ließ ihn als Magier erscheinen. Er war das Zaubermittel, mit dessen Hilfe man glaubte, die Gesinnung eines Menschen wenden zu können. Seiner magischen Kraft sollte es möglich sein, sich Zuneigung zu verschaffen. So wurden ihm Liebeszauber und Liebeskraft nachgesagt. Er war ein Vogel der Aphrodite. Daß er aufs Rad gespannt seine

magischen Eigenschaften entfalten soll, bezeugten schon die Griechen.
Iynx war Dienerin der Göttin Jo und verhalf dieser, die Liebe Zeus' zu erwecken. Zeus' erzürnte Gattin Hera verwandelte Iynx daraufhin in einen Wendehals. Iynx war Tochter des Gottes Pan und der Nymphe Echo. Pan versuchte lange vergeblich, die Nymphe einzufangen. Echo selbst war aber in den schönen Narcissus verliebt. Da sie kein Gehör bei ihm fand, verwandelte sie sich schließlich in eine Stimme.
Die Magier von Babylonien nannten den Wendehals »Gotteszunge« und im königlichen Richterzimmer hingen goldene Bilder von ihm, um den König vor Hoffart zu warnen.

Wiedehopf

Er gilt als Botschafter des biblischen Königs Salomo, als Ausleger seiner Worte und bringt den Menschen Weisheit. Er kennt die Geheimnisse der Schöpfung und die Verhältnisse von Zeit und Ewigkeit. Sein Gefieder weist darauf hin, daß er auch über die unsichtbare Welt Bescheid weiß. Er kennt Kräuter, die ihm geheime Reiche und geheimes Wissen eröffnen und die ihn sogar sehend machen, wenn er erblinden sollte. Wiedehopfblut an die Schläfen gestrichen, soll dem Schläfer Traumwelten erschließen. Der Wiedehopf wird zu der Pflanze Frauenhaar in Beziehung gesetzt. Da diese Pflanze zu jeder Jahreszeit grün bleibt, versinnbildlicht sie Ausdauer, Kontinuität und ein ausgeglichenes Wesen. Da Frauenhaar überall zu finden ist und keine sichtbare Wurzel hat, galt es als Sinnbild des weisen Weltmannes, der nicht am Irdischen haften bleibt. Auf negative Weise kann dies aber auch Haltlosigkeit und Entwurzelung bedeuten. In östlichen Erzählungen wird dem Wiedehopf nachgesagt, daß er gerne anderen das Nichtanhaften und die Loslösung vom Besitzdenken predigt. Nicht ungefährlich ist die

Reise ins Geheimnisvolle, die Reise zum Mysterium, und vielen Wagemutigen kostete sie das Leben. Im »Physiologus« steht der Wiedehopf als Symbol der Verjüngung. Die jungen Wiedehopfe pflegen ihre alternden Eltern als Dank, daß jene sie großzogen. Dies bedeutet im übertragenen Sinne, daß jede eigene Erkenntnis, die man sich mit viel Mühe erobert hat, im Alter ein stetes Verjüngungsmittel des Geistes bildet. Der Gesang des Wiedehopfs vor der Reife des Weins galt als Vorzeichen reicher Weinernte. Überhaupt wird er gerne mit Trauben in Verbindung gebracht, an denen er sich berauscht. Um wieder nüchtern und gesund zu werden, nahm der Wiedehopf einen Zweig des Frauenhaars in den Schnabel. Aber auch Hochmut, dummer Stolz und äußerste Furchtsamkeit wurden mit dem Wiedehopf verbunden. Sein mit Kot gebautes Nest trug ihm solche Bezeichnung ein wie »Mistvogel« und »Schmutzhahn«. Hier zeigt sich der Widerspruch zwischen »Wert auf Äußeres« legen, aber die inneren Werte vernachlässigen. Das Äußere, also das Nest, ist dem Wiedehopf nicht wichtig. Seiner eigenen Farbenpracht und Originalität ist er sich indessen sehr bewußt. Der Sage nach ist er dies aufgrund seiner ewigen Unzufriedenheit und seiner Überheblichkeit geworden. Einst sei er ein vielgerühmter Schneider gewesen, der allerdings habsüchtig und dann von Gott in einen Wiedehopf verwandelt wurde. Im Märchen vom tapferen Schneiderlein, das erstaunlicherweise wie der Wiedehopf eine lange dünne Nase hat, finden wir manche Qualitäten wieder, die auch dem Wiedehopf zugesprochen werden. Seine Originalität, Freiheitsliebe und sein Erfindergeist lassen ihn die gestellten Aufgaben lösen, wobei er auch Spitzfindigkeiten und Aufschneiderei anwendet. Es ist der Typus, der als Einzelkämpfer schwerste Aufgaben nur durch die Anwendung seiner geistigen Fähigkeiten erfüllt. Diese intelligenten Fähigkeiten liegen aber immer auch haarscharf an der Grenze der Realität.

Zaunkönig

Er wird auch als Zaunschlüpfer bezeichnet, da er in Baumhöhlen, Erdklüften und Hecken wohnt. In England glaubte man, daß er die Verwandlung einer Elfe (Symbol der Nachtwesen) war, die Jünglinge ins Meer lockte, wo sie dann umkamen. Die Dorfbewohner jagten darauf die Elfe, diese verwandelte sich aber in einen Zaunkönig. Der Zaunkönig gilt häufig als der Ritter ohne Furcht und Tadel. Ähnlich dem Prometheus wurde er beauftragt, als Bote das Feuer vom Himmel auf die Erde zu bringen, um die im Winter frierenden Menschen zu wärmen. Er unterzog sich diesem gefährlichen Auftrag und verlor durch das versengende Feuer seine Federn. Sein Opfermut brachte ihm die Anerkennung aller anderen Vögel, die ihm zur Erneuerung seines Federkleides je eine ihrer Federn gaben. Er gilt als Vogel, der rege Intelligenz und Witz besitzt und dazu noch Selbstvertrauen. Den Stein am Boden eines Zaunkönignestes benutzte man, um die Gedanken anderer Menschen zu lesen.
Eine andere Sage behauptet das Gegenteil und bezeichnet ihn als Betrüger. Als die Vögel nämlich ihren König wählten, sollte der es werden, der am höchsten fliegen könne. Listig versteckte sich der Zaunkönig im Federkleid des Adlers. Im Flug fielen alle Vögel zurück bis auf den Adler und den Storch. Erbittert lieferten sie sich einen Zweikampf. Der Storch wurde schwächer und blieb zurück. Doch auch der Adler hatte sich verausgabt, und nun verließ der Zaunkönig das Gefieder und überholte mit frischer Kraft den Adler. Wegen dieses Betruges wird er heute noch von den anderen Vögeln gejagt und muß sich im Gebüsch verstecken und in Höhlen nisten. Aus diesem Grunde steht er auch für Hochmut. Der Zaunkönig war Sinnbild des Vollmonds, der kleinen Sonne. Erst wenn der Zaunkönig aus der Erde kommt, das bedeutet zur Vollmondzeit, sollte man heiraten. Der Zaunkönig ist auch Symbol des Winters. Während der Abwesenheit der Sonne ist er König. Für die Druiden galt er als der König der Vögel.

Das Vogelorakel für den modernen Menschen

Das vorliegende Vogelorakel soll dem Leser auf spielerische Weise einen neuen Zugang zur Vogelwelt geben, um darin seine eigene Welt zu entdecken.
Es wurden für dieses Vogelorakel hauptsächlich Vögel unseres Kulturkreises herangezogen, da sie derselben ätherischen Schwingung wie wir angehören. Die Meditation, das innerliche Kontemplieren (Betrachten) ihrer Bilder, kann für uns ein Schlüssel sein. Wichtige Voraussetzung für jede Beschäftigung mit den Vögeln ist, daß eine lebendige Beziehung zwischen Mensch und Vogel aufgebaut wird, daß ein Band der Liebe und Freundschaft Mensch und Vogel verknüpft. Das Vogelorakel kann helfen, besser zu verstehen, auf was wir achten sollten, wenn wir Vögeln begegnen oder mit ihnen kommunizieren. Es kann zeigen, was sie für unsere Seele bedeuten und wie wir die Kommunikation, die im Feinstofflichen stattfindet, verbessern könnten. In der kontemplativen Betrachtung der Karten liegt ihre Bedeutung und Hilfe. In jedem Vogel steckt ein Zeichen, ein Symbol, das den Schlüssel für die Initiation oder Einweihung in eine universelle Wahrheit bereithält, die tief in unserem Unbewußten liegt.
Die Sprache der Vögel zu verstehen heißt nicht nur, daß wir verstehen lernen, was eine Hühnermutter ihrem Küken mitteilt. Es gilt vor allem zu lernen, welche Botschaft aus höheren Welten ein Vogel für uns mitbringt. So gesehen ist das Vogelorakel auch ein kreativer Quell für Lebenshilfe.
Der Sinn jedes Orakels ist, Lebensrätsel lösen zu helfen. Welche Kraft könnte uns dafür hilfreicher sein als die der Vögel, die aus der Luftperspektive die Welt überschauen können. Wir können unser Thema oder unsere Frage, auf die wir selbst nach gründlichem Überlegen keine eindeutige Antwort finden, dem Orakel stellen. Es

zeigt uns einen Blick in zukünftige Möglichkeiten und Entwicklungen, die unserer Ratio versperrt bleiben. Indem wir die Frage dem Orakel stellen, lassen wir in gewisser Weise das »Spiel der Kräfte« zu. Hier sind es die Symbole und Zeichen der Vögel, die uns auf andere Ebenen heben. Wir erfahren, wo neue Impulse herkommen und welcher Art sie sind. Das Vogelorakel basiert auf der grundlegenden Erkenntnis, daß die Lösung jeder Frage in uns selbst liegt. So sind wir Augur und Fragesteller in einer Person. Das wissen wir auch tief in unserem inneren Bewußtsein. Der Zugang zu diesem inneren bildhaften Wissen wird durch die luftige und geistige Welt der Vögel und Vogelsymbole erleichtert. Die Befragung des Orakels ist nicht als Gesellschaftsspiel oder Glücksspiel gedacht, sondern dient nur dem aufrichtig und ernsthaft Fragenden. Es ist auch kein Richter, der uns klare Vorschriften auferlegt, was wir zu tun haben und was nicht. Das Orakel soll uns helfen, die Richtung zu finden in bezug zu einer gestellten Frage, und aufzeigen, welche Möglichkeiten und Risiken damit verbunden sind. Die Fähigkeiten unserer höheren Bewußtseinsebenen sollen durch diese Arbeit angeregt und in Bewegung gesetzt werden. Es soll uns den tiefen Brunnen in unserem Inneren erschließen, unseren persönlichen Urbrunnen, aus dem die Esche Yggdrasil wächst, aus dem all unsere Lebensfragen auftauchen und in dem alle Antworten auf unsere Fragen liegen. Eigentlich wissen wir innerlich die Antwort auf all unsere Fragen, aber häufig ist unser Blick verstellt, fehlt uns die Fähigkeit, unser Leben perspektivisch zu sehen, oder wir haben schlichtweg Angst vor gerade dieser Antwort. Aus diesem Grund lassen wir uns eher vom Schicksal treiben und bedenken zu wenig, daß wir unser Schicksal selbst in die Hand nehmen können und damit zum Meister unseres Lebens werden. Jede Lebensfrage entsteht durch den Umstand, daß alte, konservativ orientierte Kräfte eines erreichten Lebenszustands, man könnte diese als Gewohnheiten bezeichnen, auf neue, nach Veränderung drängende Kräfte stoßen. Eine Seite von uns möchte diesen alten Zustand, an den wir uns nun schon gewöhnt haben, festhalten, während unser höheres Selbst nach Erneuerung und nach neuer Erfahrung dürstet. Daraus ergibt sich das Rad der Wandlung, aus dem Wechselspiel der Kräfte Ruhe und Veränderung. In einem Zustand, in dem uns eine Frage förmlich unter den Nägeln brennt, sind wir eng fixiert und in einer Haltung des Ja-Nein oder des Entweder-Oder. Dann sind wir zu sehr in unserer Emotion gefangen. So können wir dann nicht sehen, was sich eigentlich hinter der Frage verbirgt und welche Vielzahl an neuen Möglichkeiten versteckt in ihr angelegt sind. So wie die Vögel die Weltenesche Yggdrasil umschweben, in ihr nisten, so können sie uns wahre Helfer sein, aus diesem Urbrunnen unseres Lebens und seiner Erscheinungen neue Kraft und neue Möglichkeiten zu schöpfen. Sie können uns unseren Lebensweg weisen, der sich im Baum der Weltenesche darstellt.

Gleichzeitig soll das Orakel aber über unser persönliches Anliegen hinausführen. Es soll uns unsere spirituellen Möglichkeiten und Aufgaben erkennen helfen. Nur so fügen wir uns als individuelles Einzelwesen auf neuer Ebene wieder in das Ganze der Erde und den Kosmos ein, werden zum selbstverantwortlichen Menschen, der für das Wohl nicht nur seiner selbst, sondern für das Wohl aller arbeitet. Das Vogelorakel sollte uns ganz deutlich vor Augen führen, was wir als spirituelle Wesen verlieren werden, wenn die Vogelwelt von der Erde verschwinden würde. Davon sind wir gar nicht so weit entfernt. Dies gilt natürlich für viele anderen Bereiche der Natur unserer Erde. Wir sollen erkennen lernen, daß die Erde nicht ein riesiges Materiallager ist, sondern daß hinter jeder äußeren Erscheinung dieses Planeten ein geistiges Wesen steht und daß die Freundschaft dieses Wesens uns zu einem wahren Helfer auf unserem Weg werden kann.

Die besondere Bedeutung des Vogelorakels für den Vogelhalter

Heute gibt es eine große Anzahl von Menschen, die Vögel zu Hause halten. Alle haben ihre guten Gründe für dieses »Hobby«. In der Argumentation am leichtesten tun sich die, die dies in der Absicht der Arterhaltung und des Vogelschutzes tun. Diese Haltung ist wichtig und lobenswert, obwohl wir ihrer nicht bedürften, wenn wir verantwortungsvoll mit der Natur umgingen. Denn bis eine exotische Vogelart erfolgreich nachgezüchtet werden kann, kostet dies vielen Vögeln das Leben. Die Einzelvogelhaltung, der Vogel als Haustier, ist schon weitaus schwieriger zu verteidigen, weil den Vögeln ihr natürlicher Lebensraum genommen wird. Und ganz und gar nicht mehr begründen lassen sich solche Vogelhaltungen, die auf die Zucht von Gesangstars, Farbmutanten, Ausstellungsvögel oder ähnliche Abartigkeiten angelegt sind. Die Gründe für Vogelhaltung sind diffus, die einen lieben die Verspieltheit von Papageien, die anderen die Farbenpracht der Vögel und wieder andere halten sich teure exotische Vögel wegen des Prestiges. Die meisten Menschen sehen sicherlich ihre Haustiere als »Attribut« von etwas an, was ihnen in ihrem Leben fehlt. Vögel bringen durch ihr Wesen und ihr Äußeres Farbe ins Leben. Einsame Menschen halten Tiere wegen ihrer Geselligkeit und Zuneigung. Tiere stehen für Emotionen und spezifische Charaktereigenschaften. Vom Hund erwarten wir Wachsamkeit, vom Papagei Gelehrigkeit und Humor.
Rudolf Steiner hat in seinen Werken darauf hingewiesen, daß in der Epoche der lemurischen Erdentwicklung der Mensch noch ganz weich und flüssig in seiner Gestaltung war. Jede innere Leidenschaft und jeder innere Trieb formte sich sogleich nach außen als sichtbare Körperform. Alles, was ein Mensch also innerlich empfand oder dachte, zeigte sich in seinem Äußeren, das somit steter Verwandlung oblag. Es gab nun Menschen, die in spezifischen Leidenschaften verhaften geblieben sind, diese stetig wiederholten und diese da-

durch verhärteten. Dabei betont Steiner, daß es notwendige Leidenschaften waren, die also nicht mit gut und böse beurteilt werden können. In der nächsten Entwicklungsphase, als der Mensch seinen physischen Leib entwickelte, gestalteten sich jene »verhärteten« Formen von Leidenschaften zu Tierwesen. Sie waren nicht mehr flexibel genug, diese Veränderung zum irdischen Menschen hin mitzumachen.

So konnte man damals, wenn man ein Genosse der Menschen war, und wir waren es ja alle im Grunde genommen, seine Mitmenschen finden, indem sie diese oder jene Leidenschaft, diesen oder jenen Gedanken ausdrückten. Und alle diese Ausdrücke für diese oder jene Leidenschaften und Gedanken, was sind sie denn eigentlich? Welches sind die physiognomischen Ausdrücke für diese menschlichen Leidenschaften und Gedanken? Tiergestalten sind es. Wer heute unsere Tiergestalten betrachtet, der sieht in dem höheren Tierreich nichts anderes als alle möglichen Eigenschaften und Gedanken auseinandergelegt, wie in einen großen Teppich gewirkt … dadurch sind die Tiere entstanden, daß sich die menschlichen Leidenschaften verhärtet haben, daß sie fest und starr geworden sind.

Vom Standpunkt des esoterisch und okkult geschulten Betrachters zeigt sich nach Steiner dies so:

Im Laufe meiner Menschwerdung bin ich durchgegangen durch das, was mir heute entgegentritt in Löwen und Schlangen; in all diesen Formen habe ich gelebt, weil mein eigenes Inneres die Eigenschaften, die in diesen Tiergestalten ausgebildet sind, durchgemacht hat.

Die Tiere sind natürlich nicht stehengeblieben, sondern haben ihre eigene Entwicklung bis jetzt durchgemacht, die von sogenannten größeren Wesen, den Gruppenseelen geleitet wird. Nach Aussage von Steiner begegnen wir in den Tieren unseren Ahnen, die wir in unserer Entwicklung hinter uns gelassen haben. Das Paradoxe ist, daß die Tiere als Einzelwesen tatsächlich hinter dem Menschen zurückstehen, daß sie aber als Gruppe weiter sind als die Menschen, da sie von Gruppenseelen geleitet werden, die zu den Engelshierarchien gehören. Aus diesem Grunde können die Vögel Boten der Götter sein. Tiere allgemein sind mit der Welt der Emotionen verbunden, der Astralwelt, gleichzeitig haben sie aber Zugang zu den höheren Hierarchien. Sie sind Abbilder von Emotionen, und nach deren Qualität wählen wir als Menschen häufig unsere Tiere aus.

Wir können von den Tieren aus diesem Grunde viel lernen. Die Vögel stehen für die Entwicklung mentaler Fähigkeiten, und in der gedanklichen Auseinandersetzung mit ihnen können wir unsere eigenen mentalen Fähigkeiten schulen. Vögel stehen für die Transformation von Emotionen ins Bewußtsein, und sie stehen für die Fähigkeit der telepathischen, mentalen Kommunikation. Vielleicht sind manchmal mit der Vogelhaltung auch Erinnerungen an uraltes schamanistisches Wissen verknüpft, das in unserem Unbewußten vergraben liegt. Es ist dieser Drang, mit den Vögeln sprechen zu können. Von den Schamanen wird berichtet, daß sie mit ihren Vogelgöttern in hoher, quiekender Stimme sprachen, also mit entfremdeter Stimme. Wir heute sprechen mit unseren Vögeln nicht anders. Wir verändern ebenfalls unsere Stimme, den Tonfall. Gerade mit der Stimme können wir auf Tiere einwirken und ihr Verhalten regulieren. Im Gegensatz zu uns heute wußte ein Schamane, was er tat. Und so gilt es für uns heute, unbewußte Reaktionsweisen zu untersuchen und bewußt zu machen, um diese segensreich zur Entfaltung zu bringen. Kontrolle über Tiere hat für die Menschen von jeher etwas Faszinierendes, da es auch Kontrolle über die entsprechenden unbewußten Kräfte bedeutete. Der Schamane suchte aber den Frieden mit diesen Kräften, um deren Segen zu

erschließen. Wir leben heute in einem Zeitalter der Unterdrückung jener Kräfte. Noch eine weitere wichtige Kraft spielt im Verhältnis Vogel–Mensch eine Rolle: das Vertrauen. Unter natürlichen Umständen flieht der Vogel den Menschen. Um ihn zutraulich zu machen, müssen wir Friedfertigkeit und Ruhe ausstrahlen, ein Gefühl des Vertrauens aufbauen.
Für Vogelhalter kann das Vogelorakel interessante Impulse im Umgang mit diesen Tieren geben und anzeigen, welche Emotionen und spirituellen Möglichkeiten damit verknüpft sind. So kann er als Vogelhalter zu dem geistigen Grund vordringen, der ihn zur Haltung von Vögeln bewegt. Gleichzeitig kann dies eine Vertiefung der Beziehung zwischen Vogel und Mensch bewirken.

Die besondere Bedeutung des Vogelorakels für den Künstler

In früheren Kulturen waren Sänger und Dichter gleichzeitig auch Seher und Propheten. In Indien waren es die »kavi«, im frühen Italien die »vates«, was gleichbedeutend mit »besessen«, »rasend« und »gottbegeistert« war. Der bei uns aus frühen Zeiten bekannteste Sänger ist sicherlich Orpheus. Um Orakel zu sein, bedarf es für einen Menschen der Fähigkeit, »begeistert« zu werden. Das heißt, die normalerweise nach außen wirkende Kraft wird nach innen gezogen, hin zum göttlichen Selbst. Um in diesen Zustand der Verzückung zu geraten, gab es verschiedene Methoden, die den Musen entsprachen. Die der Sonne entsprechende Methode war die Musik. Gesang und Musik sollten das Gemüt einstimmen und harmonisieren, um Verzückung oder Trance zu ermöglichen. Frühe Sänger wurden so zu allwissenden Propheten und glichen damit ihren gefiederten Kollegen aus den Wäldern.
Theokrit bezeichnet die Dichter und Musiker als die Vögel der Musen. In den indischen Mythen lehrt der »kokila« die Dichter und

Musiker seine Weisen. Sein Schnabel besitzt viele Löcher, aus denen die melodischen Töne dringen.

Für den Künstler haben die Vögel eine große Bedeutung. Ihre Farben, Bewegungen und natürlich ihr Gesang haben einen wichtigen Einfluß auf Kunst und Musik ausgeübt. Die Flügel der Vögel symbolisieren Schwerelosigkeit und Freude, die die irdische Schwermut überwinden. Es sind Flügel der Begeisterung und Inspiration. Indem Menschen sich früher Federn anhefteten, wollten sie diese Fähigkeit auf sich übergehen lassen. Verbunden sind unsere geflügelten Freunde seit jeher mit dem Leben der Nomaden, die früher selbst geflügelt gewesen sein sollen. Ihre Ungebundenheit, der Rausch an der Schönheit der Welt und ihre hoffnungsfrohe Haltung entsprechen dem Flug der Vögel. Nomaden und fahrendes Volk haben viel zu tun mit dem Begriff »Ausfahren«, was dem Fliegen entspricht, der Fähigkeit, mit dem Geiste zu reisen. Da die Nomaden und Zigeuner ursprünglich aus Indien stammen, scheinen sie von ihrem Ursprung her eng mit einst dort lebenden uralten Stämmen verbunden gewesen zu sein. Es waren dies die sagenhaften Stämme der Kinnaras und der Gandharvas. Die Kinnaras werden als eine Mischung aus Pferd und Mensch abgebildet. Sie leben im Himalaja, wo sie Schätze bewachen und als Tänzer und Musikanten tätig sind. Die Gandharvas sind Geister in der Gestalt von Vogelmenschen, die ebenfalls im Himalaja wohnen. Sie stammen von Brahma ab und ihr Urvater soll als Verkörperung der Sonnenwärme den Somasaft (Mondsaft) bereitet haben, der eine Lebensenergie ist. So würden die Nachkommen noch heute die Kenntnisse davon in ihrer Arzneikunde verwenden. Die Gandharvas sind meisterhafte Musiker, schweben durch Wald und Flur, wo sie manchen Menschen täuschen mit allerhand Trugspielen. Besonders schätzen sie Frauen und haben große Macht über sie. Die Apsaras, indische Nymphen, gehen enge Verbindungen mit den Gandharvas ein und sind ebenfalls begabt in Tanz und Musik. Diese Tradition scheint sich bei den Wanderungen der Nomaden nach Westen fortgesetzt zu haben.

In Osteuropa nahmen die Nomaden die Vögel als Vorbild. Sie kleideten sich überaus bunt und scheinen viele ihrer Verhaltensformen von Vögeln übernommen zu haben, vor allem ihren Stolz, ihre reiche Gebärdensprache und ihre Fähigkeit, Naturlaute zu verstehen. Dies hat sich bis heute in ihrer Musik erhalten. Ihr Einzug in ein Dorf zur Frühlingszeit wurde begrüßt wie die Ankunft der Zugvögel. Sie galten ebenfalls als Zug- und Wandervögel. Mit ihrer Ankunft waren Frühlingsfeste verbunden, Tanz und Musik. Aber nicht nur die Musik stand im Vordergrund. Alle Fahrenden und Wandervögel sehen wie die Zugvögel viele Länder, treffen viele Menschen. Sie erleben eine Unmenge, sammeln viel Weisheit und Wissen, weshalb ihre Erzählungen und Neuigkeiten für die seßhaften Bürger von unschätzbarem Wert sind, abgesehen von ihrem unterhaltenden Charakter. Noch heute fühlen sich die »seßhaften« Bürger nach dem Alltag der Arbeitsroutine zu Künstlern hingezogen, spüren sie die Erneuerung ihrer Lebenskraft durch diese. Wie die Vögel verkörpern die Fahrenden die Kräfte des Frühlings, und auf der feinstofflichen Ebene haben sie gleich den Vögeln die Fähigkeit, die Odströme des Lichts als Energie zu übertragen. Der Vogel tut dies über seine Federn, der Fahrende mit seiner Musik und seinem Tanz. Alle Federn sind »Auffanggeräte« von Licht und Energie, die dann verteilt wird. Ja, die Federn selbst sind ganz aus ätherischer Energie entstanden. In den mythischen Erzählungen über Vögel geht es gar nicht um das tatsächliche Federkleid, sondern um das ätherische. Bei Schwanenjungfrauen geht es nicht darum, ob sie selbst ein Schwan waren, sondern es geht um ihr ätherisches Gefieder. Hellsichtige und Seher konnten am ätherischen Körper eines Menschen erkennen, welcher Vogel- oder Tierart ein Mensch zugehörte. So die alten Erzählungen. Und die Vögel stehen auch als Symbol, daß alle positiven Veränderungen nicht im Äußeren stattfinden können, sondern nur durch innere Prozesse. Auch hier bekommen sie für den Künstler hohen Sinngehalt. Vögel verkörpern für uns Sehnsüchte, verlorene Bilder und Hoffnungen. Sie verspre-

chen doch eine Hoffnung auf Lebenserfüllung und Möglichkeit der Verwirklichung unserer Träume. Jede Vogelart und jedes Tier in einem Land verkörpert auch eine seiner energetischen Qualitäten. Für den Musiker sind es besonders die Qualitäten der Vögel, die für die Qualitäten und Kräfte der Musik seiner Zeit stehen. Mit jedem Tier, das ausstirbt, stirbt auch diese Qualität und Fähigkeit aus. Die Beschäftigung mit dem Vogelorakel soll den Künstler wieder näher an die Natur bringen, an die Wesenskräfte und Schaffenskräfte, gerade in einer Zeit, wo wir der Technisierung zum Opfer fallen.
Schon die antike Gestalt der Sirene, halb Vogel, halb Mensch, der Inbegriff der Verführungsmacht, die Musik auszuüben verstand. Und gerade für Künstler in dieser doch visionsarmen Zeit können die feinstofflichen Energien der Vögel neue Inspirationen und Erkenntnisse liefern.
Auch aus den Erzählungen über Musik können wir Interessantes über die Vögel erfahren. In Rumänien vertraten kundige Instrumentenbauer die Meinung, daß man nur das Holz für ein Instrument nehmen solle, das von einem Baum stammt, der viele Vögel kennengelernt hätte. Ihr Gesang sei eingegraben in sein Holz und könne von einem guten Musiker auf dem Instrument später erweckt werden. Das Instrument soll den Klang des Waldes wiedergeben können. Stradivari soll von Zigeunern diese Weise erlernt und angewandt haben. Auch pflegte man die jungen Musiker vor allem zur Frühjahrszeit in den Wald zu schicken, wo sie vom Klang des Waldes lernen sollten. Besonders wurde ihnen ans Herz gelegt, mit dem Gesang der Vögel zu wetteifern. Wenn ein solcher Musiker später im Winter seine »Waldweisen« vortrug, soll das Publikum sich augenblicklich in den Frühlingswald versetzt gefühlt haben. Dem Gesang der Vögel wurde die Macht zugeschrieben, die musikalische Kraft eines jungen Musikers frühlingsgleich zu erwecken. Im Zwiegespräch mit den Vögeln sollte er lernen. Wer einmal gute ungarische Zigeunergeiger im Konzert gehört hat, dem wird aufgefallen sein, wie häufig das höchste Lagenspiel eingebaut wird, als

hohe freie Verzierungskunst, dessen Klang dem Flöten der Vögel sehr ähnelt.
Damit wären wir beim Gesang der Vögel, der erst heute von seiner Magie eingebüßt hat, seit der menschliche Lärm aus Maschinen und Lautsprechern alles übertönt. Heute gibt es sogar Menschen, die den Gesang oder Laut eines Vogels als Lärmbelästigung empfinden, nicht aber den nachbarlichen Rasenmäher oder den Lärm von Gartenpartys. Häufig habe ich dies von Vogelhaltern gehört, die stets Auseinandersetzungen mit Nachbarn hatten, denen der Gesang der Vögel zu laut sei.
Vögel sind die einzige Tierart, die mit dem Menschen durch das Geheimnis der Stimme und des Gesangs verbunden ist. Der Ausdruck von Gefühlen durch eine musikalische-sprachliche Form ist neben dem Menschen nur den Vögeln gegeben. Was die Reinheit des Gesangs angeht, sind manche Singvögel auch heute noch dem Menschen überlegen. Lange glaubte der Mensch, daß der Gesang der Vögel hauptsächlich auf den Frühling beschränkt sei und rein der Werbung um eine Partnerin diene oder um Nebenbuhler abzuschrecken. Sicherlich dient der Gesang auch der Revierabgrenzung, Selbsterhaltung und Fortpflanzung. Diese Art Gesang ist zumeist laut und prägnant, um ihr Ziel zu erreichen. Sicherlich spielt der Frühling mit dem Erwachen der Hormone eine Rolle, so wie beim Menschen ja auch die Singstimme stark vom Hormonhaushalt abhängig ist. Daß der Vogelgesang aber weit über den zweckorientierten Ständchengesang hinausgeht, zeigt sich schon darin, daß in Gefangenschaft gehaltene Singvögel sehr fleißig das ganze Jahr über singen und daß ihr Gesang unabhängig ist von Revierabgrenzung und Brutzeit. Sie tun dies meist in einer entspannten Haltung, vor allem in der abendlichen Ruhehaltung. Einige der Singvögel sind wahre musikalische Meister und beherrschen eine hohe Kunst der Komposition. Selbst ein Beethoven, Bruckner oder Wagner war sich nicht zu schade, von diesen Meistern zu lernen, und manches Vogelmelodiemotiv findet sich in ihren Werken.

Sehr ausführlich behandelt der Komponist und Vogelfreund Heinz Tiessen die musikalische Qualität des Vogelgesangs. Als absoluten Spitzensänger führt er die heimische Amsel an, aber auch Drosseln und Buchfinken. Gerade bei Amseln und bei mancher Drosselart zeigt sich ihre Musikalität schon darin, daß sie eine lebenslange Schulung durchlaufen. Vom Vater werden sie schon früh in der Gesangskunst unterwiesen und streben ein Leben lang danach, sich zu vervollkommnen. Ihre Kompositionskunst unterliegt ganz den musikalischen Gesetzmäßigkeiten. Sie kennen das Prinzip der Nachahmung, der spielerischen Veränderung, der Verzierung und die Kombination von Motiven. Ihre Phantasie erscheint unerschöpflich. Diese Singvögel ahmen nicht nur nach, sondern sie korrigieren auch Unsauberkeiten und sie verändern die Nachahmung. Der Vogelstimmenforscher Erwin Tretzel konnte dies mehrfach feststellen. So z. B. in einem Fall, als ein Schäfer ein Lied ziemlich falsch vor sich hin pfiff und ein Singvogel in der Nähe diese Melodie nachsang, allerdings dann vollkommen harmonisch. Das bedeutet, daß Singvögel die Freiheit und die Grundgesetze der Musik kennen. Auch komponieren sie im tonalen Dur-Moll-System der Menschen. Wir konnten dies bei unserer Schamadrossel und unserem Weißscheitelrötel hören und bestätigen. Beide singen in Dur und Moll, ahmen Gesangsübungen nach und singen mit uns im Duett. Sie werden förmlich angeregt, wenn wir musizieren. Vögel drücken in ihrem Gesang ihre Daseins- und Lebensfreude aus. Auch Aspekte ihres Gefühlslebens spielen da hinein. Tiessen schreibt: »Da das Gefühlsleben der Vögel eine verhältnismäßig hohe Stufe der Entwicklung erreicht hat, und da sie nur in Tönen ausdrücken, was sie bewegt, können die Triebfedern ihres Singens nicht zu einseitig veranschlagt werden.«

Daß die körperliche Organisation, die physische Disposition nicht ausschlaggebend ist, ob ein Vogel ein guter oder schlechter Sänger wird, zeigt sich darin, daß die Anatomie von Stimm- und Gehörorgan bei den meisten Vögeln gleich ist. Erstaunlicherweise soll laut

Häcker sogar der Stimmapparat der Rabenvögel differenzierter sein als der von Singvögeln. Auch entscheidet bei Amseln und Drosseln der vom Vater erteilte Unterricht ganz klar über die spätere Leistung. Und Leistungsstreben liegt auch manchem Gesang zugrunde. Man wetteifert artistisch. In der Brutzeit kann eine Gesangsleistung und Verausgabung sogar zum Herztod des Vogels führen. Zwischen Schamadrosseln schweigt der schlechtere Sänger in der Gegenwart eines besseren. Es scheint also ganz klare Richtlinien über die Gesangsqualität unter den Singvögeln zu geben.

Vor der Zeit von Aristoteles wurden alle Äußerungen menschlicher Kreativität wie Musik, Tanz und Sprache als Einheit gesehen und mit dem Begriff »musike« bezeichnet. Der Mensch galt als Instrument Gottes, und wenn er von göttlicher Inspiration ergriffen wurde, mußte er dies künstlerisch zum Ausdruck bringen. Auch die Vögel werden von Inspiration ergriffen. Neben den Sängern haben wir dann Vögel, die sich durch Tanzrituale und Farbenpracht oder Rhythmus zum Ausdruck bringen. Kakadus drücken ihre Gefühle durch Gebärden aus.

Interessant ist auch die Untersuchung Friedrich A. Kipps über das Kompensationsprinzip in der Brutbiologie der Vögel. Erstaunlich ist, daß da, wo sich die große Kunst der Darstellung durch Farbenkleid, Balzspiele, Nestarchitektur und Gesang beim Männchen herausbildet, dies mit der Ablösung vom Brutgeschehen und oft sogar mit seinem Fehlen während der Jungenaufzucht einhergeht. Die Weibchen scheinen ihren kreativen Ausdruck zugunsten der Jungenaufzucht zurückzustellen. Sie sind weniger farbenprächtig gestaltet und ihr Gesang ist bei weitem nicht so ausgeprägt. Bei den Singvögeln wie Drosseln und Rotkehlchen nehmen die Männchen an der Brut nicht teil.

Die Rituale der Vögel spielen für Musiker eine Rolle, denn jedes Konzert ist ein Ritus. Aber auch auf Tänzer und Schauspieler sind die Bewegungen mancher Vögel übergegangen. Schön zeigt sich dies in Molières Schauspiel »Der Geizige«, wo das Gehabe des

Pfaus eine große Rolle spielt. Auch das Sich-Verbeugen, wie es Schreitvögel während ihrer Balz tun, ist in das menschliche Verhalten übergegangen. Gerade die Bewegungen der Vögel zur Balzzeit haben große Bedeutung. Sie tun dies nicht unbedingt aus einem biologischen Zwang heraus. Es geschieht eher aus dem Stau an Energie, der sich kreativ Ausdruck verschafft. Es ist eine Art Festival der Darstellung, für das unbedingt ein Partnervogel anwesend sein muß. Die Strandvögel haben förmliche Reigen oder Turniere. Man tanzt gemeinsam, pfeift dazu, bildet Muster, alles nach bestimmten Regeln. Diese Kraft der astralen Ebene, die sich hier Bahn bricht, finden wir auch in den menschlichen Tanzformen und Volkstänzen. Es sind also Kräfte dieser Ebene, die sich in Mensch und Tier Ausdruck verschaffen können. Magisch ist für uns der Tanz der Kraniche oder Trompeterschwäne. Dabei ist der Ablauf nicht starr, sondern gleicht eher einem Kanon oder einer Fuge, wo bestimmte Verschiebungen eintreten können, die eine andere Fortsetzung bewirken. Dabei spielt das Mithören der Vögel eine wichtige Rolle. Die Laute sind gleichzeitig auch Signale für Gebärden und Bewegungsabfolgen. Musik verbindet sich hier mit dem Tanz wie beim Ballett. Auch viele Kleidungsstücke verbinden uns mit den Tieren, wie Hüte, Frackschößc usw. Dabei sind die Schlußfolgerungen von Hermann Poppelbaum interessant, der anhand des gleichen Kopfschmuckornats zwischen tibetischen Priestern und dem brasilianischen Schirmvogel zur Ansicht gelangt, daß der Mensch dies nicht vom Vogel abschaut, sondern daß es Ausdruck der Kräfte aus der gemeinsamen Astralebene ist.

Interessant ist es auch, Beschreibungen hellsichtiger Menschen zu lesen, die Musik und Vogelgesang als Farben und Formen wahrnehmen, als Gedankenformen des Astralkörpers. Der Gesang der Vögel zeigt sich ihnen als Lichtkurven und krümmende Linien. Ein feiner Gesang wird beschrieben als goldene Kugeln, die wie an einer Perlenkette aufgereiht sind. Der Schrei eines Papageis zeigt sich eher als formlose und nur grob gefärbte Masse. Eine schnurrende

Katze ist wie von konzentrischen rosafarbenen Wolkenschichten umgeben, während der Klang eines bellenden Hundes in der Form eines Gewehrprojektils erscheint, das gleichsam den menschlichen Astralleib durchdringt und empfindlich stört. Je nach Tonlage und Emotion des Bellens ändert sich die Farbe der Gedankenformen. Dies dürfte auch für den Reviergesang der Vögel gelten. Aggressivität zeigt sich in den meisten Beschreibungen als rotbraune Farbe, während blaue Farben eher eine entspannte Haltung andeuten. Goldfarben zeigen höchste Inspirationen.

Das Befragen des Vogelorakels

Der Kreis der Wandlungen

Auf dem Orakelfeld sehen Sie einen Kreis, der die vier Himmelsrichtungen und die vier Elemente anzeigt. Er heißt der Kreis der Wandlungen. Er ist zweigeteilt in eine Tag- und eine Nachtseite. Richten Sie stets das Orakelfeld nach Norden aus. Benutzen Sie einen Kompaß, wenn Sie die Himmelsrichtungen an Ihrem Wohnort nicht bestimmen können. Auf das dunkelblaue Nacht-oder Winterfeld sollte sich jeder einen klaren Kristall eigener Wahl stellen. Das fördert die Konzentration und weist darauf hin, daß die magnetischen Erdstrahlen von Nord nach Süd verlaufen.

Norden – Winter

Der Blick des Vogeldeuters oder Augurs ist bei der Befragung des Orakels stets nach Norden gerichtet. In der Antike galt der Norden als Sitz der Götter. Alle esoterischen Lehren berücksichtigen diesen starken Strom des Erdmagnetismus, der sich von Norden nach Süden ergießt. Die nördliche Region ist die Tür, durch die diese kosmische Strahlung eintritt. Der Norden entspricht im esoterischen Sinne der Zeugung und ist damit auch ein Symbol des Geistes. Es ist die Zeit des Winters, der Zeit von Stagnation, Kälte und Tod. Dabei ist der Tod aber nicht das endgültige Aus, wie die westlichen Kirchen dies so lange predigten, sondern bedeutet das ruhende Leben. Leben, das sich aus der äußeren Manifestation zurückgezogen hat, um neue Kraft zu schöpfen, Kraft für eine neue Geburt im Frühling. Der Winter beschränkt alles Bewegliche und bringt damit das Wesentliche aller Formen ans Tageslicht. Er kristallisiert die Essenz heraus. Der unsichtbare Geist befruchtet das irdische Samenkorn. In diesem Zustand des Geistes wird der Seher nicht von

Wandlungen und Illusionen geblendet, sondern schaut alles klar und auf das Wesentliche beschränkt.

Osten – Frühling

Der Osten als Sonnenaufgangspunkt entspricht dem Frühling und der Wachstumsphase. Der Frühling lebt von den milden Lüften, den Düften und dem Gesang der Vögel. Er ist der Moment, in dem das Leben sich aus dem unsichtbaren Boden ins Sichtbare erhebt. Die Pflanze durchstößt die Waagrechte des Erdbodens.
Es ist die Zeit der Auferstehung, die Zeit des Beginns. Dies bedarf der Kraft der Selbstbehauptung, der Konzentration. Der östliche Punkt ist die Pforte des Lebens, die Geburt.

Süden – Sommer

Der Süden ist die Hochzeit der Kraft, ist die Kraft des Wachstums, der Fruchtbarkeit und der Fülle. Es ist der Endpunkt der Entwicklung der äußeren Kräfte, ist der Kristallisationspunkt derselben und ist damit das Symbol der Welt. Wie die Bahn der Sonne Mitte Juni ihren Höchstpunkt erreicht hat und danach sich wieder dem Niedergang widmet, entspricht der Süden als Hochpunkt des Elements Feuer bester Gelegenheit für äußeres Tun. Wärme und Hitze sind seine Zeichen. Die Kräfte füllen die ihnen vorgegebene Form aus, was der äußerlichen Vollendung entspricht.

Westen – Herbst

Der Westen entspricht dem Herbst, dem Sonnenuntergang und gehört zum Element Erde. Der Geruch der feuchten Erde gehört zu dieser Jahreszeit, die nach schwerer Fülle riecht, die schon Verfall und Transformation beinhaltet. Es ist eine Zeit der Ruhe und Erfüllung, die man nach der Ernte seines Tuns genießt. Es ist die Zeit des inneren Reifens. Feierlich sind die Farben des Herbstes, aber auch schwermütig und Sehnsucht erweckend. In vielen Kulturen wird diese Zeit als Zeit des Gerichts, des Abwägens und als Zeit der Buße betrachtet. Hier ordnen sich die Dinge des Lebens, werden auf den Inhalt überprüft. Wesentliches scheidet sich von Unwesentlichem. Der Kreislauf und Wandel aller Dinge ist so wichtig und bedeutsam, da er zeigt, daß sich nur im steten Wandel ein Gleichgewicht erzeugt, das lebensförderlich ist. Würde Irdisches nie vergehen und sich wandeln, die Welt wäre erstarrt. Würden wir unser inneres Feuer, die Kraft unseres Willens und Handelns ins Unendliche dehnen, würde es ein verzehrendes Feuer für uns selbst und für andere werden. Blieben wir nur in der frühlingshaften Luft stecken, würden wir nie reifen, blieben in einem jugendlichen Traumbewußtsein haften, könnten uns nicht zu einer Identifikation mit irgend etwas anderem aufraffen. Bei einer Überbetonung des Wasserelements würden wir stets Form um Form neu erschaffen, ohne sie zu vollenden, ihr Zeit zur Reifung zu geben. Die Jahreszeiten können Auskunft geben, in welchem Stadium sich die eigenen Kräfte hinsichtlich der Frage befinden. Manchmal können sie auch ungefähre Zeitangaben symbolisieren, wann sich eine optimale Realisierung ergibt. Es hängt ganz vom Deuter ab, welche Informationen und Kombinationen innerlich als bedeutsam erachtet werden.

Tagseite – Nachtseite

Tageslicht entspricht auf der Erde dem Alltagsbewußtsein, dem Wachbewußtsein und damit allen nach außen gerichteten aktiven Bemühungen. Das Dunkel entspricht der Aktivität der inneren Kräfte. Unser ganzes Leben verläuft in Zyklen, die sich aus diesen Urpolaritäten ableiten. Wir bewegen uns zwischen Wachen und Träumen, zwischen Senkrechter und Waagrechter, zwischen Spannung und Entspannung, zwischen Erfolg und Blockade. Wir haben Zeiten, in denen es uns gutgeht, und Zeiten, in denen es uns schlechtgeht. Langsam bricht sich die Erkenntnis Bahn, daß die Ruhezeiten, in denen nichts läuft und uns nichts zu gelingen scheint, ebenso nötig und lehrreich sein können wie unsere Erfolge im hellen Licht des

Alltags. Beides sind Seiten einer Medaille. Auf dem Orakelfeld sind diese gegenläufigen Kräfte am äußeren bzw. im inneren Rand des Kreises eingetragen.
Die beiden Pole von Tag und Nacht kommen später bei der Befragung des Orakels durch die Einteilung in Tag- und Nachtvögel zum Ausdruck.

Tag- und Nachtvögel – die großen polaren Kräfte

Die Tagvögel

Frühling und Sommer / Extrovertiertheit

Diese Vögel entfalten während des Tageslichts ihre höchste Aktivität. Es sind fast alle Frühlings- und Sommervögel. Es sind Vögel, die ihre Kräfte nach außen entfalten zum Entzücken der Natur. Auf der menschlichen Ebene spiegelt sich dies in den Kräften des Alltags wider, im Verstandesdenken, in der Kommunikation und in der Öffentlichkeit. Es sind die Fähigkeiten, die man durch Austausch mit der Welt entwickelt. Es sind die dynamischen Kräfte der Aktivität, des Handelns.

Die Nachtvögel

Herbst und Winter / Introvertiertheit

Zu diesen Vögel gehören nicht nur Eulen, sondern die meisten Vögel mit schwarzem Gefieder. Die Farbe Schwarz ist die Verhüllung, Verdeckung und damit alles Okkulte, Geheime. Im menschlichen Bereich entspricht das mehr der Innensphäre, dem Intimen. Das sind Dinge, die man nicht jedem offenbart. Es sind auch Kräfte, die man im geheimen entwickelt, denn es sind die dem Schlaf ähnlichen Kräfte der Phantasie, des Träumens und der Visionen. Schweigen ist ein wichtiger esoterischer Wink für die Entwicklung dieser Kräfte. Sie stehen für die Ruhepause in der Natur, dem Pralaya, also jenem Zustand, in dem die äußeren Kräfte ganz zu-

rückgezogen sind, sich nicht offenbaren, während im Innern Kraft für neues Wachstum gesammelt wird. Im Jahreslauf sind es die Monate des Herbstes und Winters.
Nachtvögel entfalten ihre Kräfte in der Dunkelheit. Da können sie all ihre Fähigkeiten nützen. Im Tageslicht kommen ihre inneren Fähigkeiten nur begrenzt zur Geltung. Haben Sie jetzt einen Tagesvogel gezogen, der sich in der nächtlichen Hülle des Orakelfeldes befindet, zeigt Ihnen dies an, daß Sie im Moment nicht alle Kräfte für äußere Unternehmungen zur Verfügung haben oder diese nicht auf ein Ziel hin integriert sind. In diesem Fall zeigt Ihnen das den Schritt der Rückbesinnung an. Schauen Sie in sich hinein und suchen Sie nach den Emotionen, die Sie an einem äußeren erfolgreichen Vorgehen hindern könnten. Haben Sie einen Tagesvogel gezogen, der sich auf der lichten Hälfte des Orakelfeldes befindet und den Sie nach Ziehen einer Bewegungskarte auf das dunkle Feld bewegen sollen, so zeigt Ihnen dies an, daß Sie sich besser im Moment zurückziehen von äußeren Aktivitäten. Es ist an der Zeit, sich der Entwicklung innerer Kräfte zu widmen. Betrachten Sie vor allem die spirituelle Bedeutung der Vogelkarte. Haben Sie nun »zufälligerweise« eine Vogelkarte erhalten, die keine spirituelle Deutung aufweist, so zeigt dies Ihnen, daß Ihr spirituelles Feld noch relativ unbesetzt ist, daß Sie im Moment noch nicht wissen, welche Richtung sie einschlagen sollen. Es könnte auch sein, daß Sie schon spirituelle Erfahrungen haben, aber sich in Ihnen vielleicht eine neue Richtung oder ein Umdenken anbahnt.

Die Kartensets

Das Vogelorakel hält vier Kartensets bereit. Oben links liegen die Vogelkarten. Auf ihnen befindet sich das Bild des Vogels, seine symbolische Bedeutung und sein »Zeichen«, das seine geistigen

Kräfte versinnbildlicht. Das Symbol der Sonne kennzeichnet den Vogel als Tagvogel, das Mondsymbol den Nachtvogel. Rechts finden Sie die Abkürzungen für die vier Lebensräume oder Elemente: L = Luft, F = Feuer, E = Erde, W = Wasser.

Oben rechts liegen die sieben Karten der Göttervögel. Darauf finden Sie das Fabelwesen abgebildet. Darüber steht das geistige Thema, das dieser Göttervogel vertritt oder symbolisiert. Darunter steht eine Affirmation, die dem Orakelbefrager in seinem Alltag hilft, dieses Thema zu verstehen.

Unten links liegen die acht Karten der Vogelattribute, deren Bedeutung im Prozeß der Orakelbefragung im Orakeltext nachgelesen wird.

Unten rechts liegen die sechs Bewegungskarten. Sie gewinnen erst am Schluß der Orakelbefragung große Bedeutung, indem sie anzeigen, in welche Richtung die Entwicklung geht.

Der dreifache Weg, das Orakel zu befragen

Allgemeine Überlegungen

Für die Befragung des Orakels benötigen Sie einen Kristall, um Ihre Kraft zu konzentrieren und Ihre Schwingung zu erheben. Die Größe des Kristalls spielt dabei keine Rolle. Wichtig ist, daß Sie sich diesen Kristall selbst aussuchen. Er muß zu Ihrer Schwingung passen. Halten Sie ihn kurz an Ihren Solarplexus. Wenn Sie das Gefühl haben, daß Kraft Sie durchströmt oder sich ähnliche sensitive Wahrnehmungen einstellen, so ist es Ihr Stein.

Bevor Sie an das Befragen des Orakels gehen, sollten Sie sich darüber im klaren sein, daß dies ein heiliger Vorgang ist, der früher nur den Priestern erlaubt war und der bestimmte Rituale der Vorbereitung erforderte. Manches hat sich bis heute in der Entwicklung des Menschen verändert, so daß nicht mehr Räucherungen, Fastenrituale und ähnliches notwendig sind, um ein Orakel zu befragen.

Wir Menschen heute sind in einem Prozeß der mentalen Entwicklung, so daß mentale Vorbereitungen für uns bedeutsamer sind als Vorbereitungen auf der physischen Ebene. Wichtig ist, daß Sie einen ruhigen Platz finden, an dem Sie Ihr Orakel aufbauen. Günstig ist es, einen Raum oder einen Platz zu haben, der nur für die Orakelbefragung oder spirituelle Arbeit verwendet wird. Schaffen Sie sich einen solch »heiligen« Platz, der nach Möglichkeit nicht von Alltäglichkeiten oder von anderen Schwingungen gestört wird. Waschen Sie Ihre Hände als Akt der magnetischen Reinigung, bevor Sie den Kristall berühren und mit Ihrer Arbeit beginnen. Sobald Sie das Orakelfeld wie nachfolgend beschrieben aufgebaut haben, richten Sie einige Minuten Ihre Konzentration ganz auf den Kristall. Dabei können Sie die Augen offen oder geschlossen halten. Fokussieren Sie die Kraft des Kristalls, der Ihre innere Schwingung reinigt und erhebt. Unterstützen können Sie diesen meditativen Einschwingungvorgang, indem Sie eine persönliche Vogelkarte ziehen. Deren Vogelbild zeigt Ihnen die Kraft, die Ihnen behilflich ist für die bevorstehende Arbeit. Dann beschäftigen Sie sich mit Ihrer Frage. Versuchen Sie die Frage ganz knapp und präzise zu formulieren. Viele Menschen haben heutzutage diffuse Vorstellungen von dem, was sie eigentlich möchten. Aus diesem Grunde fallen Formulierungen sehr weitschweifend oder labil aus. Hinter der allgemein formulierten Frage steht meist ein anderes sehr mächtiges Thema, das aber sehr emotionsgeladen ist und das wegen seiner Stärke lieber abgeblockt wird. Fassen Sie also Ihren Satz in eine positive Frage, die all das beinhaltet, was Ihnen wichtig ist. Je knapper Sie diese Formulierung fassen, desto komprimierter und dynamischer ist die darin enthaltene Energie, was Ihnen bei der Deutung hilfreich sein wird.

Das Legen des Orakels für sich selbst

1. Sie richten das Orakelfeld nach Norden aus und stellen den Kristall auf den nachtblauen Platz des Nordens. Ordnen Sie die Kartenpakete auf den vorgezeichneten Feldern mit der Bildseite nach unten an. Der erste und wichtigste Schritt ist, daß Sie ein Thema oder eine Frage auf einen kleinen Zettel schreiben und in die Mitte auf das Orakelfeld legen. Das erlaubt Ihnen, alle Schritte immer in bezug auf Ihre Frage zu sehen. Damit haben Sie die Orakelbefragung begonnen.
2. Ziehen Sie eine Vogelkarte aus dem verdeckten Stapel. Wenden Sie die Karte um. Diese gezogene Karte ist der erste Impuls, Ihr Thema auf verschiedene Weise zu beleuchten. Sie zeigt Ihren momentanen Standpunkt zu Ihrer Frage und Ihrem Thema, der sich aus der Vergangenheit bis heute entwickelt hat.
3. Legen Sie die Vogelkarte in das Segment des Elements, zu dem der Vogel gehört, denn hier sammeln sich jetzt viele zusätzliche Orakelantworten. Nun können Sie alle Hinweise, die der Vogel versinnbildlicht, im Orakeltext nachlesen.
4. Lesen Sie den Text zum Vogel. Sie werden hier oft eine allgemeine Deutung und eine spirituelle Deutung vorfinden. Die spirituelle Deutung ist hilfreich auch bei weltlichen Fragen, da dieses Thema im Hintergrund lauert und Sie irgendwann im Laufe Ihrer Entwicklung damit konfrontiert werden. Besonders bedeutsam ist die spirituelle Bedeutung natürlich bei spirituellen Fragen, aber auch bei den Nachtvögeln oder wenn Sie sich mit der Vogelkarte auf der linken Seite des Orakels, der Nachtseite befinden. Dies ist immer ein Zeichen für einen Prozeß der Verinnerlichung und einer Lektion, die Sie zu lernen haben. Viel Information ist im Text enthalten und dient dazu, Sie zur Reflexion anzuregen. Ziehen Sie Ihre Frage in bezug auf den Text in Betracht. Sie finden über dem allgemeinen Deutungstext eine Affirmation. Sagen Sie sie des öfteren laut. Wie fühlt sich das an? Was empfinden Sie dabei? Die ausführlichen Textpassagen dienen

auch dazu, Ihnen zu erhellen, was mit dem Sinnbild des Vogels und mit seinem Zeichen gemeint ist.

5. Lesen Sie danach den entsprechenden Text zu Tag- oder Nachtvögeln. Die großen polaren Kräfte von Helligkeit und Dunkelheit eröffnen Ihnen, in welchem Prozeß Sie sich befinden. Liegt die Stärke momentan mehr im äußeren oder inneren Tun?
6. Lesen Sie den allgemeinen Text zum Element, in dem Sie sich mit der ersten Vogelkarte befinden. Das erhellt Ihnen den Bewegungsraum, in dem Sie sich mit Ihrem Thema befinden. Es zeigt auch die Ebene an, auf der Sie sich im Hinblick auf Ihr Thema orientieren. Dies ist auch meist die Ebene, auf der Sie fixiert und blockiert sind, die gleichzeitig aber auch die Lösung bereithält.
7. Ziehen Sie eine Karte vom Depot der Göttervögel, drehen Sie diese um und legen Sie sie unter die Vogelkarte. Sie befragen damit eine höhere Ebene: Welche höheren Kräften stehen Ihnen bei in der Bewältigung des Themas oder der Frage? Der Göttervogel zeigte Ihnen an, welche göttliche Kraft hinter der zuvor gezogenen Vogelkarte steht, wessen Bote der irdische Vogel ist.
8. Lesen Sie den Orakeltext. Sagen Sie laut die Affirmation. Sie werden spüren, daß es am Anfang nicht leicht ist, große Worte in den Mund zu nehmen. Aber es ist wichtig zu spüren, inwieweit Sie auch bereit sind, von höherer Stelle Hilfe anzunehmen. Betrachten Sie auch diese Hilfe wieder in bezug auf Ihr Thema.
9. Ziehen Sie eine Karte vom Depot der Vogelattribute, wenden Sie die Karte um und legen Sie sie unterhalb der des Göttervogels. Die Attribute stellen zusätzliche Hilfen dar und beleuchten Ihr Thema von einer neuen Seite, an die Sie vielleicht noch nicht gedacht haben oder die Ihnen bisher verborgen war. In den Attributen verbergen sich wichtige dynamische Prozesse, die in Ihrem Leben stattfinden, um ans Ziel zu gelangen. Sie zeigen, in

welchen konkreteren Umständen sich der von Ihnen gezogene Vogel befindet. Die Attribute sind wichtige Begleitumstände im Leben eines Vogels, die auch eine stark symbolische Kraft haben.

10. Ziehen Sie eine weitere Vogelkarte und legen Sie sie in das zugehörige Elementensegment. Dieser zweite Vogel ist eine Art Helfergestalt, ein geistiger Weggefährte, der bereit ist, Sie ein Stück auf Ihrem neuen Pfad zu begleiten, der Ihnen auch die nötigen Impulse gibt, das Werk zu vollbringen. Es sind die neuen Kräfte und Möglichkeiten, die sich im Hinblick auf Ihr Thema entfalten wollen. Sind diese im selben Element angesiedelt oder in einem befreundeten, so wird die Integration leichter sein, als wenn diese sich in wesensfremden Elementen gegenüberstehen. Dabei gilt es stets zu bedenken, daß dies nicht gut oder schlecht, freundlich oder feindlich ist. Es zeigt die Art der Integration an und auch die Potenz der dahinterstehenden Kraft. Ist Ihre erste Vogelkarte im Element Feuer angesiedelt, Ihre zweite jetzt aber im Element Wasser, so spricht dies für keine leichte Integration, da beide sich »feindlich« gegenüberstehen. Aber durch diese Polarität bekommen Sie eine ungeheuerliche Energie, ein Plus mehr an Spannkraft, das Sie bei richtiger Nutzung voranbringen kann, Sie höhere Ziele erreichen läßt, als wenn Sie im gleichen Element verharren. Dies hängt natürlich auch vom Thema Ihrer Frage ab. Falls Sie sich mehr Ruhe und Erholung wünschen, ist dies vielleicht nicht die ideale Kombination.
11. Lesen Sie den Orakeltext zu diesem Vogel. Er dient als Motor, das zuvor Überdachte in die Tat umzusetzen. Er bringt Bewegung in die Orakelantworten. Wohin geht die Reise? Er weist in die Zukunft. Er zeigt eventuell auch das Spannungsfeld, das in Ihrem Thema steckt.
12. Betrachten Sie, wo die drei ersten Karten liegen, in welchem Element als Ausgangspunkt, und gehen Sie im Uhrzeigersinn vorwärts. Schauen Sie, welche dynamischen äußeren und inne-

ren Prozesse Sie durchlaufen, ehe Sie das neue Elementensegment mit dem Vogel-Weggefährten erreichen.

13. Lesen Sie die dazugehörige Elementenkombination. Beispiel: Liegen Ihre ersten drei Karten im Luftraum und liegt die neue Vogelkarte im Erdraum, so suchen Sie unter dem Thema »Luft« die Kombination Luft–Erde.
14. Sind das erste Element (1. Vogelkarte) und das neue (2. Vogelkarte) identisch, so legen Sie die zweite Vogelkarte unter die Attributkarte. Das bedeutet, es ist noch nicht klar, wohin Sie sich bewegen. Das Orakel läßt an dieser Stelle noch offen, ob es sich um eine Stagnation oder um ein bewußtes Verharren im gleichen Lebensraum (Element) handelt. Indem Sie nun eine Bewegungskarte ziehen, befragen Sie das Vogelorakel noch ein letztes Mal zu diesem Sachverhalt. Auf der Bewegungskarte finden Sie eine Anweisung, wohin Sie sich mitsamt Ihren neuen Möglichkeiten bewegen bzw. wo sich die Orakelantworten manifestieren können. Die Bewegungskarte kommt nur ins Spiel, wenn die zweite Vogelkarte dasselbe Element wie die erste aufweist.
15. Weist Sie die Bewegungskarte in ein anderes Elementensegment, lesen Sie die Kombination Ihres ersten Elements mit dem neuen.
16. Erhalten Sie durch die Bewegungskarte die Anweisung, in Ihrem Lebensraum zu verweilen, so ist keine neue Bewegung, Richtung und kein neuer Ort der Verwirklichung angezeigt.
17. Lesen Sie den entsprechenden Orakeltext zur Verdoppelung Ihres Elements. Beispiel: Sie stehen zunächst auf dem Feuerelement, der zweite Vogel ist wieder ein Vertreter des Feuerelements. Sie ziehen eine Bewegungskarte, die Sie heißt, im gleichen Element zu verweilen. Sie finden unter dem Thema »Feuer« die Kombination Feuer–Feuer.
18. Lassen Sie jetzt zum Abschluß noch einmal die wichtigsten Erkenntnisse Revue passieren und schreiben Sie sich einen Punkteablauf auf, was Sie in bezug auf Ihr Thema tun und

entwickeln können, welche Punkte es zu beachten gibt. Versuchen Sie, diese Informationen in ein Bild zu packen, erschaffen Sie sich ein inneres Bild mit den erhaltenen Informationen.

Das Legen des Orakels für jemand anderen

Die Vorgehensweise ist dieselbe. Sie bereiten sich innerlich vor auf die Befragung, bauen das Orakelfeld auf und schwingen sich hinein. Ziehen Sie einen Vogel als Helferkarte für Ihre Arbeit. Meditieren Sie über die Eigenschaften und Kräfte des gezogenen Vogels. Legen Sie ihn dann ins Depot zurück. Wenn Ihr Klient eintrifft, gönnen Sie ihm ein paar Minuten der Entspannung, vielleicht ein Glas Wasser. Dann besprechen Sie die Frage oder das Thema, das der Klient mitbringt. Lassen Sie diesen sein Thema in eine knappe positive Frage fassen, so daß diese all dies enthält, was für ihn mit der Frage verbunden ist. Lassen Sie ihn selbst eine Frage auf ein Kärtchen schreiben, das Sie in die Mitte des Orakels legen. Erbitten Sie einen kleinen Gegenstand von Ihrem Klienten, ein Schmuckstück, eine Uhr oder einen Schlüssel, irgendeinen persönlichen Gegenstand. Diesen legen Sie zum Kristall. Dann lassen Sie zusammen mit Ihrem Klienten eine Minute der Stille folgen, bevor Sie mit der Arbeit beginnen. Der Klient zieht dabei die Karten wie oben beschrieben, während Sie dann die Deutung für ihn vornehmen. Nach der Orakelbefragung spülen Sie den Kristall unter fließendem kaltem Wasser ab, ebenso Ihre Hände. Dies reinigt die Schwingung.

Die Befragung des Orakels in der Natur

Sie können sie für sich selbst vornehmen. Jeder Spaziergang eignet sich trefflich dafür und lehrt Sie gleichzeitig die Beobachtung der Natur. Die meisten Menschen müssen sich in Bewegung setzen, wenn sie unter Spannung stehen. In der Bewegung lösen wir Dinge. Vielleicht haben Sie von manchen berühmten Komponisten gehört, die eifrige Spaziergänger waren, da ihnen ihre Musik in der Bewegung eingegeben wurde. Erst zur Ausarbeitung begaben sie sich an den Arbeitstisch. Haben Sie eine Frage oder ein Problem, gehen Sie doch in die Natur, bewegen sich in ihr und gehen dabei mit Ihrer Frage um. Wenn Sie das Gefühl haben, daß die Zeit zur Beantwortung reif ist, suchen Sie sich einen Platz, wo Sie stehen oder sitzen können. Richten Sie Ihren Blick nach Norden und stellen Sie sich vor Ihrem inneren Auge das Spielfeld vor. Dann warten Sie und beobachten offenen Auges, ob sich Ihnen ein Vogel nähert, auf welcher Seite er sich bewegt, wie er sich bewegt. Deuten Sie dies dann für Ihr Thema, indem Sie Ihr Wissen über die Karten und Felder mit einbeziehen. In der Natur können Sie aber auch noch mehr Ihre Inspiration und Intuition als Deutungsfaktoren hinzunehmen, indem Sie Bewegung, Farben, Gesang, Anzahl usw. in Ihre Deutung mit einbeziehen. Sie werden sehen, es gibt keine Zufälle. Besonders nachdenken sollten Sie über den Wink des Schicksals, der Sie eine Vogelfeder oder ein Vogelnest finden läßt. Schauen Sie in ornithologischen Naturführern nach, zu welchem Vogel diese gehören, und ermitteln Sie den Wink des Schicksals. Finden Sie gar einen Vogel oder wird Ihnen ein Findling gebracht, so betrachten Sie dies als verstärkten Wink Ihrer göttlichen unsichtbaren Helfer.

Die Orakeltexte der einzelnen Vögel

Sie finden außer dem Namen des Vogels verschiedene Angaben: Neben dem Vogelnamen steht das Symbol der Sonne ☼ für die Tagvögel oder das des Mondes ☾ für die Nachtvögel. Dann folgt der Großbuchstabe für eines der vier Elemente: L = Luft, F = Feuer, W = Wasser, E = Erde.
Darunter steht das Zeichen oder Symbol, das der Vogel repräsentiert, und das Thema, das als Kerngedanke im Symbol enthalten ist und polare Energien widerspiegelt. Die Affirmation dient dazu, diesen Kerngedanken in der momentanen Situation wiederzufinden. Schließlich folgen die allgemeine Deutungen, die Persönlichkeitsentfaltung sowie die Bedeutung des Vogels speziell für den Vogelhalter und den Künstler. Daran schließt sich die spirituelle Deutung an, die nur bei den Vögeln fehlt, die eher in der Materie wirksam sind und auch in der Mythologie keine herausgehobene Bedeutung haben.

Adler ☼ F

Zeichen der Macht

Affirmation: »Ich bin das Dach der Erde. Feuer und Licht sind mir untertan.«

Allgemeine Deutung

Sieg und Erfolg verheißt das Kommen des Adlers, des Königs der Vogelwelt. Sie können im Einklang mit den kosmischen Konstellationen große Dinge jetzt realisieren. Die Kraft dazu ist da. Suchen Sie in Ihrem Innern nach Zeichen, die Ihnen den Weg weisen. Benutzen Sie die Schärfe des inneren Blickes. Jedes Quentchen Energie ist gut genutzt, jeder Vorteil ausgenutzt. Machen Sie etwas aus Ihren Ideen. Alle Räume stehen Ihnen offen. Aber übereilen Sie nichts, pflegen Sie die Ruhe in der Bewegung wie der Adler beim Fliegen. Überstrapazieren Sie Ihre Energie nicht, sondern tun Sie es wie die Adler, die sich beim Bad in einer Quelle erholen und wieder verjüngen. So wird Ihre Kraft unsterblich sein. Freiheit ist für Sie im Moment sehr wichtig.

Persönlichkeitsentfaltung

»Hoppla, jetzt komm' ich« könnte als Motto sehr gut zum Adler passen. Sie werden mit Situationen konfrontiert, die allein zum Ziel haben, Ihre persönlichen Qualitäten und Möglichkeiten zu entwickeln. Von anderen können Sie im Moment wenig erwarten. Nehmen Sie die Dinge selbst in die Hand und übernehmen Sie die Führung. Dies mag auf andere herausfordernd wirken, und mancher wird der Meinung sein, Sie vorher überhaupt nicht gekannt zu haben ob Ihrer neuen Stärke und Ihrem Selbstanspruch. Die Auseinandersetzungen, die daraus entstehen könnten, werden Ihnen helfen, das zu erkennen, was Sie wirklich selbst wollen, und dies wird Ihre Kraft stärken. Dieser Neubeginn oder die neue Runde in Ihrem Leben mit den damit verbundenen Veränderungen hat allein Ihr persönliches Wachstum zum Ziel. Für andere Menschen Ihrer Umgebung mag es unbequem sein, daß Sie als Adler Ihre Flügel recken. Aber auch jenen wird die Veränderung guttun, neuen Aufwind geben, wenn sie bereit sind, die Chancen zu erkennen. Auch beruflich ist jetzt die Möglichkeit groß, eine führende oder selbstverantwortliche Position zu übernehmen oder den Wirkungskreis auszuweiten. Schätzen Sie Ihre inneren Kräfte und Begabungen. Vergessen Sie in dieser Phase Ihrer Entwicklung all die Forderungen kleinbürgerlichen, konventionellen Denkens und konzentrieren Sie sich ganz auf das, was Ihnen aus innerem Herzen wichtig ist. »Ein Adler frißt keine Fliegen« ist ein geläufiges Sprichwort in Europa. Bleiben Sie also nicht in Kleinigkeiten oder unbedeutenden Angelegenheiten stecken. Ein Schwachpunkt in der jetzigen Phase mag Ihr Stolz sein.

Betrachten Sie die Dinge mit Augenmaß und verbinden Sie Humor mit scharfem Verstand. Geben Sie Ihrer Umgebung die Chance, mit den Veränderungen klarzukommen.
Dem *Vogelhalter* zeigt der Adler, daß eine gute Zeit bevorsteht. Daß genügend Energien Ihre Vögel positiv beeinflussen. Geben Sie Ihren Vögeln aber Raum, so daß sie ihre Energien auch ausleben können. Der Adler ist auch ein Symbol äußerer Macht, und vielleicht ergibt sich die Chance, in Projekten und Vereinen eine gute Stellung einzunehmen. Er gibt Ihnen Autorität.
Dem *Künstler* ist der Adler ein gutes Zeichen, bringt er ihm doch neue Kräfte und Durchhaltevermögen. Der Adler ist stark mit dem Lorbeerbaum verbunden in der Symbolik, weswegen er in der Antike häufig als Zeichen des Sieges verwendet wurde. Er prophezeit Macht und Sieg. Die Zeit ist reif für Sie, nach dem Höchsten zu streben und es auch zu erreichen. Der Adler bietet ungeahnte einmalige Möglichkeiten. Kühnheit, scharfe Überlegung und Beständigkeit sind dazu vonnöten. Wichtig ist für Sie im Moment, daß Sie viel eigenen Raum zur Verfügung haben. Freiheit und Beweglichkeit haben im Moment einen großen Stellenwert für Sie, und dies ist gut so. Für die neuen Chancen müssen Sie auch frei sein. Großzügigkeit in jeder Hinsicht ist ein wichtiges Stichwort für Sie. Nur Großzügigkeit kann den weiten Wurf wagen. Kleindenkerei und Ängstlichkeit sind mit dem Naheliegenden zufrieden.

Spirituelle Deutung

Thema: Freiheit – Mißbrauch
Auf dieser Stufe des Seelenweges geht es um den Begriff »Freiheit« und »Macht«. Dies bedeutet für Sie den Umgang mit starken Energien Ihres Selbst, die zwingenden Einfluß auf Ihre Umgebung ausüben können. Dies kann auf kreative Weise geschehen, indem Sie für andere notwendige Bedingungen schaffen, um den göttlichen Plan voranzubringen. Dies kann sich aber auch in dem Wort »Bestimmung« wiederfinden, die Ausschließlichkeit beinhaltet. Wo

Schicksal liegt und wo Mißbrauch von Macht, kann nur vom höheren Selbst geschaut werden. Kein höherentwickelter Mensch wird zu einem Werkzeug eines blinden Schicksals. Die Geschichte ist leider voll von solchen Menschen, die zum blinden Werkzeug des Machttriebs ihres Unterbewußtseins wurden. Ihre starke, mächtige und niedere Wunschnatur wird zum Brennpunkt von Ideen und Wünschen der Masse. Es sind diese Volksverführer, die nicht von ihrer Persönlichkeit geformt werden und daraus Entscheidungen fällen, sondern die zum Sprachrohr kollektiven Unterbewußtseins werden. Macht ist eine sehr positive Kraft oder eine sehr negative. Es ist die Wegkreuzung in der spirituellen Entwicklung, wo sich der rechte und linke Pfad teilen und wir wählen müssen, ob wir dem Licht oder dem Dunkel entgegengehen. Licht bedeutet dabei die Unabhängigkeit von der Formnatur und das Erwachen des Seelenlebens, während das Dunkel die Verhaftung an die Materie symbolisiert. Auch hier liegt die Lösung, die zur Entscheidung führt, in rechtem Denken und in der Reinheit der Motive. Der Wegbereiter von Christus, Johannes der Täufer, und auch der spätere Apostel Johannes, beides Gestalten, denen der Adler zugeordnet wird, sind zukunftsorientiert und zeichnen sich durch die Kraft ihrer Gedanken aus. Sie erkennen dank ihres Unterscheidungsvermögens, daß sie Gefäß und Vorbereiter der neuen Kraft sind, und maßen sich nicht selbst die Herrschaft an. Auch Sie können zum Wegbereiter des Lichts werden, denn Sie besitzen starke Kraft, die Dinge in Bewegung setzt. Es geht für Sie darum, daß Sie sich selbst oder auch für andere Rahmen- und Umweltbedingungen schaffen, um die Ideale des Geistes auf der Erde zu manifestieren. Sie haben eine starke Berufung in sich. Widmen Sie Ihr Werk der Seele und dem göttlichen Geist. Sonne und Mars verbinden sich als Kraft in ihm, die Tatkraft, die vom Höheren Selbst geleitet wird. Die Vögel haben die Eigenschaft, sowenig wie möglich Verbindung mit der Erde einzugehen. Gerade der Adler ist am weitesten entfernt von der Erde. Er schwebt in luftigen Höhen und baut dort im Fels sein Nest. Dies birgt ein Thema der spirituellen Schulung mit dem Titel »Keine Spuren in diesem Leben hinterlassen«. Der Jünger auf dem Weg zur Meisterschaft sollte keine Spuren seines Tuns und Handelns auf der Erde zurücklassen, wenn er den Weg der Befreiung schreitet. Dies steht in bezug auf Karma. Alles Tun und Denken, das neues Karma und Verpflichtungen schafft für das nächste Leben, sollte vermieden werden. Kein Abdruck seines Tuns sollte zu finden sein, was bedeutet, daß er nur im Geistigen gewirkt hat. Dies ist ein Thema, das Sie mit dem Adler verbindet. Sie haben hohe Ziele und eine Menge Energie, was den Weg nicht einfach macht. Aber das Ziel ist das Erreichen des Meisters.

Amsel ☾ L

Zeichen der Kreativität und des Wissens

Affirmation: »Meine magische Kraft liegt in der klaren Reinheit meiner Tonwelt.«

Allgemeine Deutung

Sie verspüren in sich eine starke kreative Kraft, die nach Entfaltung drängt. Sie müssen jetzt nur noch damit beginnen, dieser die Chance der Offenbarung zu geben. Reden Sie weniger darüber und fangen Sie einfach an. Dazu braucht es Muße und Zeit für sich. Suchen Sie von Zeit zu Zeit Ihre innere Einsamkeit auf, verlassen Sie den Trubel der Welt. Gerne bewegen Sie sich in Gesellschaft. Dies ist auch hin und wieder wichtig. Aber zuviel der Gespräche kostet sehr viel Energie, und so haben Sie nicht den Antrieb, selber tätig zu sein. Sie können anderen sehr schön mitteilen, was ihnen fehlt. Es wäre aber besser, Sie fingen bei sich selbst an. Ein großes Potential an Energie wartet darauf, von Ihnen erschlossen zu werden. Drücken Sie sich selbst aus in dem, was Sie innerlich bewegt.

Persönlichkeitsentfaltung

Nach außen hin mögen Sie ganz munter wirken. Aber Sie verdrängen im Moment viele Ihrer Emotionen nach innen, so daß sie nicht verarbeitet werden. Gefühle gehen Ihnen sehr unter die Haut, und Sie bemühen sich deshalb um stete Kontrolle. Dies mag zur Verdunkelung Ihrer Gefühle führen, was Sie zu anderen Wesen und zur äußeren Welt keine wirkliche Beziehung finden läßt. So erleben Sie einen Teil von sich als abgetrennt, nämlich die dunkle Seite Ihrer Gefühle. Gerade diese müssen Sie aber lernen, anzunehmen, um das »Schwarze Loch« zu vertreiben. Jetzt ist die Zeit, über Dinge und Bedürfnisse zu reden. Dann werden Sie feststellen, welche inneren Qualitäten sich in Ihnen verbergen und daß Sie diese zum Ausdruck bringen können. Sittlicher Anstand spielte in Ihrer Erziehung eine große Rolle, vielleicht wurden Sie auch durch Bedingungen in der Familie dazu gebracht, Ihren Gefühlsausdruck einzuschränken. Aber die Welt Ihrer Emotionen läßt sich mit solchen Maßstäben nicht messen. Leben Sie Ihre ganze Gefühlsbreite und lernen Sie, sich dadurch wirklich innerlich auszudrücken. Bisher agierten Sie nur in der Gesellschaft, lebten an der Oberfläche dahin. Das Künstlerische vermag Ihnen zum Selbstausdruck zu verhelfen.

Unternehmungen im Dienste einer Sache sind jetzt günstig. Ebenso alles, was mit Ihrem Selbstausdruck verbunden ist. In Beziehungen zu anderen Menschen gilt es, das Konkurrenzdenken abzulegen, denn daraus könnten Neidgefühle entstehen. Lassen Sie jeden nach seiner Fassung glücklich werden und konzentrieren Sie sich mehr auf sich selbst als auf andere.

Dem *Vogelhalter* zeigt die Amsel, daß es weitaus sinnvoller ist, sich in einsamer Stille dem Treiben und Gesang der Vögel zu widmen. Hier findet man das Geheimnis. Reden Sie weniger am Stammtisch mit Freunden über alles mögliche, sondern widmen Sie sich der inneren Beobachtung. Sie werden ganz neue kreative Kräfte in sich entdecken, die Ihr ganzes Leben bereichern werden.

Als *Künstler* ist Ihre Erfindungsgabe wahrhaft unbegrenzt. Komposition ist eine Ihrer großen Begabungen. Es fällt Ihnen nicht schwer, Melodien zu erfinden, weshalb auch Improvisation eine Stärke sein kann. Aber seien Sie klug und verschwenden Sie nicht Ihre Gabe. Schreiben Sie Ihre Werke auf, da Sie auch wichtig für andere sind. Leben Sie viel in der Natur, in die Sie sich auch zurückziehen können und die Ihnen Freiheit gibt. Enge Verhältnisse behindern Ihre Inspiration.

Spirituelle Deutung

Thema: Einsamkeit – Innerlichkeit

Die Amsel konfrontiert Sie mit dem Thema »Einsamkeit«. Einsamkeit kann im äußeren Sinne mit dem Wort Absonderung bezeichnet werden. Einsamkeit entsteht immer dann, wenn sich einer oder mehrere unserer feinstofflichen Körper aus ihrer gewohnten Schwingung lösen. Indem wir aber nur die Trennung in der äußeren Anschauung sehen und uns darauf konzentrieren, erkennen wir nicht die höhere Absicht dahinter. Einsamkeit ist eine wichtige Stufe der Entwicklung. In der Zurückgezogenheit, der friedlichen inneren Stille, können wir die Stimme Gottes hören, können unsere Seelenkräfte Wurzeln schlagen, kann die Rose der Seele erblühen und kann der Ton vernommen werden. Einsamkeit wird als Ruhepunkt betrachtet zwischen zwei Tätigkeiten und entspricht der Kontemplation. Am Beginn der spirituellen Entwicklung ist Einsamkeit beängstigend, das Schweigen und die Stille kaum auszuhalten. Wir werden mit unserer inneren Leere konfrontiert. Haben wir nicht schon innere Wert erlangt, so werden wir zunächst haltlos. Es ist ja im Äußeren nichts mehr los, was uns ablenken könnte. Unsere moderne Gesellschaft tut ja alles Erdenkliche, um ja nicht diese Leere aufkommen zu lassen. Fernsehen und Freizeitaktivitäten aller Art sind angesagt. Aber irgendwann holt uns die Einsamkeit mit ihrer Kraft ein, spätestens beim Tod. Die Einsamkeit ist eine wichtige Entwicklungsstufe. Sie wird als »dunkle Nacht der Seele« bezeichnet, die Zeit, bevor die Morgendämmerung anbricht. In der Phase, in der ein

Mensch seine Schwingung verändert und erhöht, entsteht zunächst eine Dissonanz. Losgelöst von der alten Schwingung, die neue Schwingung noch nicht integriert, schwebt der Mensch und ist ganz auf sich gestellt. Er ist allein. Daraus entwickeln sich aber die für den spirituellen Pfad so wichtigen Fähigkeiten wie allein stehen zu können, also ohne Stütze, allem mutig zu begegnen, und Verantwortung übernehmen zu können. Es stärkt die inneren Kräfte. Sie werden zu Ihrem eigenen Führer und finden den Weg alleine nach Haus. Denn Sie haben dann die Fähigkeit, auch in größter Unruhe stets das Licht Ihrer Seele zu sehen und sich in den inneren Frieden zurückzuziehen. Sie werden zum Meister Ihres Lebens. Betrachten Sie Ihre Einsamkeit als große Chance, die innere Welt zum Tönen zu bringen.

Bachstelze ☼ L

Zeichen der Kreativität und des Wissens

Affirmation: »Beweglichkeit und Tanz sind mein Leben.«

Allgemeine Deutung

Im Moment laufen Sie geschäftig hin und her. Es gibt so viele Dinge zu tun, so daß Sie gar nicht wissen, wo zuerst anfangen. Unruhe und Nervosität sind keine Fremdworte für Sie. Sie haben noch nicht die Gesetze erkannt, die Sie bewegen. Beim Tänzer spielt der korrekte und sparsame Einsatz von Kräften eine wichtige Rolle. Lernen Sie davon. Setzen Sie Schwerpunkte in Ihrer Arbeit, lassen Sie der Erholung auch Raum. Ökonomie der Kräfte muß gelernt werden.

Persönlichkeitsentfaltung

Im Privatleben zeigt dies eine Zeit an, die von Unruhe und Veränderung geprägt ist. Es könnte auch ein Ortswechsel damit verbunden sein. Dies ist mit Aufregungen und Ängsten verbunden. Sie sind

bemüht, Ihr Gleichgewicht nicht zu verlieren. In dieser Zeit bedürfen Sie der häufigen Versicherung, daß alles in Ordnung ist, daß Sie nichts verlieren oder versäumen werden. Wichtig ist jetzt, daß Sie nicht aus unsicheren Gefühlen heraus Ihre Arbeit und Ihre Aufgaben vernachlässigen. Fleiß und Durchhaltevermögen werden zum Erfolg und zum Glück führen. Konstruieren Sie jetzt keine hochfliegenden Pläne, sondern konzentrieren Sie sich auf das Naheliegende. Verwirklichen Sie das Vorhaben, das Sie sich fest vorgenommen haben. Materielle Dinge und die Pflege des Körperlichen sind jetzt wichtig. Sie haben eine Begabung für die schönen Dinge des Lebens, für Mode und stilvolle Einrichtungen. »Stil« und »Jugendlichkeit« spielen eine Rolle in Ihrem Leben und sind Ihnen wichtig. Dies erwarten Sie auch von anderen und insbesondere von Ihrem Partner. Ihre Ansprüche sind nicht gerade gering, so daß Sie zu Unentschlossenheit und Zögerlichkeit neigen. Vergessen Sie über den äußeren nicht die inneren Werte. Manches mag äußerlich zunächst nichtssagend oder uninteressant sein, birgt aber in seinem Inneren große Werte. Finden Sie auch hier die Balance zwischen Innen und Außen.
Dem *Vogelhalter* zeigt die Bachstelze, daß er stets geschäftig ist. Sie säubern und gestalten, sind stets irgendwie zugange und haben doch das Gefühl, gerade so fertig zu werden. Setzen Sie Schwerpunkte und gestalten Sie Ihre Arbeit ökonomisch. Gönnen Sie sich auch Zeiten der Muße bei Ihren Schützlingen.
Als *Künstler* sind Sie stets mit dem Instrument anzutreffen. Sie üben dauernd, auch bis zur letzten Sekunde vor dem Konzert. Sie haben das Gefühl, kaum durchzukommen mit all den technischen Übungen, die Sie für nötig erachten. Es ist eine Art nervöser Beweglichkeit, die Sie dazu treibt, immer irgend etwas mit den Fingern zu unternehmen. Sie können diese kaum stillhalten. Auch hier gilt es, Schwerpunkte zu setzen und Ökonomie zu lernen. Arbeiten Sie nicht nach dem Grundsatz »Viel hilft viel«. Das Phänomen des »Überübens« ist Ihnen sicherlich bekannt. Sie haben eine bewegli-

che physische Energie, die Sie nutzen sollten. Tanz und Körperbewegungsabläufe können für Sie selber sehr erhellend sein. Oder arbeiten Sie als Musiker mit Tänzern.

Bleßhuhn ☼ W

Zeichen der Emotion

Affirmation: »Ich trage meinen Wohnsitz in mir.«

Allgemeine Deutung

Ihnen fällt es sichtlich schwer, einen Schwerpunkt in Ihrem Leben zu finden. Es mangelt an Konzentration. Sie tun tausend Dinge, lassen sich stets ablenken. Finden Sie Ihren Schwerpunkt, indem Sie sich regelmäßiger Meditation oder anderen Übungen unterwerfen. Das wird Sie stabilisieren. Finden Sie Ihre geistige Heimat, die auch die Quelle Ihrer Lebenskraft ist. Laufen Sie nicht irgendwelchen Heilslehren nach, sondern finden Sie selbst den Sinn Ihres Lebens. Sie lesen sicherlich allerlei Bücher in der Hoffnung, dort das Gesuchte zu finden. Bücher sind aber nur tote Buchstaben, bis Sie es schaffen, diese in sich selbst zum Leben zu erwecken. Überfüttern Sie sich nicht mit Theorien und Glaubenssystemen. Gerne hätten Sie alles wie ein übersichtliches Heim geordnet. Dies werden Sie nur in sich finden, in Ihrem eigenen spirituellen Standort. Das bringt Ihnen innere Ruhe. Aber lassen Sie durch Tür und Fenster auch das bewegliche Leben herein.

Persönlichkeitsentfaltung

Im Privatleben ergeben sich jetzt feste Muster, auf die Sie bauen können. Alles fällt jetzt an seinen richtigen Platz und Sie können zur Ruhe kommen. Beruf und Heim geben Ihnen Sicherheit nach Zeiten der Umstrukturierung und des Ausprobierens. Lassen Sie jetzt auch Ihr Denken zur Ruhe kommen. Verläßlichkeit und emotionale

Stabilität erwarten Sie auch von Ihrem Partner. Manch einer Ihrer Freunde und Kollegen, der gerade etwas turbulente Zeiten erlebt, wird gerne Ihr Heim aufsuchen und bei Ihnen Rat holen. Ruhige, friedvolle Zeiten stehen Ihnen bevor. Gehen Sie viel in die Natur und genießen Sie dort Stille und Einklang.
Dem *Vogelhalter* zeigt das Bleßhuhn, daß es an der Zeit ist, nicht ständig alles verändern zu wollen. Nicht immer wieder neue Vögel, neue Käfige. Ringen Sie sich zu einer klaren Idee durch, was Sie eigentlich möchten. Bringen Sie Ruhe in Ihren Tagesablauf. Lernen Sie das konzentrierte Beobachten Ihrer Vögel.
Als *Künstler* finden Sie stets *die* neue Methode, *den* neuen Lehrer, die Sie alle noch unbedingt brauchen. Es ist bequemer, auf die anderen und die Lehrer die Erwartungshaltung zu übertragen. Sie sind bereit, für das Neue das Alte sofort über Bord zu werfen und umzulernen. So beginnen Sie stets von vorne, und irgendwann beschleicht Sie das Gefühl, daß Sie eigentlich nicht recht vorankommen. Es gilt für Sie, herauszufinden, was Sie eigentlich wollen, nicht was Sie erwarten. Alles liegt bei Ihnen selbst. Ihre Erwartung, daß andere Ihnen alles geben können und der Rest von selbst kommt, ist unrealistisch. Sobald Sie Ihr klares Ziel gefunden haben, kanalisieren sich Ihre Kräfte und Sie werden einen Sprung nach vorne machen.

Buchfink ☼ L

Zeichen der Kreativität und des Wissens

Affirmation: »Das Leben ist eine unendliche Variation.«

Allgemeine Deutung

Sie sind stets fasziniert vom Leben. Staunend stehen Sie vor allen Erscheinungen des Lebens. Manche Mitmenschen, denen es schwerfällt, eine solche Lebensfreude zu äußern, halten Sie wegen dieser Einstellung für etwas naiv. Leicht könnten jene versucht sein, Sie deshalb zu übervorteilen. Auch Mißgunst mag Ihnen daraus entstehen. Lassen Sie sich nicht von Ihrem Weg abbringen, aber überlegen Sie auch gut, ob es sinnvoll und wichtig ist, an allem teilzunehmen. Manchmal glauben Sie, Bäume ausreißen zu können. Ein Thema wie Alter gibt es für Sie nicht. Finden Sie den Weg in der Mitte, ohne Ihre frühlingshafte Begeisterung zu verlieren.

Persönlichkeitsentfaltung

Im Privatleben zeigen sich die ersten Anzeichen des Frühlings. Sie sind optimistisch und hoffnungsfroh gestimmt, was Ihre Zukunft angeht. Das Gefühl des Aufschwungs, der Frische weht durch Ihr Leben. Immer, wenn unser inneres Sein sich mit dem äußeren deckt, wenn wir unseren eigenen »Buchfinkenschlag« gefunden haben, ertönt die Harmonie und Melodie unseres Lebens. Genießen Sie diese Gnade des Schicksals, Sie haben es sich verdient. Auch in der Partnerschaft herrscht das frühlingshafte Element vor. Vielleicht sind Sie frisch verliebt, oder Ihre Partnerschaft wird eine Erneuerung erfahren. Gerade weil es Ihnen gutgeht, sind Sie besonders großzügig, da Sie die ganze Welt teilhaben lassen möchten an Ihrem Glück. Bei geschäftlichen oder vertraglichen Dingen, vor allem, wenn es um längerfristige Bindungen geht, sind daher Vorsicht und Wachsamkeit angezeigt.

Dem *Vogelhalter* zeigt der Buchfink, daß das Äußere eines Vogels für ihn nicht alles sein sollte. Ein ganz »einfacher« Vogel wie der Buchfink gehört zu den talentiertesten Sängern. Verlangen Sie aber von Ihren Vögeln nicht zu viel. Was wurde mit diesem Vogel an Quälereien angestellt für Gesangswettbewerbe und Ausstellungen. Schätzen Sie die Natürlichkeit Ihrer Vögel.

Dem *Künstler* zeigt der Buchfink Frische und Lebendigkeit an. Dies können Sie jetzt brauchen. Einfach so aus dem Stand heraus musizieren zu können, ringt Ihnen Bewunderung ab. Sehen Sie die Kunst mehr von der natürlichen Seite an und nicht unter der Vorstellung einer technischen und künstlichen Leistung. Singen und musizieren Sie, wie Ihnen der Schnabel gewachsen ist, denn dann kommt es vom Herzen und nicht vom Gehirn. Die künstlerische Seite ist das eine, aber es gilt auch andere innere geistige Qualitäten zu entwickeln.

Distelfink ☼ L

Zeichen der Entfaltung

Affirmation: »Meine Farbenpracht und Originalität spiegeln mein inneres Leben.«

Allgemeine Deutung

Ihr Leben verläuft relativ eintönig, da Sie zu stark geprägt sind von Regeln und Konventionen. Sie verstecken sich hinter dem Gesetz der Massen und wollen unter keinen Umständen auffallen. Da Sie aber in sich Witz und Originalität als seelische Kräfte tragen, die Sie aber nicht durchdringen lassen, entsteht in Ihnen eine Öde und Leere. Ihrem Leben fehlt die Farbe. Bringen Sie Farbe hinein und Sie werden sehen, wie sich die Welt für Sie verändert. Manche Beziehung mag dadurch abgebrochen werden, aber Sie werden neue und interessante Menschen kennenlernen, was Ihr Leben bereichern wird. Viele werden erstaunt sein, was da aus Ihrem Inneren herausbricht. Lassen Sie sich nicht irritieren. Das Christuskind war stets Symbol für die Neugeburt, die Geburt des wahren inneren Wesens.

Persönlichkeitsentfaltung

Im Privatbereich bahnt sich das Ende einer nicht so glücklichen Zeit an. Sie fühlten sich wenig verstanden und akzeptiert. Viele hielten Sie für unscheinbar und unbedeutend. Jetzt bringen Sie Farbe in Ihr

Leben, Sie kleiden sich vielleicht sogar auffällig bunt. Das ist wichtig, auch wenn Sie am Anfang mal über das Ziel hinausschießen. Mut und Selbstbekenntnis stehen im Mittelpunkt. Für offizielle Angelegenheiten oder Geschäfte bestehen jetzt gute Chancen für Sie. Unternehmungen, die der Unterhaltung anderer Menschen dienen, sind ebenfalls günstig. Sie lieben jetzt geselligen munteren Umgang mit anderen, was ähnlich der unbekümmerten Jugendphase ist. Dies tut Ihnen gut. Überhaupt lieben Sie im Moment des Umgängliche, Unkomplizierte in Ihren Beziehungen zu anderen Menschen. Sie lieben es, mit Koseworten gerufen zu werden. Lassen Sie am besten alles »links liegen«, was Sie in Ihrer Lebensfreude beeinträchtigen könnte.

Dem *Vogelhalter* zeigt der Distelfink, daß es gut wäre, die Zeit der grauen Theorie abklingen zu lassen. Zahlreiche Bücher haben Sie gelesen, alles versuchten Sie anzuwenden, doch der Erfolg befriedigt Sie nicht. Erleben Sie die Dinge selber, trauen Sie sich selbst mehr zu. Die Welt der Vögel läuft nicht nach Theorien ab, das ganze Leben nicht. Gerade dies macht das Leben bunt und reich. Erfahren Sie selbst diese bunte Lebendigkeit. »Grau ist alle Theorie«, sagte schon Goethe.

Als *Künstler* spielt die Vermittlung von Freude und Lebendigkeit eine große Rolle, vielleicht weil Sie auch die Gegenseite davon in Ihrem Leben selbst erfahren haben. Entwickeln Sie Ihre innere Freude und lassen Sie andere daran teilhaben. Lassen Sie Ihren wirklich originellen Gedanken freien Lauf und kümmern Sie sich nicht um konventionelle Einwände.

Spirituelle Deutung

Thema: Selbstausdruck–Schwäche

Der Distelfink ist verbunden mit den zwei wichtigen Symbolen, »Dornenkrone« und »Krone der Verherrlichung«. Die Dornenkrone betrifft das Ich und die Materie, während die Krone der Verherrlichung den geistig erwachten Menschen bezeichnet. Diese Symbole sind verknüpft mit dem Prinzip des Gebens und Nehmens. Wir haben gelernt, daß Geben seliger ist als Nehmen. Doch lohnt es sich, beide Aspekte genau zu betrachten, und dies nicht nur in Hinsicht auf den materiellen Aspekt. Geben bedeutet im spirituellen Sinne Hingabe, daß ich all meine Gaben und Fähigkeiten dafür verwende, daß sich Leben im Sinne des göttlichen Auftrages entfalten kann. Hingabe und Selbstaufopferung fordern meist viel mehr persönliche Opfer, z. B. Zeit oder Verständnis, als materielle Opfer. Um auch wirklich alles materielle Leben abzugeben, wie Buddha oder Christus das getan haben, bedarf es einer starken inneren Berufung und vorangegangenen Befreiung. Solange wir auf dem Weg des Jüngers und nicht des Meisters sind, gilt es klug zu handeln. Denn wenn wir nichts Materielles mehr haben, aber auch die Geistesgaben noch nicht erreicht haben, können wir gar nichts mehr bewirken. Dies zur Seite des Gebens. Aber auch das Nehmen, das Annehmen ist eine Kunst und kann selig machen. Was wären wir selig, wenn Politiker und Wirtschaftsleute manchmal das annehmen könnten, was zum Erhalt der Natur notwendig wäre. Was ist, wenn wir etwas zu geben haben und es jemand nicht annehmen kann oder will? Das kann am Gebenden liegen, weil er nicht das Richtige gibt, aber auch am Nehmenden, der vielleicht zu stolz ist oder den Sinn nicht durchschaut. Versuchen Sie sich doch mal im streßfreien Annehmen von Lob oder Zuneigung. Für die meisten Menschen keine einfache Sache! Oder gar das Annehmen von Zorn, den Ihnen jemand entgegenbringt. Kann ich ihn annehmen und verwandeln oder weise ich ihn zurück und suche die Konfrontation? Denken Sie nach über Geben und Nehmen, vor allem über das, was zwischen beiden Polaritäten liegt.

Dompfaff ☼ L

Zeichen der Materie und der Verwirklichung

Affirmation: »Meine Würde entspricht meiner Stellung in der Welt.«

Allgemeine Deutung

Sie haben ein gesundes Selbstbewußtsein, das Ihnen eine entsprechende Stellung in der Welt ermöglicht. Sie fühlen sich auch würdig für diese Stellung. Wenn Sie genügend Ausdauer und Ruhe haben, wird Ihnen zweifelsohne eine solche Stellung zukommen. Seien Sie diplomatisch und nutzen Sie Ihre konservativen Kräfte. Dann werden sich auch materieller Wohlstand und Zufriedenheit einstellen. Achten Sie aber darauf, daß Sie sich nicht zur Ruhe setzen und behäbig werden. Bleiben Sie agil. Anpassung und Nutzen des Bestehenden ist Ihre Stärke. Die konservativen Kräfte der Gesellschaft arbeiten für Sie.

Persönlichkeitsentfaltung

Im Privatbereich liegt die Betonung im Moment auf der mehr materiellen Seite des Lebens. Wohlstand fließt Ihnen aus Ihrer Arbeit zu. Solide Geschäfte sind angesagt. Es ist nicht die Zeit für gewagtes Spiel oder Spekulationen. Da könnten Sie manches vorher Gewonnene wieder verlieren. Solider Lebenswandel spielt auch im persönlichen Bereich eine Rolle. Halten Sie Maß in allen Dingen und zeigen Sie sich im richtigen Moment großzügig. Dies wird Ihnen viele Freunde bescheren. Gerne holt man sich Ihre Unterstützung oder Ihren Rat, da Sie in sich Züge des »Patrons« tragen. In Gesellschaft haben Sie die Gabe, ins Fettnäpfchen zu treten. Bewegen Sie sich also vorsichtig auf dem öffentlichen Parkett, zumal Sie gerne im Mittelpunkt stehen. Es ist möglich, daß Ihnen eine Einladung zu einer besonderen Feierlichkeit ins Haus flattert. Nehmen Sie die Einladung an, denn sie ist wichtig für Sie oder für eine andere Person.

Dem *Vogelhalter* zeigt der Dompfaff an, daß Sie es zu gut meinen mit Ihren Vögeln. Sie geben Ihren Vögeln zu viel Materielles, sei es Futter oder Vitamine. Beschränken Sie sich auf das Wesentliche und wenden Sie sich mehr dem geistigen Wesen der Vögel zu. Versuchen Sie öfter, sich in sie hineinzuversetzen.
Als *Künstler* haben Sie ein gesundes Selbstvertrauen, wodurch Sie eine Stellung in der Welt erobern. Es wird ein Posten sein, der gesellschaftlich anerkannt ist. Diese materielle Sicherheit ist wichtig für Sie. Das freie Künstlertum wäre Ihnen zu unsicher. Sie bevorzugen mehr eine Stellung, die Ihre organisatorischen Fähigkeiten zur Geltung kommen läßt. Vergessen Sie aber nicht, Künstler zu bleiben, und verlieren Sie nicht Ihre Begeisterung und Ihren Elan.

Eisvogel W

Zeichen der Heilung

Affirmation: »Ich bewege mich mit dem Wind und vermag Wogen des Sturmes zu glätten.«

Allgemeine Deutung

Sie haben eine einzigartige Gabe, sich in fremde Situationen und andere Menschen hineinzuversetzen. Sie können so manch verfahrene Situation wieder entwirren und Konflikte entschärfen. Ihr Einfühlungsvermögen bringt eine harmonisierende Wirkung mit sich. Daß Sie die Meinung anderer Menschen beeinflussen können, sollte Sie aber nie dazu verführen, diese Fähigkeit für persönliche Zwecke zu nutzen, oder um Ihren Willen durchzusetzen. Einfühlungsvermögen kann im negativen Sinne auch bedeuten, daß Sie sich stets anderen Meinungen oder Strömungen anpassen. Nehmen Sie sich so an, wie Sie sind, stehen Sie zu sich selbst, zu Ihren Qualitäten, dann kann sich die positive, harmonisierende Wirkung Ihrer Kraft entfalten. Seien Sie flexibel, aber nicht ohne Konturen.

Der Eisvogel gilt als Juwel, und deshalb sollte Ihr Selbstbewußtsein entsprechend sein. Erkennen Sie Ihren inneren Wert.

Persönlichkeitsentfaltung

Im Privatleben treten für Sie Umstände ein, die Ihr öffentliches Ansehen vermehren. Eine Anerkennung, die sich vielleicht auch materiell auswirkt, ist wahrscheinlich. Man wird Ihre einzigartigen Fähigkeiten gut zu schätzen wissen und Sie werden manche Bedingungen zu Ihren Gunsten stellen können. Dies gilt im beruflichen Bereich. Sollten Sie von wirren Umständen oder Emotionen umgeben sein, so naht sich jetzt der Zeitpunkt, wo sich Dinge klären und Wogen sich glätten. Ihr Weg wird dadurch wieder klar sichtbar. Auch mögen in Ihrem Leben jetzt wieder Dinge aus der Vergangenheit auftauchen, die einst verlorengegangen sind, oder solche, nach denen Sie schon lange gesucht haben. Dies kann die materielle oder die ideelle Ebene betreffen. Feste Beziehungen sollten Sie im Moment nur eingehen, wenn nicht starke, aufwühlende Emotionen damit verbunden sind. »Loslassen« ist in der Beziehung gefragt. Dies gilt vor allem für Frauen. Sie sollten sich besonders mit den Ideen auseinandersetzen, die sich mit den weiblichen Kräften und Qualitäten beschäftigen.

Dem *Vogelhalter* zeigt der Eisvogel, daß Sie sich nicht zu viele Meinungen anhören sollten. Ändern Sie nicht jedes Mal, wenn Sie Neues lesen oder hören, alle Grundsätze Ihrer bisherigen Einstellung. Überprüfen Sie klug, was wirklich sinnvoll und nützlich ist. Sie können eine harmonisierende Wirkung auf Ihre Vögel haben, und sicherlich haben Sie oft Bruterfolge, wo es unwahrscheinlich ist. Entwickeln Sie diese positive Kraft, verfeinern Sie diese für Ihre Arbeit.

Als *Künstler* macht Sie Ihr Einfühlungsvermögen zu einem idealen Kammermusikpartner oder Begleiter. Spontan können Sie mit anderen Musikern eins werden, eine wahrhaft gute Gabe. Achten Sie aber darauf, daß Sie sich nicht nur einfühlen und anpassen, sondern daß Sie auch eigene Beiträge und Konturen liefern. Denn Sie haben wahrhaft Interessantes und Wesentliches zu sagen. Ihr Einfühlungsvermögen macht Sie auch zu einem beliebten Ansprechpartner bei Problemen. Dadurch können Sie anderen helfen und üben eine harmonisierende Wirkung auf Ihre Kollegen und Ihren Umkreis aus. Droht eine Probe in uferlose Diskussionen auszuarten, haben Sie die Fähigkeit und den »guten Riecher«, die Sache und die Entscheidung in die Hand zu nehmen. Tun Sie dies.

Spirituelle Deutung

Thema: Innere Wissenschaft – Äußere Wissenschaft

Der Eisvogel verknüpft sich mit dem Sternbild der Plejaden. Die Plejaden stimulieren nach der esoterischen Lehre die Entwicklung des Denkvermögens. Über die Zeichen Zwillinge und Schütze, deren Regent Merkur ist, senden sie ihre Energie, die in der ganzen Menschheit ihren Ausdruck findet. Schöpferische Fähigkeiten verbinden sich mit spirituellem Denken. Die Plejaden verkörpern auch den mütterlichen Urgrund, das Gegenstück zu Brahma, aus dem die siebenfältige Schöpfung entstand. In den indischen Mythen sind die »rishis« mit den Plejaden verknüpft. Die Rishis sind Weise und Halbgötter, die dem Großen Bären als Sternbild entsprechen, die Plejaden sind ihre »Ehefrauen«, also ihre weiblichen Entsprechungen, wobei nur eine von ihnen tugendhaft sein soll. Sie säugen »Karttikeya«, den Kriegsgott, der bei den Griechen Mars genannt wird. Mars ist die Durchsetzungskraft, der Wille zum Leben. Die Plejade Alkyone wird als das elektrische Kraftzentrum bezeichnet, das der Mittelpunkt der Milchstraße ist und unser Sonnensystem belebt.

Der Eisvogel ist ein geheimnisvolles Zeichen, wie er auch in der Natur schwer zu beobachten ist. Ihnen zeigt der Eisvogel, daß Sie Wissen über die Grundkräfte der Schöpfung und die Beziehung dieser Kräfte in Zeit und Raum erwerben. Unser ätherischer Körper mit seinen Energiezentren verknüpft uns mit dem Ätherleib des

Kosmos. Erkunden Sie die energetischen Beziehungen, die uns als Menschen mit allem Lebendigen verknüpfen. Dies ist die Lehre von den Geheimwissenschaften. Das bringt Sie auf die Geheimnisse der Schöpfung, Intuition und hellsichtige Erkenntnis entwickeln sich daraus. Die Wissenschaft von den Energien, von den Zahlenverhältnissen bekommt Bedeutung für Sie. Beschäftigen Sie sich mit Astrologie und Geomantie. Auch moderne wissenschaftliche Forschungen im energetischen Bereich vermögen Sie zu faszinieren. Entdecken Sie die Einzigartigkeit und die Faszination des Lebens. Studieren Sie die Entfaltung des Lebens in allen kosmischen Formen und entdecken Sie dabei Ihre eigene Einzigartigkeit im Eisvogel, dem »Fliegenden Edelstein«.

Elster ☼ L

Zeichen der Entfaltung

Affirmation: »Ich trage zwei Seelen in meiner Brust.«

Allgemeine Deutung

Im Augenblick fühlen Sie sich innerlich zerrissen. Sie wissen nicht, wie alles weitergehen soll. Negative Gefühle nagen an Ihrer Lebenskraft und deshalb gelingt Ihnen im Moment wenig. Aber bedenken Sie, daß dieser Zustand völlig natürlich ist, daß der Mensch ihn immer wieder durchläuft im Kreislauf des Wandels. Es ist wie bei den Verpuppungsphasen des Schmetterlings. Die alte ist noch nicht abgeschlossen, die neue noch nicht da. Haben Sie Geduld, da Sie selbst im Moment wenig beschleunigen können. Tragen Sie etwas Goldenes als Schmuckstück, dies stärkt Ihre positive Lebenskraft oder visualisieren Sie die Farbe Goldgelb. Bedenken Sie stets, daß die Elster Vorbote einer neuen, noch größeren Kraftwelle ist, die zu neuem Glück führt. Dafür bedarf es aber der Umwälzungen.

Persönlichkeitsentfaltung

Im Privatleben fühlen Sie sich im Moment hin und her gerissen. Sie können die Ursache nicht erkennen. Häufig läßt sich dies nicht einmal an äußeren ungünstigen Einwirkungen festmachen. Deshalb haben Sie auch keinen Einfluß darauf. Sie befinden sich auf allen Ebenen in einem Zustand des Umbruchs. Altes ist noch nicht ganz abgeschlossen, das Neue noch kaum sichtbar. Ihre Mitmenschen und Sie selbst müssen jetzt Geduld mit sich haben. Sie können im Moment nichts anderes tun, als Kräfte zu sparen für den Moment, wo das Neue plötzlich da ist. Meist geschieht dies völlig überraschend. In allen Bereichen gilt es jetzt, die Kräfte zu schonen, vor allem im körperlichen Bereich. Übernehmen Sie sich im Moment nicht, vor allem nicht, um sich von Ihrem Zustand abzulenken. Beginnen Sie vor allem nicht, noch zusätzliche Aufgaben zu übernehmen. Ihr inneres Selbst sammelt gerade alle Kräfte für das Neue. Partnerschaften mögen im Moment nicht ganz einfach sein, da Sie nervlich nicht belastbar sind. Aber hier zeigt sich der Wert einer guten Partnerschaft, die auf Verständnis im wesentlichen Moment beruht.

Dem *Vogelhalter* zeigt die Elster, daß es noch unentschieden ist, was genau er mit der Vogelhaltung erreichen möchte. Neue Ideen geben in ihm um, aber er weiß nicht, ob das alles verwirklichbar ist. Haben Sie Geduld und handeln Sie nicht, bis sich die Dinge von selber klären.

Als *Künstler* sind Sie im Moment in einer Phase innerlicher Zerrissenheit. Zwei Seelen wohnen in Ihrer Brust. Sie haben viel gearbeitet, viel vorbereitet, nur wissen Sie im Moment nicht, wohin die Reise gehen soll. Sie stellen jetzt alles in Frage. Dies ist ein wichtiger Moment in Ihrem Leben, so unangenehm Ihnen die Situation auch sein mag. Nachdem Ihre künstlerischen Fähigkeiten alles beigetragen haben, prüft jetzt Ihr Herz als letzte Instanz, was wirklich wichtig für Sie ist und was Bestand haben wird vor Ihrer Seele. Dazu braucht es Zeit. Es wird ein großes Glück für Sie ganz unerwartet hereinzuschneien. Es wird etwas sein, was Sie sich im Moment noch nicht vorstellen können, vielleicht auch in einem völlig anderen Bereich. Es wird für Sie von Vorteil sein und Sie ein ganzes Stück voranbringen. Haben Sie also Geduld.

Ente ☼ W

Zeichen der Magie

Affirmation: »Ich zerteile und füge wieder zusammen.«

Allgemeine Deutung

Sie haben einen exzellenten Verstand, der sehr schnell arbeitet. Es war wichtig, ihn so zu entwickeln. Ihr Problem ist nur, daß es jetzt an der Zeit ist, die andere Seite des Verstandes zu entwickeln, nämlich das Gefühl und die Intuition. Die Tätigkeit des Analysierens trennt Sie von der Welt. Es ist an der Zeit, sich als Individuum wieder in die All-Einheit der Welt einzufügen, wieder ein Teil von ihr zu werden. Beurteilen und werten Sie nicht sofort alles, was auf Sie zukommt. Lernen Sie erst anzunehmen und aus der Entwicklung einer Situation Erfahrung zu ziehen. Wie im Märchen vom jungen Mädchen, das ohne zu fragen der verwandelten Fee etwas Gutes tut, sollten Sie den Verstand zunächst ausschalten. Annahme bedeutet Einswerdung, Analyse bedeutet Trennung. Lernen Sie das Leben ganz einfach zu sehen und nicht in komplizierten Denkmustern. Denn das innere Leben ist abstrakt und ganz einfach. Das Haarekämmen der jungen Dame ist ja nun nicht gerade eine komplizierte Aufgabe. Es ist das ganz einfach Menschliche, die Nähe und die Neigung, Gutes zu tun ohne Theorie. Werfen Sie natürlich Ihren Verstand nicht ganz über Bord, denn er ist wichtig. Sonst könnte es sein, daß Sie »gerupft« werden, also Verluste erleiden. Entwickeln Sie auch Ihr Talent zur Komik. Denn es ist eine Ihrer Gaben, daß vom Verstand Erfaßte zu kontrapunktieren, zu überzeichnen und zu karikieren. Wahre Komik ist eine segensreiche Gabe, denn Lachen wirkt heilend auf Menschen, die schwer an ihrem Dasein tragen.

Persönlichkeitsentfaltung

Im Privatleben haben Sie viel Arbeit und Mühe, woraus sich wenig Gewinn ergibt. Das Gefühl des Hamsters im Rad mag damit vergleichbar sein. Alles Analysieren hilft da wenig. Erst wenn Sie sich einer altruistischen Arbeit verschreiben, werden Sie ein Feedback bekommen. Dies aber mehr im ideellen Sinne als im materiellen. Nach außen mögen Sie manchmal für andere unfreiwillig komisch oder unbeweglich erscheinen. Dies gilt besonders für Männer, die ihr Wesen gerne zur Schau stellen, um aufzufallen, was dann oft übertrieben und grotesk wirkt. Die Begabungen der Ente liegen im Bereich des Mütterlichen, des Feinfühligen und Helfenden. Sie haben eine emotionale Tiefe, die sich den anderen offenbart, wenn Sie sich die Zeit nehmen, durch all die Äußerlichkeiten hindurchzuschauen. In unserer schnellebigen, glitzernden Welt können sich Ihre Fähigkeiten nicht ohne weiteres voll entfalten. Suchen Sie sich deshalb einen Wirkungskreis, der sich im besten Sinne an spirituellen Werten orientiert. Es tut Ihnen gut, sich in eine Gruppe oder in gesellschaftliche Formen einzufügen. Lernen Sie sich anzupassen, dann werden Sie nicht mehr das Gefühl haben, alles alleine tun zu müssen, sondern werden mitgetragen von der Gemeinschaft.

Dem *Vogelhalter* zeigt die Ente, daß es an der Zeit ist, die »ganz einfachen« Dinge im Umgang mit seinen Tieren zu lernen. Versteigen Sie sich nicht in neue abstrakte Ideen zur Vogelhaltung, sondern stellen Sie den inneren Bezug zu Ihrem Vogel oder zu Ihren Vögeln wieder her. Verstand (Sonne) und Mond (Gefühl) gilt es zu vereinen. Viele Halter beherbergen ihre Tiere nach allen Anforderungen ihres Verstandes in bester Unterbringung, doch wie tot sind oft diese Lebensräume. Die Größe und Sauberkeit der Voliere, Spezialkenntnisse über Nahrung sind ein wichtiger Teil, aber noch wichtiger ist die innere Einheit mit den Tieren.

Als *Künstler* arbeiten Sie stark mit Ihrem abstrakten Denken. Sie müssen in erster Linie Musik und Technik verstehen. Klarheit und Durchsichtigkeit sind Ihnen wichtig. Hören Sie Musik, sind Sie sofort am Analysieren. Dies kann in förmliche »Kritiksucht« ausarten. Andererseits lieben Sie es gar nicht, selbst kritisiert zu werden. Sie leben ganz das Muster des Gebens nach außen, dabei wäre es jetzt an der Zeit, sich in der Praxis der »Annahme« zu üben. Hören Sie doch einfach einmal zu, wischen Sie alle kritischen Gedanken beiseite und lassen Sie Musik auf sich wirken. Erleben Sie Musik. Danach kann der Verstand dazugeschaltet werden. Wie Sie selbst wissen, sind sauberes, exaktes Spiel nicht alles. Kleine Fehler können durch Gefühlsintensität und Ausdruckskraft im Spiel absolut unwichtig werden, wie mancher große Interpret zeigt.

Spirituelle Deutung

Thema: Aufbau – Trennung

Die Ente bringt Sie in Verbindung mit den Kräften der Analyse und Kritik. Auf dem spirituellen Weg sind es Kräfte, die hemmend und zersetzend wirken, da es Kräfte des niederen Denkvermögens sind. Wir unterscheiden dies im Sprachlichen, indem wir von konstruktiver Kritik reden und von Kritisieren im Sinne von Bemängeln. Alle esoterischen Schulen fordern von ihren Schülern, sich aller Kritik zu enthalten. Diese Forderung hat natürlich allerhand Mißbrauch provoziert, und auch heute sieht man in dieser Forderung Tendenzen zu Absolutismus und Diktatur. Dabei ist die Auslegung falsch. Es geht nicht darum, daß der esoterische Schüler den Mund zu halten hat und alles annehmen muß. Der Schüler soll sehr wohl gerade seine Unterscheidungsfähigkeit fördern. Aber Kritisieren kann zu einer emotionalen Grundhaltung werden, in der man nur noch auf bestimmte Reize reagiert und das Ganze nicht mehr sieht. Es kann hindern, sich auf Neues einzulassen, das man noch nicht erkennt und dessen Sinn man noch nicht erfassen kann. Es ist eine Haltung der Analyse, der steten Zerlegung von Informationen, der steten Interpretation, eine Kraft, die trennend und zersetzend wirkt. Kritik zieht immer den Vergleich zwischen neuangekommenen Informationen und den schon gespeicherten Erfahrungen unseres Wertesystems. Sie ist eine Kraft der analytischen, zerlegenden Gehirnhälfte, die nur sukzessive und linear denken kann. Fehlt ein Baustein der Information, ist sie unfähig, korrekte Schlüsse zu ziehen. Hier liegt das Problem der Kritik: Wir können nie sicher sein, wirklich alle Informationen zu haben. Wir ziehen dann alte Informationen als Vergleich heran. Kritik kann von einer hohen Anspruchshaltung herkommen, die man an die Welt und andere Menschen hegt. Oder sie hat mit den eigenen Prinzipien und Vorstellungen zu tun. Auch kann sie aus Frustrationen entstehen, aus einer Haltung der Vorurteile. Die Kraft der Kritik besitzt im esoterischen Sinne sehr viel Macht, die Gehirnzellen zu beeindrucken, so daß wirklich eine geistige Haltung, die Kritiksucht, entstehen kann. Diese hemmt den spirituellen Fortschritt. Mit dieser Haltung kann man viel zerstören, gerade auch in der Gruppenarbeit. Wahre Kritikfähigkeit wäre die Befähigung, das zu erkennen, was noch fehlt, um einer Idee, Tätigkeit oder Sache zum ganzheitlichen Ausdruck zu verhelfen. Wahre Kritikfähigkeit bedarf des Abstands zu sich selber, und es sollte nur das aufbauende Ziel im Auge behalten werden. Beobachten Sie Ihre Haltung zur Kritik und zur Analyse aller Dinge. Wie wirkt sie sich auf Ihr Leben aus? Was wäre die gegensätzliche Kraft zum Analysieren? Wie könnten Sie diese Seite Ihrer Fähigkeiten, den Sinn für die Ganzheit, fördern?

Eule ☾ F

Zeichen der Verwandlung

Affirmation: »Ich bin die Schönheit der Nacht, ihr Auge und ihr Ohr, und um mich ist das große Schweigen.«

Allgemeine Deutung

Sie symbolisiert den dunklen Urgrund, das große Nichts, aus dem alle Lebewesen heraufsteigen. Die Nacht ist voller Fülle, einer Fülle, die noch nicht offenbart ist, die das Licht noch nicht kennt. Aus dem Schweigen steigen die Phantasien, die Träume und Visionen herauf. In Ihrem Leben wäre es jetzt an der Zeit, sich mehr den inneren Dingen zu widmen. Lernen Sie innerlich zu schweigen, geben Sie sich der Meditation hin, und Weisheit wird aus Ihren Visionen kommen. Die Nacht hat etwas Spannendes, weil man noch nicht weiß, was sich offenbaren wird, aber für Sie ist es die große Chance, etwas Neues und Eigenes für sich und andere zu entdecken. Was am Tageslicht ist, das gibt es schon und ist nicht mehr von Interesse. Deshalb schürfen Sie in Ihrem Inneren nach noch ungeborenen Möglichkeiten. Genießen Sie das Abenteuer der eigenen Entdeckung. Es ist an der Zeit, Ihren Lebenshorizont zu weiten und jede Gelegenheit für das innere Wachstum zu nutzen: Betrachten Sie die Welt einmal von einer anderen Seite als nur vom Intellekt, denn auch diese gehört zum Ich, so wie Tag und Nacht erst einen vollen Tag ausmachen. Bemühen Sie sich, menschenfreundlich zu handeln und zu denken, sonst könnte leicht eine innere Verwüstung und Finsternis entstehen. Es ist gut, wenn man sein inneres Licht mit sich trägt. Es leuchtet auch in dunklen Stunden. Mancher von Ihren Freunden mag Sie vielleicht als Narr verschreien, lassen Sie sich aber nicht beirren. Legen Sie alle Ängstlichkeit ab. Seien Sie wach und klar in Ihren Entscheidungen. Bedenken Sie, daß die Eule auch eine Vorbedeutung hat für das Gemeinwohl. Jede Ihrer äußeren Entscheidungen wird im Moment auch die Gemeinschaft betreffen, in der Sie leben.

Persönlichkeitsentfaltung

Im Privatleben brauchen Sie im Moment eine Menge Zeit für sich. Vielleicht gehen Sie sogar bei Partnern oder Freunden auf Distanz. Sie verschwinden in der »Dunkelheit«, wohin Ihnen niemand so ohne weiteres zu folgen vermag. Für Außenstehende sind Sie im Moment schwer faßbar. Sie interessieren sich plötzlich für Dinge, die für Ihre bisherige Umgebung nicht so ohne weiteres einsehbar sind. Das trägt Ihnen den Ruf des »komischen Kauzes« ein. Dabei schürfen Sie nach den tieferen Fähigkeiten Ihres Seins. Am wohlsten fühlen Sie sich in Gesellschaft von Menschen, die mit Humor und Witz über dem bürgerlichen Alltag stehen. Stereotype Tagesabläufe sind ein Greuel für Sie. Haben Sie einen ganz alltäglichen Beruf, ist es wichtig, daß Sie einen Ausgleich schaffen, wo Sie die ganze Bandbreite Ihres Denkens leben können, ohne Einschränkungen. Vielleicht suchen Sie den Anschluß an eine Theatergruppe oder an einen okkulten Kreis, auf jeden Fall an etwas Ausgefallenes, das einen starken Kontrast zu Ihrem Alltag bildet. Sie haben die Fähigkeit, komplex zu denken, und haben erfinderische, tüftlerische Begabungen. Beziehungen sind im Moment nicht problemlos, sie sind mit Ängsten besetzt. Sie spüren die Angst vor Einsamkeit gerade an Tagen, an denen es Ihnen nicht so gutgeht. Gleichzeitig haben Sie aber auch Angst, eine Beziehung könnte Sie festlegen und einschränken. Dies könnte Sie zum Einzelgänger machen. Lernen Sie mit Ihren Ängsten umzugehen, das erleichtert Ihnen auch Beziehungen.

Dem *Vogelhalter* zeigt die Eule, daß Ruhe und innere Weisheit und vor allem ein wachsamer Blick tiefere Einblicke ins Vogelreich ermöglichen. Suchen Sie nach neuen Möglichkeiten und Ideen, Sie tragen das Potential dazu in sich. Beschäftigen Sie sich mit den Mythen der Vögel, und Sie werden aus Ihrer Arbeit mit ihnen viel Weisheit gewinnen können, die Sie an andere weitergeben können. Sie können ein Lehrer für andere werden. Seien Sie im wahren Sinn Freund der Vögel.

Um die Eule als Zeichen für den *Künstler* zu deuten, denkt man am besten an den Geigenvirtuosen Niccoló Paganini. Die Eule naht lautlos und fegt wie ein Sturmwind über die Menge. Sie haben als Künstler eine Anlage dazu, oder den Wunschtraum von einer Energie, die elektrisiert. Wenn Sie beginnen, Ihre Musik ertönen zu lassen, fährt es den Hörern wirklich elektrisch durch den Körper. Nach dem Konzert sind sie wie neu aufgeladen. Um dies zu bewirken, haben Sie die besondere Gabe der Hellhörigkeit. Das ist verführerisch, aber nicht ungefährlich. Man braucht dafür die mediale Begabung, in sich ein energetisches Vakuum zu erzeugen, das durch kosmische Kräfte angefüllt wird. In der medialen Arbeit bezeichnet man diesen Vorgang als Transfiguration, das heißt, eine der inneren Persönlichkeiten tritt stark nach außen. Da den Menschen die Kräfte der Nacht stets unheimlich waren und sind, schwankt man, wie bei Paganini, zwischen Begeisterung ob der Unglaublichkeit und zwischen der Angst vor dämonischen Kräften. Die geheimen Kräfte der Natur wirken, und sie sind geheim, weil sie tatsächlich wegen ihrer hohen Energie nicht ungefährlich sind. Beschäftigen Sie ich mit den »okkulten«, also verborgenen Kräften, die in Ihrem Inneren schlummern. Damit diese Kräfte der Dunkelheit Sie nicht in Angst versetzen und damit verwundbar machen, nutzen Sie die Wachsamkeit der Eule und eignen Sie sich das entsprechende Wissen an, um gerüstet zu sein.

Beschäftigen Sie sich auch mit einer weiteren Eulenpersönlichkeit, nämlich dem Till Eulenspiegel. Das ist Ihre humoreske Seite, die nicht ganz unproblematisch für den einfachen Bürger ist.

Spirituelle Deutung

Thema Medialität – Verwirrung der Sinne

Hier gilt es emotional unabhängig und stark zu werden. Mond und Saturn werden der Eule zugeordnet. Sie stehen für Ängste, da man nie emotionale Geborgenheit und Sicherheit ausreichend kennengelernt hat. Es ist klug, sich langsam an die innere Seite Ihrer

Sensivität heranzupirschen, bis Sie emotional stabil ist. Lesen Sie gut und klug ausgewählte Bücher über Sensitivität und das, was man als »weibliche Kräfte« bezeichnet. Ihre tiefe Emotionalität ist der Schlüssel für spätere mediale Wahrnehmungen. Aber gleichzeitig gilt es, den guten Menschenverstand zu schulen, weshalb das Lesen von Weisheitsbüchern anzuraten ist. So kommen Verstand und Emotion zusammen, was Sie später zu einem guten Werkzeug der Geisterwelt werden läßt. Sobald Sie emotional stabil sind, können Sie die Kraft der Hellsichtigkeit und Hellhörigkeit durch Sitzen und Lauschen in einem dunklen Raum entwickeln. Auch magische Übungen mit Spiegeln mögen hilfreich sein. Tun Sie dies aber nicht alleine, sondern im kleinen Kreis. Dies ist auch ein gutes soziales Element, damit Sie nicht in Einsamkeit verfallen. Sie haben auch eine gute Gabe, über sensitive Themen zu sprechen und Dinge darzustellen. Vielleicht können Sie später selbst einmal Menschen gleicher Richtung anweisen. Aber denken Sie daran, daß ein Grundsatz medialer Schulung ist, erst die Selbsterkenntnis zu entwickeln. Denn die Qualität, die ich ausstrahle, ziehe ich auch an. Um eine hohe Qualität an Medialität zu erreichen, ohne befremdliches Benehmen seltsamer Zeremonien und einen wirren Kopf mit seltsamen Botschaften zu entwickeln, ist es ganz wichtig, daß Sie erst lange Zeit an sich selbst arbeiten. Behalten Sie die Füße auf dem Boden und strecken Sie die Hände und den Kopf nach den Sternen. Denken Sie über Ihre Motive nach, die Sie zur Medialität streben lassen.

Falke ☼ F

Zeichen der Macht

Affirmation: »In meiner Schnelligkeit und meiner scharfen Sicht liegt meine Stärke.«

Allgemeine Deutung

Der Falke war in Ägypten ein heiliger Vogel, vergleichbar dem Adler. Was der Adler aber durch seine Größe und Stärke erreicht, das erreicht der Falke durch seine Schnelligkeit und Klugheit. Ihnen bringt das Schicksal jetzt unerwartete Chancen, die Sie schnell und klug nutzen sollten. Natürlich ist mit jeder Möglichkeit der Entwicklung auch ein Wagnis, ein Abenteuer verbunden. Das brauchen Sie auch, um nach erreichtem Erfolg innerlich ganz ausgefüllt zu sein. Deshalb zögern Sie nicht, handeln Sie, aber mit der Klugheit und dem scharfen Auge des Falken. Die Beschäftigung mit dem Atem könnte für Sie interessant werden.

Persönlichkeitsentfaltung

Im Privatleben erleben Sie einen starken Energieschub. Es können sich jetzt Möglichkeiten in beruflicher Hinsicht ergeben, wo Sie es wagen sollten, zuzugreifen. Mancher wird Ihnen raten, nach Trauben zu greifen, die zu hoch hängen. Aber lassen Sie sich nicht abbringen, vertrauen Sie Ihrem Mut. Übermut sollten Sie aber vermeiden. Scharfsinn ist jetzt nötig. Sportliche Aktivitäten oder generell körperliche Bewegung sind im Moment wichtig. In Fragen der Beziehung sind Sie einem Abenteuer nicht abgeneigt. Sie brauchen die Selbstbestätigung Ihrer Kräfte und Energetik. Es könnte verführerisch für Sie sein, zu glauben, daß alles zu kalkulieren und lediglich die Frage einer scharfsinnigen Organisation sei. Der Geist des Falken ist intellektueller und logischer Art. Unterschätzen Sie nicht die Welt der Gefühle, die ihre eigene Wahrnehmungsebene und ihre eigenen Gesetzmäßigkeiten hat. Verfallen Sie nicht dem Glauben, daß Sie mit Logik die Gefühle regieren könnten. Der Falke gibt Ihnen nur auf dem ihm eigenen Gebiet seine Kraft. Er wirkt auf den Gebieten, wo die Emotion nicht die wichtigste Rolle spielt.

Als *Vogelhalter* sollten Sie nichts überstürzen. Beobachten Sie gelassen das Treiben Ihrer Schützlinge und handeln Sie dann zielsicher. Der Flug der Vögel vermag Sie zu faszinieren, und Sie können viel daraus lernen, was Ihnen Antwort auf die Orakelfrage gibt.

Der Falke wird der jungen Sonne zugeordnet, also der aufsteigenden Sonne. So ist auch für Sie als *Künstler* gerade erst der Beginn Ihrer glänzenden Laufbahn angebrochen. Sie haben noch viel vor sich. Es ist wichtig, daß Sie die Dinge jetzt mit Kühnheit und Schnelligkeit anpacken. Sie haben eine Phase des Aufschwungs vor sich. Nutzen Sie den Aufwind. Bleiben Sie denen treu und ergeben, die Sie bis jetzt unterstützt haben, und Sie werden weiter von ihnen Kraft erhalten. Unterstützung wird wichtig für Sie sein, denn Ihre Kühnheit, sich zu behaupten, wird manchen Herausforderer anziehen. Konkurrenz ist kein leichtes Geschäft.

Spirituelle Deutung

Thema: Freiheit – Begrenzung

Horus der Falke war einer der großen Mysterienvögel im alten Ägypten. Er war Inbegriff der unvergänglichen Seele, ihrer Tapferkeit und ihres Mutes, die alle Dunkelheit und Vergänglichkeit überdauert. Die Reise der Seele durch das Totenreich wurde mit dem Falken assoziiert. Der Tod ist für uns heute wahrhaftig noch eines der letzten großen Abenteuer. Verbunden mit dem Tod ist der Begriff Befreiung. Im Westen haben wir lange Zeit die Geburt in diese Welt als Akt der Befreiung und Freude gesehen. Alter und Tod galten als schreckliche Kräfte des Verfalls von Leben. Die Furcht vor diesen Kräften und vor dem Übergang, den wir Tod nennen, prägt auch heute das Denken der meisten Menschen. Diese Furcht resultiert aus unserer materiellen Einstellung. Wir kennen unsere Seele nicht, haben keine übersinnliche Schau und kaum Vertrauen in ein ewiges Leben. Den Mächtigen in den westlichen Kirchen ist auch sehr an einer solchen Einstellung gelegen. Die östlichen Lehren nehmen einen umgekehrten Standpunkt ein. Die irdische Geburt ist der eigentliche Tod, da die Unendlichkeit der Seele in eine Welt geboren wird, die begrenzt, trennt und einschränkt. Der Tod ist ein Akt der Befreiung, wobei die Seele ihre Freiheit wiedergewinnt und die Unendlichkeit allen Seins.

Für Sie ist es Zeit, sich mit diesem Thema auseinanderzusetzen. Beschäftigen Sie sich mit dem Wandel der Dinge, mit der Veränderlichkeit, lernen Sie das große Gesetz des Wandels erkennen. Meistern Sie die Furcht vor dem Tod und entwickeln Sie den wahren Mut Ihrer Seele. So entwickeln Sie innere Freiheit und Freude, die Sie zum Licht- und Hoffnungsträger werden läßt. Beschäftigen Sie sich mit den Lehren der Totenbücher und schließen Sie sich Gruppen an, die nach neuen Prinzipien an diesem Thema arbeiten und Menschen helfen, ein neues Verständnis zu gewinnen.

Gans ☼ W

Zeichen der Kreativität und des Wissens

Affirmation: »Ich forme die Welt. Aus dem Schweigen entsteht der erste Klang.«

Allgemeine Deutung

Sie war dem Gott Amun Re zugeordnet und galt als Bildner der Welt. Ihr Goldenes Ei war Sinnbild von Potenz und Schöpfungskraft. Als »großer Schnatterer« brachte Amun Re die Sprache und den Klang in die Welt. Ihnen zeigt die Gans, daß Sie nun lange genug über Ihren Ideen gebrütet haben und daß es nun an der Zeit ist, damit an die Öffentlichkeit zu treten. Seien Sie kommunikativ, teilen Sie anderen Ihre Ideen, Absichten und Wünsche mit. Schreiben Sie nieder, was Sie bewegt. In der Gemeinschaft mit anderen können Sie nun viel erreichen. Im Moment sollten Sie Vorsicht walten lassen, daß Sie nicht hintergangen werden oder Ihnen falsche Tatsachen vorgespiegelt werden. Gelehrsamkeit und neues Wissen werden Ihnen eine gute Grundlage zum Wohlstand geben. Leben Sie Ihre erotischen Kräfte auch auf der körperlichen Ebene.

Persönlichkeitsentfaltung

Im Privatleben erleben Sie eine Fülle von kreativen Kräften. Dies kann sich in der Vermehrung Ihres Wohlstands äußern, aber auch in vielen kreativen Ideen, die Ihnen neue, einträgliche Bereiche erschließen. Sie haben eine Gabe, Ihre Anliegen gut zu verkaufen, da Sie über Beredsamkeit verfügen. Ihre Ideen können Sie im Moment in bare Münze umwandeln. Es ist eine Zeit, in der die Dinge ausgereift sind und Sie die Früchte davon genießen können. Eine starke Betonung liegt in der Kraft der Erotik, die ja eng an die Kreativität gekoppelt ist. In allen Liebesdingen wirkt sich dies förderlich aus. Den Zauber des Lebens in vollen Zügen genießen, ist das Gebot der Stunde. Fülle und Vergänglichkeit sind die Polaritäten, die damit verknüpft sind. Hindernisse könnten Ihnen nur aus jemandem erwachsen, der alte Ansprüche an Sie hat.
Für den *Vogelhalter* zeigt dieses Symbol, daß er über Sprache und Klang sehr gut mit den Vögeln kommunizieren kann. Sprechen Sie mit Ihren Vögeln; Sie werden sehen, daß Worte Energie sind und heilend wirken können allein durch den Klang. Sie haben so viel Erfahrung gesammelt, daß es Zeit wäre, dies auch anderen mitzuteilen in Form von Vorträgen oder Artikeln. Sie haben die Fähigkeit dazu.
Als *Künstler* haben Sie im Moment sehr viel Umgang mit Schriftlichem. Seien es Bewerbungen oder daß Sie Noten niederschreiben. Ihre Zeit ist gut gefüllt. Finanziell ist es eine sehr gute Zeit für Sie.

Die Potenz Ihrer Kraft steht in voller Blüte und Ihre Arbeit ist effizient. Aber werden Sie dadurch nicht zu leichtsinnig, sonst könnten Sie doch auch einmal einen Verlust einfahren.

Spirituelle Deutung

Thema: Wachbewußtsein – Schlaf

Die Gans wird spirituell mit dem Begriff »Ei« in Verbindung gebracht. Dabei geht es in den Mythen meist um das Goldene Ei. Das Ei ist Symbol für die Urmatrix, für das Chaos am Anfang, aus dem sich die Schöpferkraft als Tat herausschält, als Goldenes Ei oder Sonne. Wie im Ei alles Zukünftige angelegt ist, ist auch im Chaos alles enthalten, wenn auch noch undifferenziert. Es ist das Vitalitätsprinzip des Kosmos, der goldene Urschoß, aus dem alle Energie stammt. Es ist auch Sinnbild der göttlichen Idee, die über dem Chaos schwebt. Das Ei wiederholt im mikrokosmischen Bereich diesen großen Schöpfungsprozeß, der ein Akt der Selbstschöpfung ist. Es steht daher als Sinnbild der Ewigkeit, der Wiederverjüngung und Wiedererzeugung. Das Goldene Ei wird von sieben Elementen oder Hüllen umgeben, also den vier irdischen Elementen und den drei ätherischen. Vogel und Schlange wurden zu mythischen Symbolen, weil sie Fähigkeiten hatten, Eier zu produzieren. Das heißt, sie besitzen die Fähigkeit, sich selbst wieder aus dem Ei zu erschaffen. Allwissenheit wurde ihnen zugesprochen. Die Schlange wurde später das Zeichen der niederen Natur des Menschen, während die Vögel als Überwinder der Schlange, also der irdischen Verhaftung gesehen wurden. Aus geistiger Sicht ist der Mensch in die Hüllen seiner feinstofflichen Körper gekleidet, das sogenannte »aurische Ei«. In allen Lehren werden die Kraftströme um den Körper herum als eiförmig bezeichnet. Dies ist ein Symbol dafür, daß der irdische Mensch, als Mitte des Eis, die Keimzelle ist, die alle Eigenschaften beinhaltet, durch die er zum göttlichen Menschen werden kann.

Für Sie zeigt die Gans mit dem Goldenen Ei an, daß Sie sich mit

Ihrem Ätherkörper beschäftigen sollten. Der Ätherkörper ist das feinstoffliche Double zum Nervensystem und überträgt Lebensenergie. Ist die Verbindung zwischen materiellem Körper und Ätherkörper sehr locker, hat die Seele nicht den wünschenswerten Einfluß auf den Körper. Dies zieht Schwäche- und Erschöpfungszustände nach sich. Sind beide zu eng verbunden, so kommt es zu Überreizungen, da stets der ganze Körper in Reaktion versetzt wird anstatt nur die entsprechenden Teile. Für Sie es ist wichtig, dafür zu sorgen, daß sich das Vitalitätsprinzip in Ihrem Leben reguliert und stärkt. Ein normales, gesundes und geregeltes Leben ist das beste Mittel dafür. Vermeiden Sie Überstrapazierung und Kummer. Eine wohlausgewogene Ernährung oder Diät kann Ihnen hilfreich sein und vor allem viel Aufnahme von Sonnenlicht, was nicht bedeutet, sich in der Sonne rösten zu lassen. Wählen Sie eine spirituelle Richtung, die sich mit dem Vital- oder Ätherkörper beschäftigt. Das kann Yoga oder Tai Chi sein, auch Wege der Atemenergetik oder andere feinstoffliche Übungen. Dies wird Ihnen helfen, Ihr inneres Bewußtsein zu erwecken oder auszuweiten. Lassen Sie Ihren physischen Körper zum Träger des goldenen Seelenlichts werden, erfassen Sie seine wahre Bedeutung. So werden Sie zum Meister Ihrer selbst.

Geier ☼ F

Zeichen der Macht

Affirmation: »Ich bin der Vollstrecker des Willens der Götter. Ich belohne und strafe.«

Allgemeine Deutung

Wie ein Damoklesschwert schwebt der Geier über dem Menschen. Er war Ausdruck der Kraft und des Willens der Götter. Kraft brachte er, wenn man im Einklang mit ihrem Willen handelte, Niederlage und Hindernisse, wenn man ihnen zuwiderhandelte. Wie dem Adler wird dem Geier nachgesagt, daß er an der Leber des gefesselten Prometheus fraß. Der Geier bildet für uns eine Art »Gewissen«. Sind wir mit unserem Inneren im Einklang, so sind wir stark und mächtig. Verdrängen wir aber unliebsame Dinge in den Grund des Unterbewußtseins, so schwärt dort das Gift weiter. Das Unterbewußtsein ist unsere persönliche »Leichenstätte«, der Ort unserer Niederlagen, wo Erfahrungen lagern, die wir nicht mehr ansehen können. Diese fressen an unserer Lebenskraft und Lebensfreude (synonyme Begriffe für die Leber). Für Sie ist es an der Zeit, ganz klar zu überprüfen, ob Sie mit sich eins sind, ob Sie zu Ihrem Inneren stehen, oder ob Sie angetrieben werden von negativen Kräften Ihres Unterbewußtseins. Kommen Sie mit sich selbst ins reine. Das Schweben des Geiers zeigt an, daß Abstand zu Ihren Problemen und eine mentale Arbeit an sich selbst Ihnen guttäte. Der »Physiologus« berichtet, daß die Geier nach Indien flögen, wenn sie trächtig würden, um den Gebärstein zu holen, der eine leichte Geburt ermögliche. Der Gebärstein gleiche einer Nuß, und wenn man ihn bewege, klappere innen noch ein Stein. Im übertragenen Sinne bedeutet der Stein eine Reibung zwischen Innerem und Äußerem. Die Nuß ist ein Symbol der Fruchtbarkeit, aber auch des Denkvermögens. Neue Dinge beginnen auch in Ihnen zu gären. Beschäftigen Sie sich mit östlichen Weisheiten, da diese das mentale Denkvermögen erziehen. Gerechtigkeit und Milde bilden für Ihre Arbeit die beste Vorsorge vor Niederlage, Verlust und Exil. Nutzen Sie Ihre Fähigkeiten der Vorausschau. Es ist eine Zeit, in der Entscheidungen anstehen, was Ihnen innerlich Sorge bereitet. Positives Denken wird Ihnen zum Erfolg verhelfen.

Persönlichkeitsentfaltung

Im Privatleben werden Sie mit Entscheidungen konfrontiert, die sich mit Gewissen und persönlichen Zielen reiben. Die Versuchung ist manchmal groß, die persönlichen Ziele voranzutreiben. Aber es wird Ihnen keine Ruhe lassen, wenn dies auf Kosten anderer gehen könnte. Erforschen Sie Ihr Gewissen und handeln Sie danach. Das sind gesunde Bausteine für Ihre Zukunft, die Sie in eine mächtige rechtliche Stellung bringen können, denn Macht und Gesetz sind die Polaritäten, die im Moment herrschen. Das betrifft nicht nur das »Bürgerliche Gesetzbuch«. Versuchen Sie auch, die kosmischen und Ihre inneren Gesetzmäßigkeiten zu erforschen, die Ihr Leben gerade bestimmen. Sie streben nach Erfolg, der auch eintreten wird, wenn er sich mit Ihrem Gewissen deckt. In den Beziehungen sind Sie darauf bedacht, einen starken Partner zu haben, der Ihren Schritten folgt, Sie vielleicht sogar noch unterstützt und damit Ihre Macht erweitert. Die Lebensziele Ihrer Partner müssen sich mit den Ihren decken. Gefolgstreue ist für Sie wichtig. Aus diesem Grunde ist es wichtig, daß Sie offene und faire Verhältnisse pflegen, damit Ihnen keine heimlichen Feinde erwachsen, die Ihre Stellung in Frage stellen könnten.

Dem *Vogelhalter* zeigt dies, daß er die Dinge im Umgang mit seinen Tieren häufig zu streng sieht, im Muster des »Entweder-Oder«. Überprüfen Sie, ob sich die Haltungsbedingungen mit Ihrem Gewissen vereinbaren lassen. Haben die Vögel genügend Sonnenlicht, ein farbiges Umfeld? Seien Sie sanft mit sich und anderen und vermeiden Sie extreme Forderungen. Entwickeln Sie Ihre Programme und Ideen, wie Sie Ihre Tiere halten wollen, und bemühen Sie sich immer, einen übergeordneten Standpunkt einzunehmen.

Ihnen als *Künstler* zeigt der Geier, der ein Symbol der vollen Sonne ist, eine besondere Chance in Ihrer Laufbahn. Durch Schicksal wird Ihnen eine hohe Position zugeführt. Sie müssen nichts dafür tun, es wird für Sie getan. Diese Position bewirkt aber auch viel Verantwortung. Handeln Sie stets nach Ihrem höheren Gewissen und denken Sie daran, daß diese Stelle ein »Geschenk des Himmels« ist.

Spirituelle Deutung

Thema: Meisterung – Auflösung

Zwei Geier stehen als Symbol für Seele und Körper, wobei der jüngere Geier dem Körperbewußtsein entspricht. Der ältere Geier, also die erwachte Seele, beschützt den jüngeren Bruder, auch wenn ihn dies seine Flugfähigkeit kostet. Dies ist das Sinnbild der irdischen Inkarnation der Seele, die sie zur Flugunfähigkeit verurteilt, so daß sie nicht mehr zur Sonne, dem göttlichen Geist, schweben kann. Herakles der Sonnensohn vereinigt beide Geier in sich, was die Verschmelzung von Geist und Persönlichkeit andeutet. Das Symbol des Geiers bringt Sie in Verbindung mit dem Thema »Jüngerschaft«. Sie erfahren in sich diesen heftigen Kampf der Polaritäten. Sie haben eine Ahnung von Ihrem Höheren Selbst, vielleicht sogar schon bestimmteren Kontakt dazu. Auf der anderen Seite spüren Sie die Macht Ihrer Persönlichkeit. Dies führt zu Konflikten. Der Weg der Jüngerschaft ist die Verschmelzung beider Pole, ist der Weg in der Mitte. Beschäftigen Sie sich mit dem Mythos des Herakles und mit seinen zwölf Aufgaben. Meditieren Sie über Gegensatzpaare wie Liebe–Haß, Recht–Unrecht, Selbst–Nichtselbst usw. und finden Sie die Qualität heraus, die in der Mitte von beiden liegt. Pflegen Sie Unterscheidungsvermögen, Selbstdiziplin, Leidenschaftslosigkeit und Dezentralisierung. Dies sind die Eigenschaften des Jüngers. Dezentralisierung ist die Fähigkeit, sich selbst mit seinen Bedürfnissen zurückzustellen. Es gilt, die größeren Zusammenhänge zu erkennen. Sie selbst sind ein Kraftfeld in einem größeren Kraftfeld. Tragen Sie Verantwortung für alles, was unter den Einfluß Ihres Kraftfeldes kommt oder in Beziehung dazu tritt. Sie werden die große Chance haben, einem Meister zu begegnen, dem Meister in Ihnen selbst.

Goldregenpfeifer ☼ E

Zeichen der Heilung

Affirmation: »Ich beherrsche die königliche Kunst der Heilung.«

Allgemeine Deutung

Manchmal glauben Sie, einem Staubsauger gleich zu sein, der alle Schwierigkeiten seiner Umgebung anzieht. Viele kommen zu Ihnen, um Probleme bei Ihnen abzuladen. Sie sind zu stark emotional verhaftet, zu magnetisch in Ihrer Kraft. Dringend müssen Sie Ihre dynamische, ausstrahlende Kraft entwickeln lernen. Bestimmen Sie selbst, was Sie an sich heranlassen und was nicht. Lernen Sie kritisch zu unterscheiden. Im Prinzip besitzen Sie die Kraft der magnetischen Heilung, nur können Sie diese nicht verstehen, anwenden und kontrollieren. Lernen Sie Ihre inneren Heilkräfte entfalten, die früher zur königlichen Kunst gehörten. Das Bewußtsein, im Dienste einer höheren Kraft zu stehen, wird Ihr Selbstwertgefühl aufbauen. Lernen Sie mehr Weiß als Schwarz zu sehen. Überwinden Sie die Mauern Ihres inneren Gefängnisses, deren Bausteine aus negativ emotionalen Prägungen bestehen.

Persönlichkeitsentfaltung

Im Privatleben sehen Sie im Moment etwas neidisch auf solche Menschen, denen alles zufällt, die alles erreichen, was sie sich vornehmen. Sie haben selbst manche Idee, was Sie tun könnten, aber bis Sie damit beginnen, hat ein anderer sie umgesetzt. Manchmal kommen Sie sich überflüssig vor. Man kommt zu Ihnen, wenn der Schuh drückt, aber kaum sind die Probleme weg, scheint man Sie schon zu vergessen. Erst wenn Sie erkennen, daß Sie eine natürliche Gabe zur Heilung haben und diese bewußt entwickeln und einsetzen, werden die Zeichen günstig für Sie stehen. Sie werden immer für andere viel erreichen können, und Ihre persönlichen Interessen werden meist zurückstehen müssen. In einem Partner werden Sie die mehr extrovertierten Kräfte suchen, so daß er Ihnen manches im äußeren Leben abnehmen kann. Aber verfallen Sie nicht dem Fehler, den Partner alle Dinge erledigen zu lassen. Es wird Ihnen ein Gefühl der Unselbständigkeit und der Abhängigkeit vermitteln. Verteilen Sie klar die Aufgabenbereiche.

Für den *Vogelhalter* gilt Ähnliches. Gedanken übertragen sich auf die Vögel. Sind wir nicht »gut drauf«, so reagieren unsere Vögel entsprechend. Nur können sie darüber nicht reflektieren. Sie aber können es erkennen. Bemühen Sie sich um eine positive Ausstrahlung. Lernen Sie die magnetische, heilende Kraft Ihrer Hände zu entfalten, und Sie können zu einem Heiler für Vögel werden.

Als *Künstler* sind Sie eher von negativen Einstellungen und Erwartungen geprägt. Lampenfieber ist wahrscheinlich kein Fremdwort für Sie. Sie ziehen alles Negative an, nach dem Motto »Ich hab's ja gleich gewußt«. Das läßt Sie nicht gerade mit viel Freude in die Zukunft sehen. Ihre Lebensenergie wird untergraben. Eigentlich liegt Ihr Problem in einer überaus positiven Kraft, nämlich der Kraft der magnetischen Anziehung. Nur haben Sie noch nicht gelernt, damit umzugehen. Häufig wissen Sie Dinge im voraus oder sehen Probleme in anderen Menschen, weil Sie deren Energie unbewußt ansaugen. Sie sollten dringend mehr über Annahme und Abgabe von Energie lernen. Das wird Sie schützen und Ihre magnetische Kraft positiv ins Werk setzen, nämlich als Heilkraft. Musik ist für Sie Heilung, und mit Ihrer Musik können Sie diese Kraft auf andere übertragen. Energien der Zuhörer, also Emotionen wie Gedanken, werden transformiert durch Musik. Beschäftigen Sie mit der energetischen Heilkunde.

Habicht ☼ F

Zeichen der Macht

Affirmation: »Ich ziehe meine Kreise im Antlitz der Sonne.«

Allgemeine Deutung

Dieses Zeichen ist sehr ambivalent und kann sowohl das Höchste wie auch das Niedrigste bedeuten. Ihnen stehen wahrhaft solare Kräfte zu und Ihre Vitalität ist unendlich. Sie sollten die Motive Ihres Handelns ganz klar überprüfen. Richten Sie sich nach spirituellen Grundsätzen, dann können Sie viel zum Wohle dieser Welt tun. In Ihnen steckt ein Katalysator, der Kräfte einer Gruppe konzentrieren und fokussieren kann. Sie haben die Gabe, Anliegen Ihrer Gruppe in der Öffentlichkeit zu vertreten. Solange Sie sich am Wohle des Ganzen orientieren, sind Sie auf einem guten Weg, der Kräfte und Erfolg mehrt. Richten Sie Ihr Augenmerk aber auf rein persönliche und egoistische Ziele, verwenden Sie die Ihnen gegebenen solaren Kräfte nicht mehr als Geschenk der Götter, sondern betrachten Sie diese als persönliches Eigentum. Dieser »Raub« kostet Sie sonst alle Kraft. Am Ende werden Sie selbst kraftlos in Ihrer Wirkung. Beachten Sie also die Motive Ihres Handelns. Sie können Hohes erreichen.

Persönlichkeitsentfaltung

Im Privatleben kennt man Sie vor allem als Energiebündel. Während andere noch überlegen oder diskutieren, sind Sie schon dabei, die Sache in die Tat umzusetzen. Sie sind ein Mensch der Tat, und darin liegt auch Ihr Erfolg. Mit scharfem Blick erkennen Sie das Wesentliche. Da Sie hochfliegende Pläne haben und einen gesunden Ehrgeiz, traut man Ihnen wenig Rücksicht zu im Verfolgen Ihrer Karriere. Dieser Umstand ist für die Menschen Ihrer Umgebung nicht immer einfach und man wird Sie mit Argwohn betrachten. Tun Sie alles, um diesen Eindruck zu entschärfen. Durch Ihre große

Energie fühlt sich mancher überfahren. Ganz gleich in welcher Gruppe von Menschen Sie auftauchen, es ist, als ob die elektrische Spannung anstiege. Das hat katalysatorische Wirkung, die manches Anliegen einer solchen Gruppe beschleunigt, aber natürlich auch Unruhe bringt. Dafür ist man Ihnen dann nicht gerade dankbar. Im Geschäftlichen können Sie viel erreichen, aber hüten Sie sich davor, Personen zu übergehen oder sie sich zu Feinden zu machen. Viele Jäger sind bekanntlich des Hasen Tod. In der privaten Beziehung werden Sie nach Partnern Ausschau halten, die entweder mit Ihrer Energetik gleichziehen können oder die restlose Bewunderung für Sie hegen. Nicht jeder wird mit Ihrer Spannung und Energetik leben können, denn es ist ein Leben voller Aufregungen. Wer die Behaglichkeit eines stillen Lebens sucht, wird mit Ihnen nicht besonders gut fahren. Sie haben einen scharfen Blick, aber in Beziehungen gilt es auch flexibel und großzügig zu sein. Perfektion ist nicht alles. Decken Sie nicht immer gleich Schwachpunkte auf, sondern lassen Sie den anderen auch bestehen.

Für den *Vogelhalter* gilt es stark die Motive zu überdenken, die sie zum Kauf und Halten von Vögeln treiben. Handeln Sie wie der Habicht, der stets nach Beute Ausschau hält, auf die er sich sofort stürzt? Das heißt, müssen Sie jeden neu auf dem Markt auftauchenden Vogel sofort besitzen? Dies wäre Raub an der Natur. Es ist an der Zeit, die höheren Absichten zu entwickeln, weswegen Sie sich einen Vogel halten. So können Sie zum Verständnis der Vogelwelt und Ihrer selbst kommen, können zum wahrhaft »Eingeweihten« werden.

Für den *Künstler* bedeutet der Habicht ebenfalls gute Führungseigenschaften. Sie sind mehr zum Solisten geboren. Ihr Spiel ist voller Vitalität und sehr kraftvoll. Dadurch können Sie die Menschen bewegen. Auch eignen Sie sich bestens als Sprecher für Kollegen, wenn es um Interessenvertretung geht. Wichtig ist, wo Sie Ihre Kräfte herholen. Sind Sie der Meinung, Sie stammen von Ihnen selbst und sind Ihr Eigentum, dürften Sie bald Ihre Kraftquelle ausgeschöpft haben. Wir bekommen von Geburt an zwar Anlagen und Geschenke mit auf den Weg, erhalten und vermehren müssen wir sie aber durch stetes Tun. Seien Sie sich Ihrer Seele und der kosmischen Welt bewußt, diesem unendlichen Reservoir göttlicher Kraft, aus dem Sie Ihre Kräfte schöpfen. Pflegen Sie eine solar ausgerichtete spirituelle Entwicklungsrichtung.

Hahn ☼ E

Zeichen der Emotion

Affirmation: »Ich scheide die Nacht vom Tag. Alles hat seine Zeit. Ich warte geduldig und wache.«

Allgemeine Deutung

Hahn und Henne gelten als Symbol der Conjunctio, der Vereinigung der männlichen und weiblichen Kraft. Der Mond ist der beherrschende Planet und er drückt die schöne Seite der sinnlichen Kraft aus, aber auch die dunkle Seite, das zauberische Wesen. Der Hahn wird auf dem Baum oder Misthaufen dargestellt, was den Zustand der Fäulnis und Gärung ausdrückt, letztlich aber auch die Geburt von Schaffenskraft und Fruchtbarkeit. Auch in Ihrem Leben ist der Prozeß der Gärung in Gang. Launen und Gefühle reißen Sie hin und her. Das macht Sie reizbar und streitbar. Vor allem, wo es um Fragen Ihrer Autorität geht. Sie bevorzugen das Lob. Sprechen Sie über Ihre Spannungen und Probleme, das nimmt viel vom inneren Druck. Mal fühlen Sie sich mit magischer Gewalt zu jemandem oder etwas hingezogen, dann wirft eine tiefe Angst Sie wieder zurück. Hier können Sie vom Hahn lernen, daß dies ein nötiger Zustand ist vor einer neuen Lebensperiode. Aber es ist auch wichtig, immer wieder den Abstand zu sich selber zu finden, um den Überblick zu behalten. Nur Geduld hilft Ihnen jetzt, daß Sie im Moment überhaupt nicht eingreifen können in die innere Auseinandersetzung. Verstricken

Sie sich vor allem nicht in zu viele Dinge gleichzeitig, da Sie im Moment am liebsten alles auf einmal möchten. Helfen kann Ihnen eine frühmorgendliche Besinnungszeit und Meditation, da das Aufgehen der Sonne manchen nächtlichen Schatten vertreibt. Dies hilft Ihnen zu einer positiven Haltung im Alltag. Der Mut des Hahns zeigt sich in einem innerlich gegründeten Selbstbewußtsein.

Persönlichkeitsentfaltung

Im Privatleben zeigen Sie sich im besten Sinne als streitbar, was eine wichtige Tugend sein kann. Sie sprechen gerne frei von der Leber weg, was nicht gerade diplomatisch ist. Aber Sie schonen sich und andere nicht. Ungerechtigkeiten können Sie in Rage bringen, und Sie streiten nicht nur für Ihre eigenen Werte im Leben, sondern auch für die anderer. Wo mancher großzügig darüber hinweggeht oder der Meinung ist, nichts ändern zu können, erheben Sie Ihre Stimme. Sie verstehen es, andere Menschen auf Dinge aufmerksam zu machen und ihnen Mut zuzusprechen. Lernen müssen Sie auf Ihrem Weg, daß man auch einstecken können muß, wenn man austeilt. Auch kann man nicht für alles streiten, sondern es gilt herauszufinden, wann der richtige Ort und die richtige Zeit ist. Die Kunst der Diplomatie ist gefragt, besonders im Arbeitsbereich. Gruppen haben es nicht ganz leicht mit Ihnen, da Sie nie im Interesse der Gruppe Ihnen wichtige Werte verraten werden. Ehrlichkeit ist Ihnen wichtig. Wählt eine Gruppe Sie als Sprecher, so sollten Sie dies tun, denn Sie haben die Gabe der Menschenführung und eignen sich bestens als Sprachrohr. Sie stellen etwas dar, haben eine starke Ausstrahlung, da Sie Ihren Wert erkennen. Bleiben Sie nicht beim Phantasieren in stiller Kammer stehen, sondern setzen Sie Ihre Ideen um. In Gesellschaft bilden Sie gerne den Mittelpunkt, Sie sind nicht zu übersehen oder zu überhören. Sie lieben es, von einem Kreis von Bewunderern umgeben zu sein.

Dem *Vogelhalter* zeigt das Symbol an, daß er sich nicht zu tief mit seinen Vögeln emotional verstricken sollte. Geduld und Abstand können Ihnen hier im Moment besser helfen, bis Sie Ihre Emotionen besser unter Kontrolle haben. Sie wissen ja, daß Tiere gerne unsere Launen übernehmen. Sie können dadurch lernen, Phantasie zu entwickeln. Sie sind ganz auf die praktische Erfahrung ausgerichtet und fördern damit Beachtliches über die Lebensweise der Tiere zutage. Für die Haltung eines zahmen Vogels ist wichtig, daß Sie lernen, ihn auch einmal innerlich loszulassen, damit er sich seines Vogelseins erinnern kann. Das stärkt sein Immunsystem und sein Selbstbewußtsein.

Als *Künstler* haben Sie jetzt eine Phase abgeschlossen, in der Sie sich wie betäubt fühlten. Kein Wunder, daß sich nach so viel Arbeiten und Kämpfen bleierne Müdigkeit über Sie legte. Sie fühlten sich wie versteinert. Enge und Schwere waren um Sie. Sie haben sich ganz in Ihre inneren und materiellen Probleme verstrickt, und manche Illusion mußte zu Grabe getragen werden. Ihre Eigenautorität ist wiederhergestellt. Jetzt bricht mit dem Ruf des Hahns eine neue kreative und ausgefüllte Zeit heran. Lasten fallen von Ihnen ab. Erheben Sie jetzt Ihre Stimme. Sie wird gehört werden.

Spirituelle Deutung

Thema: Erleuchtung – Verblendung

Der Hahn kündigt das Erscheinen des Lichts an und wirkt in seiner Wachsamkeit schützend vor Gefahren der Nacht. Beginnt das Licht von der Seele herabzuströmen, so nehmen wir zuallererst die Schatten wahr, die uns umgeben. Es sind Wesen und Gedankenformen, die wir selbst erzeugt haben und die dem niederen Denkvermögen und der Astralebene entspringen. Wir sehen plötzlich alle die unerwünschten Eigenschaften an uns, all die Unzulänglichkeiten und schwarzen Flecken. In dieser Phase befinden Sie sich gerade. Das Licht beginnt, Ihnen die Dunkelheit bewußter zu machen, und das macht Sie niedergeschlagen. Doch bedenken Sie, daß Sie den Pfad Ihrer Seele gefunden haben und dies der Auslöser für Ihre Depression ist, dies sollte Ihnen Mut machen. Konzentrieren Sie immer stärker das Licht in sich, so wird es die Schatten vertreiben. Seien Sie wachsam, sich nicht mit einem Schattenbild zu verbinden, das aus Ihrem Ego stammt. Denn unser altes Ego möchte manchmal lieber zerstören als seine Herrschaft aufgeben. Unser Ego, das seine Kräfte aus dem Wunsch zieht, ist der große Blender und Schauspieler, der uns glauben macht, daß es uns jetzt schlechtgehen muß, daß wir leiden müssen. In diesen Gefühlen bleiben wir dann oft gefangen. Das Ego ist an sich nicht das Schlechte oder Übel, wie es häufig sehr vereinfacht dargestellt wird. Es ist ein Fahrzeug, das wir selbst konstruiert haben. Es kann nur in der irdischen Materie existieren, weil Wünsche nur im Materiellen Befriedigung erfahren können. Kein Wunder, daß es sich wehrt gegen jede Entwicklung, die ihm die Lebensgrundlage entziehen könnte. Es ist ein Machtkampf in uns selbst, dessen Austragungsort und Kämpfer wir selbst sind. Dieses Verständnis kann Ihnen weiterhelfen. Identifizieren Sie sich mit dem hellen Ritter, mit Ihrer eigenen Lichtgestalt, und der Sieg ist Ihnen gewiß. Denken Sie daran, daß der Pfad des Gerechten wie ein strahlendes Licht ist, daß er selbst Pfad werden muß, um sich mit dem Licht zu vereinigen. Ist Ihr Licht angezündet, so können Sie anderen Menschen in der Dunkelheit leuchten. Machen Sie sich selbst und anderen Mut. Werden Sie nicht Opfer dieses inneren Konfliktes, sondern stellen Sie Ihre Eigenautorität wieder her.

Kiebitz ☼ E

Zeichen der Emotion

Affirmation: »Ich bin die Kraft der Natur.«

Allgemeine Deutung

Sie haben viele konservative Wertvorstellungen aus Ihrem Elternhaus mitbekommen, die Ihr Leben sehr einengen. Sie denken zuviel in Kategorien: Was ist schicklich, was sagen die Leute? Sie richten sich zu sehr nach Ihren alten starren Glaubenssystemen. Damit bewerten Sie das Leben. Es ist an der Zeit, auch die Kräfte in sich kennenzulernen, die nicht in Ihr bisheriges Lebenskonzept passen. Leben aber heißt ständig in Fluß zu sein, mitzugehen und auch zu wagen. Nur so können Sie aus dem Urquell des Lebens schöpfen. Sonst stehlen Sie Ihrem seelischen Leben die Kraft. Stehen Sie zu sich selbst und nehmen Sie die Kräfte an, die Sie besitzen. Sind diese Kräfte negativ oder destruktiv, was durchaus durch jahrelange Vermeidung sein kann, so verwandeln Sie diese in Ihre positive Seite. Denken Sie immer daran, daß es zwei Seiten gibt. Eine negative Eigenschaft ist die Verzerrung einer guten. Transformieren Sie sich in jeder Hinsicht. Leben Sie Ihre Sinnlichkeit.

Persönlichkeitsentfaltung

Im Privatleben sind Sie eher schüchtern und lassen sich nicht vorbehaltlos auf das Leben ein. Viele Ängste aus Ihrer Kindheit behindern Ihre Entfaltung. Das äußere Leben erscheint Ihnen grob, hart und gefährlich. Kein Wunder bei Ihrer Sensibilität. Es ist wichtig, daß Sie sich und Ihre Kräfte nicht mit geschäftlichen oder privaten Entscheidungen überlasten. Sie sind eher feinnervig und sollten sich einen entsprechenden Wirkungskreis suchen. Kunst und Mode sind anziehend für Sie. Trotzdem wäre es gut für Sie, ab und zu etwas aus sich herauszugehen und etwas »Verrücktes« zu tun. In Beziehungen brauchen Sie viel Zeit, bis Sie jemanden gut kennen und ein Gefühl der Sicherheit entwickeln. Manchmal sagt man Ihnen Unnahbarkeit nach, was aber so nicht stimmt. Sie brauchen lediglich etwas mehr Zeit, um sicher zu sein. Schöngeistigen Aspekten geben Sie den Vorrang vor körperlichen. Lassen Sie sich in Beziehungen nicht drängen, sondern bestehen Sie auf der für Sie nötigen Zeit.

Dem *Vogelhalter* zeigt der Kiebitz, daß es an der Zeit ist, nicht immer nur auf die Meinung der Fachleute und Kollegen zu hören. Entwickeln Sie Ihre eigenen Ideen und Erfahrungen und gehen Sie neue Wege. Wenn unter Ihren Vögeln ein schüchterner, ängstlicher Vogel ist, widmen Sie ihm mehr Aufmerksamkeit. Loben Sie ihn, das stärkt sein Selbstbewußtsein und Ihr Verständnis für die zarte Vogelseele.

Dem *Künstler* zeigt der Kiebitz, daß er seine Musik wieder mit seinem Leben verknüpfen muß. Musik ist Ausdruck von Leben. Je reichhaltiger Sie sich selbst leben, desto farbiger wird Ihre musikalische Palette oder Ihr künstlerischer Ausdruck sein. Leben Sie Ihre Kräfte.

Krähe ☾ F

Zeichen der Entfaltung

Affirmation: »Ich brauche die Gemeinschaft, das gibt mir Vertrauen und ein Gefühl des Friedens.«

Allgemeine Deutung

Sie sind stark abhängig von anderen Menschen. Andere bilden den Motor für Sie, da Sie zu zaghaft und zögerlich sind. Entschlußkraft ist nicht Ihre Stärke. Ihnen fehlt ein klares Ziel und Ihr mangelndes Selbstvertrauen schwächt Ihren Willen. Sie hören auf alles, was andere sagen. Die vielen Stimmen verwirren Sie eher, als daß es Ihnen hilft. Denken Sie nicht über andere nach, sondern beginnen Sie mit sich selbst. Denken Sie über Ihre Ziele, über Ihr Wollen nach. Versuchen Sie nicht, es allen anderen recht zu machen, sondern erst einmal sich selbst. Sagen Sie nicht wie die Krähe »Cras!«, »Morgen tu' ich es.« Tun Sie es jetzt und sofort. Fixieren Sie sich nicht zu stark auf einen Partner oder eine einzige Gemeinschaft. Denken Sie daran, daß nur eine Gemeinschaft von freien, selbstbewußten, selbstverantwortlichen Mitgliedern Kreativität und Fortschritt bringt. Alles andere wäre Unterordnung und Anpassung.

Persönlichkeitsentfaltung

Im Privatbereich fällt es Ihnen nicht leicht, loszulassen. Loslassen bedeutet Schwäche für Sie. Sie können eine einmal begonnene Sache wirklich grandios durchziehen. Müssen Sie aber gleichzeitig noch andere Themen damit verknüpfen, fällt Ihnen dies schwer. Im Beruf zeigt sich Ihre Einstellung darin, daß Sie stets beteuern, nur noch eine kurze Zeit und dann würde alles besser. Sie verschieben alle anderen Interessen auf Ihr Pensionsalter. Sie und Ihr blendender Verstand brauchen die Betätigung, Dinge zu bewegen ist Ihnen ein Vergnügen. Aber lernen Sie rechtzeitig den Wechsel zwischen Arbeit und Entspannung. Ihr wacher Verstand gaukelt Ihnen vor, alles kalkulieren zu können, und Sie haben Erfolg in materieller Hinsicht. Aber vergessen Sie nicht die Freude und das Genießen des Lebens, sonst könnte Sie plötzlich ein Gefühl der Sinnlosigkeit des Lebens überfallen. Sie könnten jetzt vor die Entscheidung gestellt werden, ein weiteres großes Geschäft mit Erfolg zu tätigen oder es für ein privates Vergnügen oder für eine innere wichtige Angelegenheit zu opfern. Wählen Sie in diesem Fall das Leben und nicht die Materie. Geben und Nehmen, Gewinn und Opfer müssen in Harmonie gebracht werden. Reisen und Veränderungen stehen jetzt unter günstigen Bedingungen. In Beziehungen übernehmen Sie allzuleicht die Rolle des materiell Gebenden. Denken Sie daran, daß emotionale Geschenke, die Sie manchmal »nur« Ihre Zeit kosten, tiefer sind als die rein pekuniären. Nicht alles läßt sich berechnen und kalkulieren. Auseinandersetzungen in engen Beziehungen liegen Ihnen nicht, denn Sie wollen nach einem anstrengenden Tag Ihre Ruhe haben. Nehmen Sie sich dafür Zeit, denn dem Partner ist es wichtig. Kampfbereit zeigen Sie sich gegenüber Angriffen von außen. Da verteidigen Sie als Ritter Ihre Burg. Im Kreis von Partnern oder Mitarbeitern erwarten Sie Geschlossenheit.

Ihnen als *Vogelhalter* sagt die Krähe, daß Sie häufig zu fixiert auf andere sind. Das können Vögel oder Familienmitglieder sein. Wenn

jemand leidet, leiden Sie stets mit. Ständig wollen Sie fiktive Erwartungen erfüllen, die anscheinend an Sie gestellt werden. Aber diese Erwartungen existieren nur in Ihrer Vorstellung. Sie sind eine Projektion Ihres negativen Denkens. Solange Sie dies nicht ablegen, werden Sie auch mit Ihren Vögeln stets Probleme haben, denn Sie wollen leiden, und das heißt, andere müssen mitleiden. Sie leben in steter Sorge, was morgen nicht wieder alles passieren könnte. Leben Sie jetzt und lernen Sie, jeden Augenblick davon zu lieben und zu genießen. Die Krähe lehrt uns die Kunst des Lebens, und Sie werden durch diese Erfahrung feststellen, welch reiche Welt sich hinter Ihrer Vogelwelt verbirgt.
Als *Künstler* fühlen Sie sich wohler in der Gemeinschaft, und ein Solistendasein würde Ihnen nicht behagen. Sie brauchen den Umgang der Kollegen, die Atmosphäre und den Tratsch. Sie lieben das Gespräch und die Diskussion. Es ist Ihnen am liebsten, wenn die anderen organisieren. Wie bei allen Rabenvögeln herrscht bei den Krähen ein strenger Ehrenkodex. Anpassungsfähigkeit wird verlangt, sonst erfolgt der Ausschluß aus der Gemeinschaft. Das gleiche Thema herrscht in Ihrem Unterbewußtsein: Sich stets anzupassen, Angst, den Anschluß an die Gemeinschaft zu verlieren. Dies erfordert eine stetige Selbstaufgabe und die Abgabe Ihrer Selbstverantwortung. Es ist zwar schön, die Annehmlichkeiten der Gemeinschaft zu genießen, aber es hat seinen Preis. Vielleicht täte es Ihnen gut, wieder einen Bereich zu entwickeln, in dem Sie selbst etwas tun und Verantwortung tragen müssen. Das kann eine Aufgabe in der Gemeinschaft sein, in der Kammermusik oder wo auch immer. Nur so stärken Sie die Kräfte Ihrer Individualität, die auch der Gemeinschaft zukommen.

Spirituelle Deutung

Thema: Eigenverantwortung – Ausschließlichkeit
Auf Ihrem Weg bringt Sie die Krähe in Kontakt mit Kräften wie Zielstrebigkeit und mentalem Stolz. Es geht um Ihre Einstellung

zum Irdischen, nachdem Sie eine gewisse mentale Entwicklung erreicht haben. Sie haben eine Vision oder ein Ideal auf der mentalen Ebene erschaut. Es könnte nun sein, daß diese Vision für Sie das alleinige Kriterium wird, wie Sie Dinge betrachten. Jeder, der diese Bedingungen nicht erfüllt, läuft Gefahr, abgeurteilt zu werden. Eine Vision aber muß in der Gegenwart auch verwirklicht und nicht als abstrakter Gedanke gepflegt werden. Jeder durch Meditation errungene Gedanke ist sehr kraftvoll. Nähren wir die Substanz dieses Gedankens einseitig, so können wir selbst von ihm erschlagen werden. Er besetzt unser Leben und wird zur fixen Idee. Damit beginnen wir uns vom Leben abzukoppeln und uns zu verhärten. Aus diesem Grunde ist es wichtig, daß Sie Ihre Gedanken leben und in die Tat umsetzen. Der Körper ist das Instrument der Seele, und es ist seine Aufgabe, uns die Reise durchs Irdische zu ermöglichen. Wir wären nicht auf dieser Erde, wenn es für uns nicht die beste Schulung wäre und wir hier nichts mehr zu erledigen hätten. Pflegen Sie reine und aufbauende Gedanken, rechte Motive und rechtes Wünschen. Seien Sie stark in Ihrer Zielstrebigkeit, aber pflegen Sie auch die Kräfte des Mitgefühls und der Güte. So erreichen Sie den Pfad der Mitte. Vergessen Sie nicht, daß das irdische Leben noch große Bedeutung hat und Sie es nicht vernachlässigen dürfen. Gerade das göttliche Wirken im irdischen Treiben zu erkennen und die eigenen seelischen Kräfte zum Ausdruck zu bringen, ist Ihre Aufgabe. »Geben Sie dem Kaiser, was des Kaisers ist.« Erinnern Sie sich an das Bild der Krähe, die eine Goldmünze im Schnabel hält.

Kranich ☼ E

Zeichen der Kreativität und des Wissens

Affirmation: »Mein Tanz und meine Trompetenstimme begrüßen die Sonne.«

Allgemeine Deutung

Bringer des Frühlings und der Lebensfreude ist der Kranich. Bringen Sie Ihre Lebenskräfte in Gang, erwecken Sie die innere Kraft durch Tanz und Musik. Der kreative Ausdruck bringt Ihnen Lebensfreude. Lassen Sie andere daran teilhaben. Lassen Sie diese innere Freude und Kraft ausstrahlen. Kraniche sollen vor Nachstellungen gegen Feinde helfen. Viele Sprichwörter besagen, daß dort, wo Musik und Freude herrschen, die Hinterlist keinen Platz hat. Sie spüren in sich diese Sehnsucht nach dem Unendlichen, nach der Unendlichkeit der Gefühle. Dies sollte nicht Ihre Lebensfreude trüben und Sie zur Klage bewegen. Drücken Sie sich künstlerisch aus, so daß Ihre Freude nach außen tritt. Ritus und Zeremonie sind für Sie sehr wichtig. Suchen Sie sich einen entsprechenden rituellen Weg und entwickeln Sie die Ausdauer dafür. Im Moment mag Ihr Leben noch eher einem Labyrinth gleichen, doch vertrauen Sie darauf, daß sich Ihr Leben am jetzt im besten Sinne entwickeln wird.

Persönlichkeitsentfaltung

Im Privatbereich sollten Sie Ihre jetzige Situation festigen und ausbauen. Komplette Veränderungen hätten einen ungewissen Ausgang. Der Ausgangspunkt, an dem Sie jetzt stehen, bietet viele Entwicklungsmöglichkeiten, über die es sich lohnt, tief nachzudenken. Erfolg stellt sich in Unternehmungen ein, die einen bestimmten Ritus oder genauen Regeln unterliegen. Vielleicht wird auch die Aufnahme in einen Kreis möglich, in dem das rituelle, zeremonielle Element eine wichtige Rolle spielt. Alles ist im Moment Ihrer

Stellung und Ihrem Ansehen förderlich. Vieles, das Sie in vergangener Arbeit vorbereitet haben, dringt jetzt ans Tageslicht. In Beziehungen ist Ihnen das gemeinsame Tun und Genießen wichtig. Lebensfreude und dessen Ausdruck ist Ihnen ein Anliegen in jeder Partnerschaft. Aber geordnet muß es zugehen, alles muß seinen Rahmen haben. Unbestimmte Sehnsüchte sollten Sie im Moment zurückstellen, bis eine bessere Zeit für deren Erfüllung naht.
Ihnen als *Vogelhalter* bringen die gefiederten Freunde viel Lebensfreude und Kraft, die anderen Menschen wieder zugute kommen können. Über das Studium der Bewegung und des Balzverhaltens, über die Rituale der Vögel erschließt sich Ihnen eine Welt der Farben und Wahrnehmungsfähigkeiten.
Als *Künstler* ist für Sie der rituelle Charakter eines Konzerts wichtig. Deshalb haben Sie ein Faible für geistliche oder spirituelle Musik. Ihre Gefühle sind sehr tief und Sie sind nah am Wasser gebaut. Eine große Sehnsucht wohnt in Ihnen. Es ist gut, daß Sie die Musik haben, durch die Sie diese Gefühle ausdrücken können. Sehr gut wäre es, wenn Sie Körperbewegungen oder Tanz in Ihre Musik mit einbeziehen könnten. Es würde beim Üben zu Hause vollauf genügen. Das würde Ihre Emotionen körperlich verankern, und so würden Sie von ihnen nicht mehr ohne weiteres überflutet. Das würde Ihrer Musik neben tiefer Emotion auch noch einen Schuß Vitalität bringen. Denn häufig verlieren Sie sich in der Emotion der Musik. Sie wollen überall genußvoll auskosten, gerade an den vielen melancholischen Stellen. Dadurch verlieren Sie Puls und Spannung in der Musik. Da hilft Ihnen die körperliche Energetik viel.

Spirituelle Deutung

Thema: Lebensfreude – Verstrickung
Der Kranich konfrontiert Sie mit dem Thema Illusion, das auch mit dem Mythos des Tierkreiszeichens Stier verknüpft wird. Das Labyrinth des Minotaurus ist ein perfektes Symbol der Illusion. Es liegt auf einer Insel, was die Abtrennung des Selbst von der universellen

Einheit symbolisiert. Die vielen Wünsche und Begierden auf der Ebene der materiellen Form bilden das Labyrinth und somit die Illusion. Ein wichtiger Faktor dabei ist die Sexualkraft. Für Sie selbst ist es Zeit, über Ihre Sexualität nachzudenken. Auf welcher Ebene siedeln Sie diese Kraft an? Können Sie sich ihr nicht entziehen, unterliegen ihrer Magie oder verteufeln Sie diese Kraft als Hemmschuh spiritueller Entwicklung? Es gilt, ein gesundes Verhältnis zu dieser Kraft zu gewinnen, auch vom spirituellen Standpunkt aus. Gott ist die Gesamtheit aller lebendigen Erscheinungen und entspricht als Bild dem Festland. Die Insel entspricht dem abgesonderten Selbst, das um sich herum Mauer um Mauer zieht, bis ein perfektes Labyrinth an Illusionen daraus entsteht. Die Sexualität ist die Kraft, die Beziehungen herstellt. Sie ist magnetische Anziehung, Begehren, Anziehungskraft für männliche und weibliche Kraft, Impuls zum Göttlichen hin, schöpferische Zeugungskraft und vieles mehr. Mit dem Mythos des Kranichs und Stiers sind die Begriffe Licht und Ton verbunden, als Weg zur Erleuchtung und als schöpferische Kraft. Das Thema, mit dem Sie sich auseinandersetzen müssen, ist das Thema der Anziehung. Studieren Sie, welche Wirkung sie auf Sie zeigt. Wie wenden Sie diese Kraft selbst an? Studieren Sie diese auch in Ihren schöpferischen Tätigkeiten. Reiten Sie den Kranich, was bedeutet, zügeln Sie die Energien Ihrer Wunschnatur, die Ihre Entwicklung hindern.

Kreuzschnabel ☼ L

Zeichen der Materie und Verwirklichung

Affirmation: »Ich trage die Last dieser Welt.«

Allgemeine Deutung

Sie haben das Gefühl, daß Sie alle Last dieser Erde tragen, daß Ihre Kräfte kaum noch reichen. Sie kommen sich wie ein Hamster im

Rad vor. Sie arbeiten ständig, investieren Kraft und doch scheint wenig dabei herauszukommen. Gerne hätten Sie einmal das Gefühl »Jetzt ist es geschafft!« Aber es geht weiter und weiter, scheint nie zu enden. Der Kreuzschnabel ist ja der Weihnachtszeit zugeordnet, damit dem Zeichen des Steinbocks: Das Leben als Last, Pflicht und Begrenzung der Möglichkeiten. Sie sollten sich auf die höhere Absicht Ihrer Seele konzentrieren, die diese Anstrengung nicht umsonst fordert. Viele Möglichkeiten verteilen die Kräfte auch auf viele verschiedene Kanäle. Was Sie lernen sollen, ist die Kraft der Konzentration, das heißt, Ihre Kraft wird in einen Kanal gelenkt. Das gibt diesem Kanal eine ungeheuere Kraft und Stärke. Solange Sie nicht akzeptieren, daß Ihr Leben eine Aufgabe hat, wird Ihnen das Schicksal nur Last sein. Bestimmen Sie selbst den Bereich Ihres Dienens. Ihr Endziel ist, zum Heiler und Helfer anderer zu werden. Sie werden stets für andere dasein müssen, das ist Ihre Bestimmung. Werden Sie zu der Heilergestalt, die in Ihnen ruht. Sie werden viel Segensreiches tun können und dabei wirkliche Befriedigung erfahren, auch wenn die Arbeit nicht weniger wird. Sie haben jetzt ein höheres Ziel. Setzen Sie sich ab und zu unter eine Kiefer oder Fichte, nutzen Sie deren Aroma. Beschäftigen Sie sich mit Hölzern und deren Gestaltung, und Sie werden dabei die Sensitivität Ihrer Hände fördern.

Persönlichkeitsentfaltung

Im Privatbereich fehlt Ihnen im Moment das Selbstvertrauen. Sie sind müde und zögerlich, haben nicht das Gefühl, etwas schaffen zu können. Manchmal wird diese innere Müdigkeit auch zur Krankheit. Es ist keine Zeit, große Ziele anzugehen. Schätzen Sie Ihre Kräfte realistisch ein und zeigen Sie Durchhaltevermögen. Sie müssen lernen, sich selbst und Situationen in Ihrem Leben nüchtern einzuschätzen. Der Kreislauf von Gesundheit und Krankheit, Tod und Leben spielt in Ihrem Denken eine Rolle, und wenn Sie sich bisher nicht damit auseinandergesetzt haben, so kann Sie dies erst einmal depressiv stimmen. Sobald Sie das Leben wieder bejahen, werden sich Ihre Energien steigern. Durch die Polaritäten, die das Kreuz des Lebens bilden, lernen Sie einen bewußteren Umgang mit sich und der Welt. In Ihren Beziehungen suchen Sie im Moment Verständnis und Gespräche mit Tiefgang über den Sinn des Lebens. Das wird Ihnen neue Kreise öffnen mit Menschen, die sich feingeistig mit dem Leben auseinandersetzen, für die geistige Erscheinungen kein leeres Wort sind. Meiden Sie im Moment Kontakt zu Personen, die negativ denken, denn dies könnte Ihre Depression unnötig vertiefen. Suchen Sie Menschen und Umgebungen auf, die Ihren Lebensmut und Ihre Lebenskraft stärken. Etwas Neues wird in Ihr Leben treten, das frische Energien für Veränderungen bringt.

Dem *Vogelhalter* zeigt der Kreuzschnabel, daß es viele Schwierigkeiten gibt und eine Menge Arbeit. Lernen Sie Ihre Kräfte zu organisieren und die Fähigkeit der Konzentration. Sie werden bald merken, wie heilend das auf Sie und andere wirkt. Sie können starke Heilkräfte in sich entwickeln. Setzen Sie sich ins Vogelzimmer oder in die Nähe Ihrer Vögel, schließen Sie die Augen und lassen Sie die Vögel auf sich wirken. Sie werden staunen, was Sie plötzlich alles verstehen.

Der Kreuzschnabel ist für den *Künstler* und vor allem Musiker von großer Bedeutung. Lebt er doch von Nadelbäumen, dem Klangholz schlechthin für Instrumente. Vor allem für die schwingungsfähigen Decken wird die Fichte verwendet. Die Nadelbäume sollen den Menschen Krankheiten abnehmen können, und ebenso besitzt die Musik erfrischende und heilende Wirkung. Für Sie ist der Heilaspekt der Musik besonders wichtig. Sie sind interessiert am Bau der Instrumente, an den Hölzern. Es ist gut, wenn Sie sich damit beschäftigen, denn es wirkt heilend auf Sie. Sie resonieren auf ganz feine Schwingungen und haben das gewisse Etwas in Ihren Händen. Nutzen Sie diese Fähigkeit.

Spirituelle Deutung

Thema: Energiefluß – Stagnation

Der Kreuzschnabel bringt Sie in Kontakt mit den heilerischen Kräften. Viele Menschen spüren diese besondere Kraft in den Händen. So auch Sie. Solange Sie diese Energien nicht kontrollieren, verlieren Sie viel davon, da Sie energieschwächere Menschen versorgen. Es gibt den Extremfall, wo Menschen, die mit ihrer physischen Energie heilen, so viel Ätherenergie verlieren, daß sie nachher selbst krank werden. Wird der Ätherkörper in Unordnung gebracht, hat das Folgen für die eigene Energetik und das Wohlbefinden. Lernen Sie das Heilen mit den Händen, das Verteilen der Energien und die richtige innere Einstellung dazu. So können Sie wahrhaft zum Helfer werden. Für den Dienst der Heilung ist es wichtig, daß in uns selbst die Energien richtig verteilt sind und frei fließen. In Krankheit und Erschöpfung brauchen wir selbst diese Energien und können wenig davon abgeben. Vielerlei Richtungen an spirituellem Heilen werden heute angeboten. Suchen Sie sich eine natürliche, einfache Methode aus, die vielleicht sogar natürliche Heilkräfte wie Aroma und Duft miteinbezieht. Nutzen Sie die uralten Heilkräfte der Natur, die nach einfachen Gesetzen arbeiten und widmen Sie sich nicht irgendwelchen erkünstelten mentalen Methoden, deren es heute so viele gibt.

Kuckuck ☼ L

Zeichen der Emotion

Affirmation: »Nichts ist so, wie es ist. Ich bin der einsame Narr der Welt.«

Allgemeine Deutung

Der Kuckuck als Künder des Frühlings war für Verliebte und Verheiratete ein gutes Omen. Ebenso verhinderte er aber auch

Ehebruch. Da sein gleichförmiger Ruf uns lockt, er aber nie zu finden ist, gilt er als Schelm. Er ist damit zum Sinnbild auch der Täuschung und Illusion geworden. Viel ist zur Zeit in Ihrem Leben los. Aber die Frage ist, ob die Fundamente und Ziele auch nach sicheren Werten gewählt sind. Bei aller Begeisterung, Kraft und Idealismus sollten Sie stets die Dinge klar prüfen. Im Überschwang verliert man oft den Boden unter den Füßen, und später steht man als Narr da. Dies passiert sehr leicht bei jung Verliebten, die von Wünschen und Träumen geleitet werden. Überprüfen Sie Ihre Beziehungen auf ihren Realitätsgehalt. Manchmal tut ein Rückzug in die Einsamkeit gut, um die Dinge klarer zu sehen. Lernen Sie vor allem auch zuzuhören, und sprechen Sie nicht nur von sich selbst. Achten Sie sorgfältig auf Ihre Unternehmungen, daß man sich Ihnen gegenüber nicht undankbar verhält. Einsamkeit macht schwermütig. Leben Sie deshalb Ihren Humor.

Persönlichkeitsentfaltung

Im Privatleben brechen Sie zu neuen Zielen auf, reißen die alten Zelte ab. Dies kann so rigoros sein, daß Sie sich aus gesicherten Bedingungen lösen, um einem inneren Traum nachzugehen. Dies ist eine gute Zeit, sich von alten Strukturen zu lösen und seine Sehnsüchte zu erfüllen. Sie haben die inneren und äußeren Grundlagen für eine solche Unternehmung. Dies mag in Ihrem Umkreis ein Kopfschütteln auslösen, aber heimlich bewundert man Sie für Ihren Mut und mancher würde am liebsten mit aufbrechen, wenn es nicht tausend wichtige Gründe im Moment dagegen gäbe. Dieser Entschluß wird Sie zu tiefen Einsichten über das Leben führen und wird Ihnen inneren Frieden bescheren. Ob in Beruf oder Beziehung, alles ist im Moment im Aufbruch und im Fluß. Sie können sich nur auf sich selbst verlassen. Tun Sie das Wesentliche einer Arbeit und delegieren Sie die nicht so wichtigen Arbeiten an andere.
Dem *Vogelhalter* zeigt der Kuckuck, daß man sich nicht von seiner Begeisterung für die Vogelhaltung hinreißen lassen und immer noch

mehr Vögel anschaffen sollte. Prüfen Sie, ob Sie auch die Voraussetzungen mitbringen, noch mehr Tiere zu versorgen, und ob Ihre Familie und Nachbarn mitziehen. Werden Sie nicht zum wahren »Tiernarr«. Die Klarheit Ihres Blicks kann Sie zu einem guten Ratgeber machen. Die Zeit der Fruchtbarkeit gibt Ihnen wertvolle Einblicke ins Vogelleben. Lernen Sie, Ihre Tiere mit dem »dritten Auge« zu beobachten, damit nehmen Sie mehr wahr als mit den physischen Augen.

Als *Künstler* sind Sie noch in der Phase Ihrer Entwicklung, wo der Ruf der großen Welt und die »Seifenblase Ruhm« locken, um es mit Shakespeare zu sagen. Sie wissen nur noch nicht, wie Ruhm zu erlangen ist. Häufig beginnen Sie einen Weg, brechen ihn dann ab, weil Sie einen besseren gefunden zu haben glauben. Wenn Sie noch jung sind, ist diese Zeit der Irrungen und Wirrungen in Kunst und Liebe eine schöne und wichtige Phase. Irgendwann muß der Kuckuck sich zum Falken wandeln, der seinen Weg gefunden hat. Sind Sie schon älter und reif an Erfahrung, dann kann dies eine Gratwanderung sein, die Sie zum Schluß allein als Narren dastehen läßt. Da wäre es wirklich an der Zeit, wie der Kuckuck die Einsamkeit aufzusuchen und über die wirklichen Werte im Leben zu meditieren. Dann können Sie Ihren Weg mit Sicherheit weitergehen.

Spirituelle Deutung

Thema: Isolation – Resonanz

Der Kuckuck wird der Sonne zugeschrieben, in seiner phallischen Bedeutung als Fruchtbarkeitsgott auch dem Mond. Auf der spirituellen Ebene gilt es für Sie, sich mit dem Wesen des Mantra auseinanderzusetzen. Dazu gehört die Fähigkeit, sich in das innere Wesen einer Form hineinzuversetzen, um den göttlichen Wesenskern wahrzunehmen, den die Formhülle verbirgt. Eine solchermaßen erkannte innere Wahrheit in Worte zu kleiden, ist die Aufgabe. Das göttliche Wort, das der wahre Namen und Ursprung jeder Erscheinung ist und das jedem Wesen innewohnt, ist die Kunst des Mantra. Die Mantra sind Worte magischer Kraft. Es geht um das Verständnis von Rhythmus, Schwingung, Laut und Ton. Ordnet man die Worte oder Silben rhythmisch an, mit Berücksichtigung der Tonlage, so erzeugen sie auf der ihnen bestimmten Ebene spezifische Wirkungen. Sie sind der Schlüssel, wie man sich Zugang verschaffen kann zu den verschiedenen Energieebenen und ihren Kräften. Bemühen Sie sich um diese alte Wissenschaft. Es ist die wahre Kunst des Wortes und des Schalls. Es wird Ihre intuitive Seite fördern, da es für Sie nicht einfach war, wirklich mit anderen Menschen mitzufühlen. Das hat ein Gefühl der Isolation bewirkt. Aber diese Einsamkeit hat eine wichtige Kraft für Sie, ist dies doch der Zustand der Waldeinsamkeit, aus der ein Kuckuck die Essenz seines Selbst, seine Weisheit ziehen kann. Es bedarf der Fähigkeit zur Stille, um die innere Stimme wahrzunehmen. Und manchmal führt das Schicksal uns eben diese äußere Stille in unser Leben, wo sich nichts mehr bewegt, wo nichts mehr los ist und uns das Gefühl nagender Einsamkeit beschleicht. Sehen Sie es als Aufforderung Ihres inneren Selbst, das sich Gehör verschaffen möchte. Lernen Sie der inneren Stimme zuzuhören und arbeiten Sie an Ihrem wörtlichen Ausdruck erkannter und erfühlter Wahrheiten. So können Sie Vermittler geistigen Wissens aus höheren Ebenen Ihres Selbst werden.

Lerche ☼ L

Zeichen der Emotion

Affirmation: »Jubelnd steige ich mit der Sonne empor.«

Allgemeine Deutung

Die Lerche symbolisiert die alles treibende Frühlingskraft. Sie überschlägt sich in ihrem Gesang förmlich vor Energie und gilt daher als Symbol des Jubels und der Lobpreisung. Sie ist die Kraft der Hoffnung und ist auch ein Bild für die ewig wiederkehrende

Erneuerung durch den Frühling. Ihnen zeigt Sie, daß etwas völlig Neues für Sie anbricht, daß Ihr Leben an einen neuen Anfang kommt. Viel Energie steht Ihnen jetzt zur Verfügung, eine Zeit neuen kreativen Wachstums beginnt. Vieles wird sich in Ihrem Umkreis erneuern und neue Hoffnung tut sich auf. Entwickeln Sie die Gabe der Rede und der Musik in sich. So können Sie vielen Menschen ein Hoffnungssymbol sein.

Persönlichkeitsentfaltung

Im Privatbereich sind Sie in euphorischer Stimmung. Nichts erscheint zu schwer, kein Weg zu weit. So können Sie viele Dinge gleichzeitig umsetzen und Ihr Erfolg beflügelt auch andere Menschen. Sie können Ihre Mitmenschen und Kollegen in der Tat begeistern, so daß ungewöhnliche Leistungen möglich werden. Innerlich sind Sie dankbar für diese Stimmung. Freude und Leichtigkeit begleiten Ihren Weg. Berufung ist kein leeres Wort für Sie, und Sie haben das Gefühl, am richtigen Platz zu stehen. In Beziehungen gibt Ihnen dies viel Geduld mit anderen, die im Moment vielleicht nicht in dieser Phase sind. Ihr Optimismus wirkt auch hier heilend und stützend. Die Liebe beflügelt Sie und inspiriert Ihr Tun.
Dem *Vogelhalter* zeigt die Lerche, daß ihm Vögel viel Hoffnung geben und er viel Energie aus ihnen zieht. Haben Sie einen kranken Vogel, können Sie dessen Selbstheilungskräfte durch Ihren Optimismus anregen. Lauschen Sie dem Vogelgesang, er gestattet Ihnen einen interessanten Einstieg in die Vogelwelt. Untersuchen Sie die Wirkung von Musik auf Vögel.
Als *Künstler* steht Ihnen eine sehr schöpferische Zeit bevor. Sie haben viel positive Energie zur Verfügung, so daß Sie auch schwere Aufgaben leicht bewältigen können. Das Virtuose, Artistische zieht Sie an und die Herausforderung reizt Sie. Sie leisten das Höchste, für das Sie andere bewundern.

Spirituelle Deutung

Thema: Ich-Betonung – Demut (Hingabe)

Die Lerche symbolisiert auf niederer Ebene das Gebet, dessen höchste Entfaltung in der Kunst der Innovation und Evokation besteht. Voraussetzung dafür ist eine integrierte Persönlichkeit, die alle ihre Kräfte in einer Spannung konzentriert. Diese Kunst ist die Grundlage jeden Fortschritts, da sie Wechselbeziehungen herstellt zwischen dem Angerufenen und dem Anrufer. Sie äußert sich als Ausstrahlung, stimmloser, stiller Anruf und als angeborener Drang zum Licht. Die Lerche schwingt sich auf, eine Energiebündelung höchster Art, jubiliert in ihrem Gesang, bis sie sich mit der Sonne vereinigt. Jedes Lebewesen hat diesen Drang zum Licht, die Pflanze, die sich aus der Erde schält, das Kind, das aus dem Mutterleib kommt, und der irdische Mensch, der nach Licht und Weisheit strebt. Es ist der Weg der solaren Einweihung, die uns Entwicklung bringt. Der Weg des Eingeweihten geht von der Dunkelheit zum Licht, von der Illusion zur Wirklichkeit und damit vom Tod zum Leben. Invokation ist die Anrufung der größeren Lebenseinheit, die wir meist als Gott bezeichnen, und Evokation ist die Antwort auf diesen Ruf. Ihnen zeigt die Lerche an, daß es an der Zeit ist, Religiosität in Ihr Leben einzubauen. Pflegen Sie täglich eine Form des Gebets, lernen Sie sich innerlich sammeln und konzentrieren Sie sich auf Ihre innere Sonne. Meditieren Sie über das Bild mit der Lerche, die sich jubelnd zur Sonne aufschwingt. Pflegen Sie selbst Ihren eigenen Gesang, denn er konzentriert positive Kraft in Ihnen, die Ihnen über die vielen negativen Erfahrungen in Ihrem Lebensumfeld hinweghilft, Ihnen Mut für eine positive Zukunft gibt. Mit Ihrem Gebet können Sie vielen Menschen helfen. Astrologisch wird die Lerche Sonne und Merkur zugeordnet. Dies gibt eine starke Energie für Ihren Selbstausdruck, der sehr egozentriert sein kann. Ihr Standpunkt ist zentral für Sie, weil er aus Ihrem Innern kommt. Auch wenn die Logik manchmal gegen ihn spricht. Objektivität und die Sicht des größeren Ganzen gilt es zu lernen. Vor allem die

Rückbindung (= religio, lat.) Ihres Selbst und Ihrer Subjektivität an das größere Ganze ist eine wichtige spirituelle Aufgabe für Sie. Pflegen Sie das Künstlerische und arbeiten Sie mit Ihrer Stimme, um das Geheimnis der Ekstase zu erfahren. Begeisterung ist Ihr Weg.

Meise ☼ L

Zeichen der Emotion

Affirmation: »Alles Neue belebt mich.«

Allgemeine Deutung

Sie sind stets auf Neuigkeiten aus, die Sie beleben. Kommunikation und Austausch sind für Sie lebenswichtig. Ihre Neugier ist grenzenlos, was Sie zu vielen neuen Ufern führen kann. Sie lieben es, Geheimnisse Ihrer Mitmenschen aufzudecken, aber denken Sie daran, daß dies einer Aneignung von Lebensenergie der anderen Person entspricht. Sie wissen etwas, und damit halten Sie ein Stück des Lebens des anderen in Ihren Händen. Die Gier nach Neuem ist eine raffinierte Technik Ihres Unterbewußtseins, von der eigenen Leere im Leben abzulenken. Es führt zu Vermeidung, das eigene Leben zu leben. Pflegen Sie deshalb die gesunde Neugier, indem Sie auf sich selbst und die in Ihnen steckenden Potentiale neugierig sind. Lenken Sie nicht von sich ab. Seien Sie im Moment bei Unternehmungen nicht zu vorwitzig, sondern üben Sie Zurückhaltung in allen Dingen. Für Freunde und Nachbarn sind Sie ein wahrer Lebensquell, und alle Menschen in Ihrer Nähe spielen eine wichtige Rolle in Ihrem Leben.

Persönlichkeitsentfaltung

Im Privatleben lieben Sie den geselligen Umgang mit anderen. Am liebsten arbeiten Sie mit anderen zusammen. Sie sind kein Solist. Die Gruppe macht Sie stark. Die leichten, lockeren Seiten des Lebens sind Ihnen im Moment wichtig. Und dies ist auch gut so. Wichtig ist, daß Sie jetzt keine Kapriolen schlagen, lassen Sie den Dingen einfach ihren Lauf. Schwimmen Sie mit der Strömung. Dies schafft Harmonie und gibt neue Kraft. In Ihren Beziehungen spielt das gesellige Miteinander eine wichtige Rolle. In dieser Zeit wären Sie auch nicht gerüstet, mit tiefschürfenden Problemen umzugehen. Unkompliziertheit ist das Motto dieser Phase. Der enge Kreis von Familie und Nachbarn ist Ihr bevorzugter Wirkungskreis.

Für den *Vogelhalter* zeigt die Meise, daß Sie sich sehr bemühen sollten, Ihren gefiederten Freunden Beschäftigung und Abwechslung zukommen zu lassen. Entwickeln Sie Phantasie, um den Spieltrieb der Vögel anzuregen.

Dem *Künstler* zeigt dieses Zeichen, daß es klug wäre, sich von Tratsch und Gerede zurückzuziehen. Dies kostet unnötig Energie und schafft negative Gedanken. Pflegen Sie eine offene Kommunikation und sehen Sie andere als Kollegen und Menschen, die ein gleiches Ziel wie Sie haben. Vermeiden Sie Rivalität.

Nachtigall ☾ L

Zeichen der Liebe und Beziehung

Affirmation: »In meinem Gesang liegt eine Macht, Leben zu erwecken, aber es liegt auch ewige Sehnsucht darin.«

Allgemeine Deutung

Der Gesang der Nachtigall bei Vollmond hat auch heute noch etwas sehr Mystisches für den Menschen. Es ist eine Liebesbotschaft an die verlorene Sonne und deshalb wohl so seufzend und klagend. Aber gleichzeitig spielt der Vollmond in diesem Bild eine große Rolle, symbolisiert er doch die Anwesenheit der Sonne (Seele) auch in dunkler Nacht. So hat ihr Gesang die Macht, die Sonne in der Dunkelheit zu rufen. Der Mond steht aber auch für Wandelbarkeit und Vergänglichkeit, zwei Kräfte, unter denen Sie manches Mal leiden. Sie hätten lieber alles dauerhaft und für ewig. Jedes Kind, das durch die Dunkelheit geht, macht sich Mut durch ein Lied. Sie scheinen im Moment eine schwere Zeit in Ihrem Leben zu haben, alles erscheint sinnlos, die Zukunft dunkel. Singen Sie ein Lied oder hören Sie dem Gesang der Vögel zu und Sie werden merken, wie dies Ihre Lebenskraft positiv beeinflußt. Beschäftigen Sie sich mit der Macht des Klangs und der Stimme und Sie werden eine Verwandlung erfahren. Die Nachtigall ist das Wesen der Musik, ihre Melodie und ihr Gesang sollen selbst Tote erwecken können. Ihre Seele wird beschwingt durch Musik. Denken Sie nicht zu stark an Vergangenes und betrauern Sie nicht die Vergänglichkeit aller Dinge. Denken Sie an die allesverbindende Macht der Liebe. Schieben Sie Ihre Angst, die Vernunft zu verlieren, beiseite, lassen Sie sich auf die Verlockungen des Lebens ein. Leben Sie Ihre poetische Seite. Tiefe Gefühle bewegen Sie im Moment. Verhelfen Sie ihnen zum Ausdruck, real oder künstlerisch. Damit erhöhen Sie Ihr alltägliches Sein und verzaubern es.

Persönlichkeitsentfaltung

Im Privatleben leben Sie im Moment stark in der Vergangenheit. Mit Wehmut denken Sie an vergangene Zeiten zurück. Es fällt Ihnen schwer, die Gegenwart anzunehmen, lieber kramen Sie in Erinnerungen unter dem Motto »Was wäre gewesen, wenn …«. Aber die Zeit geht weiter, und Sie müssen lernen, Gegenwart und Vergangenheit sinnvoll zu verknüpfen, um einen guten Start für Zukünftiges zu haben. Sind Sie künstlerisch tätig, so können Sie diese etwas melancholische Stimmung, die auch eine stark erotische Komponente trägt, für fruchtbare Arbeit nutzen. Schwieriger ist dieses Zeichen im normalen beruflichen Alltag. Da liegt Ihre äußere Produktivität eher lahm, da diese in die inneren Bilderwelten, in die Träume hineinverlegt ist. In Beziehungen projizieren Sie im Moment eher Wunschträume auf einen Partner, so daß Vorsicht angesagt ist, da der Fall aus der Illusion in die Wirklichkeit hart werden könnte. Von der Liebe erwarten Sie eine entscheidende Veränderung in Ihrem Leben. Die besten Chancen, dieses Zeichen zu nutzen, liegen im kreativen Bereich.

Ihnen als *Vogelhalter* zeigt das Symbol, daß Sie vor allem über die auditive Wahrnehmung einen Zugang zur Vogelwelt bekommen können. Im inneren Zuhören können Sie viel über die magische Kraft der Stimme, auch über Ihre eigene Stimme, erfahren. Sie haben viel Mitleid mit den Tieren und ein weites Herz. Drücken Sie Ihre Emotionen kreativ aus durch Musizieren oder Dichten. Haben Sie schon mal daran gedacht, Ihre Erlebnisse mit Tieren aufzuschreiben? Jetzt wäre eine gute Gelegenheit dazu.

Für den *Künstler* hat die Nachtigall eine besondere Stellung. Ist sie doch der Inbegriff von magischer Musik und Dichtung. In den östlichen Länder ist sie übrigens männlich, *der* Nachtigall. Der mächtige Nachtigall entfesselt die ganze Macht der Musik mit Hilfe seines Gesangs und seiner Atemkraft. Vielleicht fühlen Sie sich besonders zum Gesang hingezogen, auf jeden Fall wird Ihre Ausdruckskraft auch als Instrumentalist enorm zunehmen, wenn Sie sich mit Atem und Singkunst beschäftigen. Dazu haben Sie den Effekt, daß sich Ihre schwankende Emotionalität stabilisiert. »Himmelhoch jauchzend« und »zu Tode betrübt« wird sich zur ausgeglichenen Stimmung einpendeln. Beide Pendelbewegungen sind Ausdruck für den steten Wechsel des Lebens, und auf Dunkelheit folgt Sonnenschein. Der Musiker speziell muß in jedem Augenblick eine der entsprechenden Stimmungen zaubern können, ohne dabei seine innere Gemütsverfassung zu verlieren.

Spirituelle Deutung

Thema: Verlorenheit – Vereinigung

Die Macht ihres Gesangs bringt die Nachtigall in Verbindung mit Venus und Mond. Machtvoll ist der Ruf Ihrer erotischen Kraft. Sie haben eine starke Sehnsucht nach etwas, das Sie nicht genau definieren können. Es kann der Traumpartner sein, die Suche nach der Dualseele. Was Sie suchen, ist das Aufgehen in einer mystischen Vereinigung, ist die Ekstase. Dies macht Sie beeinflußbar für die Umgebung und für Verführung. Dies hat seine Ursache in der starken Kraft der Hingabe. Auf dem Weg zur Einweihung bedarf es dieser Stufe der Befreiung von der emotionalen Herrschaft, damit eine Verlagerung des Brennpunkts hin zur mentalen Ebene erfolgen kann. Hingabe führt dazu, daß das Feuer des Solarplexus in Aufruhr gerät, was Verblendung und Illusion bewirkt. Die umwandelnde Vermittlung, die jetzt einsetzen muß, liegt in der Kraft der Ergebenheit. Ergebenheit an einen Meister, an ein idealistisches Projekt, an die Kunst und die Musen. Dies bewirkt, daß die Kräfte der unterhalb des Zwerchfells liegenden Zentren nach oben gehoben werden. Der Weg geht über Leid und im Dunkeln, weil die höheren Kräfte der Eingebung noch nicht wirksam sind. Sie haben Ihre Probleme, da Sie sehr lange Ihre Hingabe mit einem emotionalen Zweck dahinter definiert haben. Dies förderte emotionale Verwicklungen und unklare Verhältnisse. Es geht jetzt darum, Ihre Gestaltungskraft einzusetzen. Ihr Weg war bisher, Ihre Umgebung als Mittel zum Zweck zu benutzen, oder sich selbst so anzupassen, daß Ihnen die Umwelt entgegenkam. Sie haben eine Theorie entwickelt, daß in der Welt nur Zweckmäßigkeit angebracht ist. Sie dachten nur daran, was in einer Situation angebracht ist und was nicht, ob sich etwas gehört oder nicht. Dies ist eher ein Standpunkt bürgerlicher Moralität. Aber Liebe und Hingabe bindet sich nicht an Zweck, sonst verliert man sie. Sie ist auch nicht immer schicklich, wie die Aufgabe der frühen griechischen Tempelpriesterinnen zeigt oder die Gestalt der Maria Magdalena in der Bibel. Liebe und Hingabe sind eine starke Energie und eine starke Macht, die natürlich als solche nicht ohne Risiko sind. Entwickeln Sie Ihre individuelle Energie der Ergebenheit und Hingabe auf der Ebene, die für Sie richtig ist. Ein künstlerischer Weg, der viel Ergebenheit erfordert, erotische Kraft in kreativ-künstlerische wandelt, könnte Sie zur Pforte der Einweihung bringen.

Papagei ☼ L

Zeichen der Kreativität und des Wissens

Affirmation: »Meine Macht ist das Wort und ich übermittle heilige Schriften.«

Allgemeine Deutung

Sie lieben Worte über alles und fühlen sich auch zum Schreiben hingezogen. Ihre Worte rufen Begehrlichkeiten wach und wecken Emotionen. Versuchen Sie aber stets, nicht an der leeren Hülle des Wortes zu hängen, sondern versuchen Sie, den Sinn dahinter zu erfassen. Vergessen Sie dabei auch nicht den gesunden Menschenverstand. Bemühen Sie sich, Ihre Worte zu beseelen, denn Worte können auch ein Schutzwall für verborgene tiefe Emotionen sein. Sie tragen in sich die Gabe des inspirierten Lesens und Schreibens. Manchmal wundern Sie sich selbst, wo Ihre Gedanken und Worte herkommen. Seien Sie taktvoll anderen gegenüber, denn Worte können auch verletzen. Worte sind Träger emotionaler Energie. Gerade Ihre Begabung des Verstandes kann aber auch eine Vernachlässigung der sexuellen Kraft bewirken. Achten Sie auf Wohlausgewogenheit. Der Papagei zeigt Ihnen, daß etwas Fremdes, Neues oder Exotisches in Ihr Leben tritt. Dies wird Ihre ganze Aufmerksamkeit fordern und manche alten Ausdrucksweisen über Bord gehen lassen. Sie haben eine Vorliebe für das Besondere, Außergewöhnliche. Bei heiklen Aufgaben ist der Papagei ein guter Helfer.

Persönlichkeitsentfaltung

Im Privatleben gelten Sie in Ihrem Umfeld als bunter Vogel oder Paradiesvogel. Ihre Ideen sind ungewöhnlich und für einfache Gemüter sicherlich schwer zugänglich. Aus diesem Grund ist es wichtig, daß Sie das passende Umfeld finden. Nur dort kann die Bedeutung Ihrer Ideen anerkannt und bewundert werden. Dies fördert Ihre Intentionen. Sie sind sehr beredt, wenn es um eine für Sie wichtige Sache geht, aber oftmals verstehen die anderen nicht den tieferen Sinn hinter den Worten. Deshalb ist das entsprechende Umfeld so wichtig. Großzügiges, übergeordnetes Denken spielt für Sie eine große Rolle. In Alltagsroutine verkümmert Ihre Kreativität. Sie brauchen Freiraum. Sie denken großzügig über alle menschlichen Belange, akzeptieren auch weite Grenzen. Sie selbst setzen aber in Ihrem Leben auf Treue und Zuverlässigkeit. Dies brauchen Sie auch für Ihre Kreativität. Eine starke Beziehung haben Sie zu Tieren und anderen Naturreichen.

Dem *Vogelhalter* zeigt der Papagei an, daß er selbst hinter die Essenz der eigenen Emotionalität kommen muß. Sie wissen ja, daß Papageien nicht auf das Wort und den Laut an sich reagieren, sondern *wie* etwas gesagt wird, mit welcher Intensität und Emotionalität. Sie können von diesen Vögeln viel über Ihre eigene Emotionalität lernen. Tun Sie dies. Sie werden Ihre Vögel viel besser verstehen und diese Sie auch. Es ist nicht wichtig, daß der Papagei Ihre Sprache imitiert, sondern daß Sie seine Laut- und Gebärdensprache verstehen. Dann fühlt er sich verstanden. Schreiben Sie Ihre Erfahrungen nieder.

Als *Künstler* reagieren Sie sehr sensibel auf feinstoffliche Reize aus Ihrer Umwelt. Sie spüren unausgesprochene Regungen von Kollegen oder Zuhörern und lassen sich leicht irritieren in Ihrer Konzentration. Verdrängen Sie diese Empfindungen nicht, sondern artikulieren Sie sie. Es wäre gut für Sie, sich dem Wort zu widmen. Schreiben Sie Dinge, die Ihnen wichtig sind, nieder. Auch als Redner haben Sie eine gute Begabung. In Ihrem künstlerischen

Schaffen lieben Sie ausgefallene Themen und das Exotische. Sie können von fernen Welten erzählen.

Spirituelle Deutung

Thema: Austausch – Nutzen ziehen

Der Papagei bringt Sie den Geheimnissen der Natur auf die Spur. Er kann die menschliche Sprache erlernen und sich somit in der Welt der Tiere wie auch in der der Menschen bewegen. Ihnen zeigt er, daß Sie innere Befähigung haben, mit Tierwelt und Natur in Kommunikation treten zu können. Die Welt der Devas spielt dabei eine Rolle. Devas sind ein Sammelbegriff für Engel aller Art. Sie haben die Möglichkeit, insbesondere mit den feinstofflichen Naturgeistern in Verbindung zu treten, die die Formen in der Natur aufbauen und aufrechterhalten. Sie spinnen das Netz der ätherischen Energien, die ihren Ausdruck in den Formen der Natur finden. Mineralien, Pflanzen und Tiere spielen eine wichtige Rolle in Ihrem Leben. Sie können mithelfen bei dem Unternehmen, diese Welt zu erhalten. Sie können für Tiere und Pflanzen heilend wirken und können zwischen Mensch und Naturreich vermittelnd auftreten. Alle Naturreiche stehen in enger Beziehung zueinander und zum Menschen. Materiellen Nutzen zu ziehen aus den Naturreichen, ist der primitivste Aspekt dieser Beziehung. Er hat sich überlebt, man muß einen neuen Weg der Beziehung finden. Für diese Aufgabe brauchen Sie wahrhaft die Kunst und Ausdauer der Beredsamkeit. Werden Sie nicht verbissen, sondern behalten Sie Ihren tiefgründigen Humor. Diese Kraft wird Ihnen Türen öffnen. Im medialen Bereich können Sie Ihre Kräfte des inspirierten Sprechens und Schreibens schulen. Auf diese Weise können Sie zur Zunge der Götter werden.

Pelikan ☼ W

Zeichen der Heilung

Affirmation: »Ich opfere mich selbst, um anderen zu helfen.«

Allgemeine Deutung

Vom ihm geht die Sage, daß er sich die Brust aufriß, um mit seinem Blut seine Jungen zum Leben zu erwecken. Dies machte ihn zum Sinnbild von Christus dem Erlöser. Es kann sein, daß Menschen oder andere Wesen auf Sie zukommen, die Ihre Hilfe brauchen. Kapseln Sie sich nicht ab, sondern entdecken Sie in sich Ihr Potential an Herzenskraft, das anderen zu helfen vermag. Barmherzigkeit ist ein wahrer Akt von Liebe. Helfen Sie mit Rat und Tat. Sie können es. Sie werden sehen, welch innere Freude Ihnen dies gibt. Denken wir nur an uns selbst, so wird unser Weg nur von Entbehrung und Einsamkeit gezeichnet sein. Helfen schafft Freunde. Es gibt aber auch diejenigen, die sich stets aufopfern, die stets alle Last der anderen übernehmen und häufig deshalb ausgenutzt werden. Denken Sie daran, daß Sie »nur« ein Mensch sind und nicht der ganzen Welt helfen können. Wenn Sie leiden, nützt dies niemandem. Hier wäre es gut, sich etwas in die Einsamkeit zurückzuziehen, um das eigene Kraftpotential wiederaufzuladen und zu sich selbst zu finden. Helfen heißt auch, sich selbst gesund zu erhalten. Für Sie zeigt der Pelikan eine Zeit an, in der Sie alte Wunden heilen und abgebrochene Beziehungen wiederherstellen können. Vergangenes taucht wieder auf, um bearbeitet zu werden.

Persönlichkeitsentfaltung

Im Privatleben sind Sie oft der Meinung, daß ohne Sie nichts geht. Sie fühlen sich unentbehrlich und glauben, nur selbst Ihre hohen Erwartungen erfüllen zu können. Die Kunst des Delegierens haben Sie noch wenig genutzt. Dazu gehört natürlich die Offenheit für Veränderungen und eine Portion Vertrauen in die Fähigkeiten der

anderen. Lassen Sie sich helfen und Sie werden erstaunt sein, was alles noch möglich sein kann. Eine Arbeit mit dem Ziel, anderen Menschen zu helfen, wird jetzt besonderen Erfolg haben. In Ihrer Beziehung zu anderen Menschen setzen Sie sich wirklich ein und sind oftmals bereit, mehr Opfer auf sich zu nehmen, als für Sie gut ist. Sie sind auch »nur« ein Mensch. Der Abbruch von Beziehungen im jetzigen Moment wäre nicht ratsam, da man auf Ihre Hilfe angewiesen ist. Es könnte sonst spätere Vorwürfe einbringen. Eine besondere Gabe von Ihnen ist es, die passenden Menschen für entsprechende Aufgaben zu finden und Menschen für notwendige Aufgaben überzeugen zu können. Sie beschäftigen sich mit übergeordneten Themen der Menschen, mit Ökologie und Naturschutz. Es ist gut, daß Sie sich um vieles kümmern, aber sehen Sie zu, daß Sie kräftemäßig nicht selbst auf der Strecke bleiben.
Für den *Vogelhalter* bedeutet dies, daß jedes Wesen in seiner Obhut seine Hilfe braucht. Das verlangt von ihm Opfer. Doch dieser Vogel wurde geschickt, um seine Hilfsbereitschaft und Barmherzigkeit zu testen. Vermeiden Sie Überreaktionen, wenn das Tier sich nicht unbedingt an Ihre Vorstellungen hält. Jedes Tier in unserer Obhut hilft uns, die eigenen Herzenskräfte zu entwickeln, bis wir die Stimme des Herzens verstehen. Wahre Heilkräfte werden sich dann in uns entwickeln. In Ihnen liegt die Fähigkeit zu magnetischem Heilen mit den Händen.
Als *Künstler* setzen Sie sich stark für Kollegen ein. Sie organisieren Benefizkonzerte und sind sehr altruistisch. Helfenwollen spielt eine große Rolle für Sie. Das Leben ist für Sie ein Opfergang. Ihre Einstellung ist richtig, nur überprüfen Sie Ihre Motive. Handeln Sie so, weil eigene emotionale Bedürfnisse immer abgewürgt wurden? Dies würde Sie anfällig machen für Ausnutzung.

Spirituelle Deutung

Thema: Erlösung – Opfer

Dem Pelikan werden Mond und Jupiter als Planeten zugeordnet. In der spirituellen Schulung wird der Pelikan mit dem Rosenkreuz gleichgesetzt, über dem ein Vogel schwebt. Sein Symbol ist der Kreis mit eingeschriebenem Kreuz. Es zeigt Ihnen die Stufe des Dienens und Opferns an. Ziel ist es, den Mittelpunkt des Kreuzes zu finden, an dem all Ihre positiven und negativen Kräfte verschmelzen, um so eine Spannung zu erzeugen, die den Eintritt des Seelenlichts erlaubt. Das Kreuz im Kreis ist der mit ausgestreckten Händen stehende Mensch. Das Seelenlicht tritt senkrecht in ihn hinein und breitet sich über seine Arme und Hände aus in die Welt. Dienst und Opfer sind göttliche Impulse, die nicht die Erlösung des Individuums zum Ziel haben, sondern eine befreiende Wirkung auf eine Gruppe oder die Menschheit haben sollen. Das kosmische Gesetz des Gebens ist die Grundlage dafür, und seine Grundkräfte sind inneres Wissen, Mitleid und nie endende Hingabe. Für Sie bedeutet diese schwierige Aufgabe, daß Sie der göttlichen Kraft dienen, daß Sie Dienst an anderen menschlichen Seelen tun, indem Sie sich selbst Opfer auferlegen oder daß Sie Dienst an anderen Lebensformen und Naturreichen tun. Suchen Sie sich Ihren persönlichen Dienstbereich, der für Sie zur Einweihung werden wird auf Ihrem Weg.

Pfau ☼ E

Zeichen der Macht

Affirmation: »Ich bin das Rad der Welt, bin die Göttin mit den 1000 Augen, in denen sich alle Farben des Lichts in Schönheit spiegeln.«

Allgemeine Deutung

Der Pfau zieht den Triumphwagen des Gottes Osiris und zeigt dem Menschen Erfolg an. Er symbolisiert einen Menschen in hoher Stellung, der dank der Integration seiner Persönlichkeit Vollkommenheit erreicht hat. Seine Energie ist so stark, daß sie auf andere abstrahlt und einwirkt. Dafür steht das Rad des Pfaus und seine Farbenpracht. Die Augen der Federn zeigen an, daß man aber immer eingedenk sein sollte, daß die Geisteswelt einen in diese Stellung gebracht hat und daß sie auch weiterhin über einen wacht. Und immer sollte man berücksichtigen, daß man in Gemeinschaft lebt, und seiner Mitmenschen eingedenk sein. Man sollte sich hüten, nun eitel und überheblich zu werden, denn für jeden Pfau kommt auch im Kreislauf des Jahres einmal die Winterszeit, wo er Federn verliert und unscheinbar wird. Er wandelt sich dann zum »Krähenpfau«. Verlieren Sie sich nicht in äußeren Werten und nichtigem äußeren Prunk, sondern achten Sie darauf, daß Ihr inneres Leben die unverrückbare und feste Basis Ihres Lebens ist. Suchen Sie nach den wahren Werten. Widmen Sie sich den schönen Dingen dieser Welt und der Kunst. Sie haben wahrscheinlich viele Schutzengel um sich herum, die Sie auf dem Weg des Erfolges voranbringen. Verbinden Sie Ihre Befähigung zu äußerer Schönheit mit inneren Werten.

Persönlichkeitsentfaltung

Konzentrieren Sie im Privatleben das Augenmerk auf positive Errungenschaften, nicht auf Mängel und Schwächen. Loben Sie mehr als Sie tadeln. Das motiviert und wird Ihnen auch zugute kommen. Treten Sie mit Ihrer Arbeit nicht vorschnell in das Rampenlicht. Warten Sie, bis die Arbeit vollendet ist. Sie sind auf dem richtigen Weg, aber das Ziel ist noch nicht ganz erreicht. Betrachten Sie nicht die ganze Welt als Bühne, sondern zeigen Sie zum geeigneten Zeitpunkt, was in Ihnen steckt. Der Erfolg wird Ihnen gewiß sein. Bei wichtigen Anlässen werden Sie ein gern gesehener Gast sein.

Das demonstriert Ihre Stellung, und Sie lieben es, wichtig zu sein, Bedeutung zu haben. Bleiben Sie aber in Ihrem persönlichen Umfeld natürlich. Stolz ist angebracht, aber nicht die Pflege empfindlicher Eitelkeiten. Von anderen Menschen erwarten Sie, daß sie präsentabel sind und Geschmack haben. Sie müssen sich auf dem Parkett der gesellschaftlichen Verpflichtungen bewegen können. Dies ist dort auch am Platze, aber verfallen Sie nicht dem Glauben, alles im materiellen Glanz erstrahlen lassen zu müssen. Sie lieben es, mit Techniken zu arbeiten, die Menschen Gefühle von Glanz und Pracht verleihen. Aus diesem Grunde lieben Sie orientalische Pracht und die von Schlössern und Kirchen. In solchen Berufen können Sie es zu großem Erfolg bringen. Sie haben ein Gefühl dafür, was Menschen beeindruckt.
Dem *Vogelhalter* zeigt der Pfau, Vögel weniger mit dem Intellekt als vielmehr mit spirituellen Augen zu betrachten. Sie sind Geschöpfe der göttlichen Kraft, wie Sie selbst auch. Hier gilt es über die materiellen Haltebedingungen hinauszuschauen auf das Wesentliche des Vogels. Halten Sie Vögel, vor allem seltene Arten, nicht wegen des äußeren Prestiges oder aus Eitelkeit, sondern lassen Sie Ihre Seele, Ihr Herz sprechen. Hier liegen die inneren Werte. Der Zugang zum Vogelreich erschließt sich Ihnen durch visuelle Wahrnehmung und die Fähigkeit zur »Vision«. Förderlich ist die Beschäftigung mit der Bedeutung der Farben.
Als *Künstler* lieben Sie die glitzernde Welt der Show und Medien. Sie brauchen das Bad in der Menge und Sie haben Erfolg. Vielleicht haben Sie diese Seite in sich, lehnen Sie aber als klassischer Künstler ab. Damit haben Sie dann ein Problem, denn Sie mindern die Kraft Ihrer Aussage. Bringen Sie mehr Farbe in Ihre Kunst und Ihr Leben. Verfallen Sie nicht in Neid oder auf der anderen Seite in falschen Stolz, sondern bedenken Sie, die 1000 Augen des Pfaus symbolisieren, daß es Milliarden Sterne am Himmel gibt, die sich gegenseitig nicht stören. Für den prächtigen Pfau kommt irgendwann die Zeit, seine Federn abzugeben. So kann auch für Sie eine

Zeit kommen, wo Sie nicht mehr im Rampenlicht stehen. Bereiten Sie sich innerlich darauf vor, entwickeln Sie lebenswerte Ziele für sich.

Spirituelle Deutung

Thema: Vollkommenheit – Eitelkeit

Der Pfau wird den Planeten Jupiter und Saturn zugeordnet. Das Thema, das dabei angeschnitten wird, ist das Gefühl der Vergeblichkeit allen eigenen Tuns, das durch Blick auf das Irdisch-Materielle entsteht. Hoffnungslosigkeit macht sich breit. Ihre Zielsetzungen sind sehr hoch, Sie wollen nur das Beste. Stolz und Ehrgeiz gehören zu den Kräften, die den Astralkörper trüben und verhindern, daß höhere Visionen und Inspirationen ihn durchdringen können. Dies führt zur Absonderung, zu Unzufriedenheit, obwohl man äußerlich viel erreicht. Sie pflegen Selbstkritik und Selbstvorwürfe, aber dies sind keine aufbauenden Kräfte. Sie zeigen Ihnen, daß in Ihrem Inneren andere Werte nach Ausdruck verlangen. Irgendwann kommt das Gefühl der Sinnlosigkeit, und es stellt sich das Gefühl ein, nirgendwo dazuzugehören. Die polare spirituelle Kraft zur Vergeblichkeit wäre das Streben nach Vollkommenheit. Sie müssen lernen, daß Glück und Erfolg nicht von Besitz und materiellen Gütern abhängen. Machen Sie sich unabhängig von der Formnatur. Denn die Vermehrung materieller Güter dient nur dem Erhalt Ihres materiellen Formlebens, was Ihren Körper oder Ihre Lebensumstände betrifft. Reichtum allein macht nicht glücklich, das ist inzwischen eine Volksweisheit.

Jede Krankheit entsteht aus einer Dysbalance zur Vollkommenheit, das bedeutet eine zu geringe Berücksichtigung der geistigen Werte. Gerade heute sind die Menschen aller Länder in einer Phase der Entscheidung, ob die Rohstoff- und Materialverschwendung so weiter gehen soll. Die Steigerung der Produktion an Lebensgütern westlicher Industrien hat nicht den Hunger vermindert, sondern das Elend vermehrt. Schönheit in die Welt zu bringen ist ein Thema, das für Sie interessant ist und das Ihnen eine Chance der Mitarbeit im spirituellen Sinne bietet. Dies können nicht nur künstlerische Bereiche sein. Ihre seelischen Kräfte können Sie gerade in der Mitarbeit in einer Gruppe verwirklichen, die ein visionäres, idealistisches Ziel anstrebt. Das Thema ist Helfen auf der materiellen Ebene, aber mit geistigen Mitteln. Dadurch können Sie Hoffnung und Versöhnung geben. Gleichzeitig vervollkommnen Sie dadurch Ihre höheren Kräfte, was Sie zur geistigen Wiederauferstehung führt.

Rabe ☾ F

Zeichen der Emotion

Affirmation: »Aus dem Chaos des Ursprungs erhebt sich der leuchtende Schöpfergott.«

Allgemeine Deutung

Der Rabe galt als Begleiter der Götter und schwebte bei der Erschaffung der Welt über dem Urwasser. Sie müssen jetzt Ihre ganze Kraft konzentrieren für einen Neubeginn. Dieser Beginn bringt mächtige Umwälzungen, setzt aber viel kreative Energien in Ihnen frei. Sie werden sehr erstaunt sein darüber, was so alles in Ihnen steckt. Noch mag Ihnen alles verworren und dunkel vorkommen, aber dieser Zustand geht stets der Schöpfung voraus, als Wandlung und Reinigung. Nutzen Sie diese Zeit. Der Rhythmus von Leben und Tod, der Prozeß steter Wandlung fasziniert Sie und Sie sollten sich damit beschäftigen. Sie können anderen bei solchen Prozessen eine große Hilfe sein, da Sie über soviel positive Energie verfügen. Aber erst müssen Sie sich selbst verwandeln. Schütten Sie vor allem das Kind nicht mit dem Bade aus. »Undankbarkeit« spielt in dieser Phase eine große Rolle in Ihrem Leben. Denken Sie aber daran, daß es letztlich die Aufgabe des Raben ist, Sie durch solche Wege der Finsternis zu geleiten, um Sie ans Licht zu führen. Der Rabe deckt alle verborgenen Dinge auf. Sein Weg ist die Quintessenz, die Seele. Des göttlichen Schutzes können Sie versichert sein. Suchen Sie einen weisen Ratgeber auf oder jemanden in höherer Position, der Ihnen weiterhelfen wird. Politik spielt eine Rolle in Ihrem Leben.

Persönlichkeitsentfaltung

Im Privatleben sind jetzt Klugheit und Weisheit gefordert. Auseinandersetzungen und Streitigkeiten bringen keinen Erfolg. Es drängt Sie dazu, den Kampf weiterzuführen, auch wenn Sie niedergeschlagen und erschöpft sind. Durchhalten um jeden Preis, Schwäche wird nicht zugelassen. Aber widmen Sie Ihre Konzentration besser zukünftigen Ideen und Plänen. Legen Sie sich vor allem nicht mit Regeln der Gesellschaft oder Gemeinschaft an. Handeln Sie klug in Ihrem Interesse. Denn selbst, wenn Sie recht bekommen sollten, die Gemeinschaft vergißt nicht leicht. Denken Sie besser nicht an kurzfristige Erfolge, sondern denken Sie an Ihr übergeordnetes Ziel und planen Sie für den großen Wurf. In allen beratenden Tätigkeiten können Sie jetzt gute Arbeit leisten. In Ihren Beziehungen zu anderen herrscht im Moment eher Auflösung. Sie sollten aber nicht den Mut darüber verlieren, denn nach der Phase des Raben folgt die Phase des goldenen Rings, was eine erneute Festigung der Beziehungen auf anderer Ebene anzeigen kann oder auch eine neue, noch tiefere Beziehung.

Dem *Vogelhalter* zeigt er, daß im Moment eine alte Phase zu Ende geht. Vielleicht gibt es Probleme mit Ihren Tieren. Jetzt ist es Zeit, Einstellungen zur Vogelhaltung zu ändern. Sie spüren, daß da eine mächtige Energie am Arbeiten ist, daß Vögel Wesen wahrnehmen, die nicht körperlich sichtbar sind. All dies ist verwirrend für Sie. Denken Sie in aller Ruhe nach, denn der Rabe verspricht Weisheit und Einsicht in Dinge, die jenseits des Lebenslaufs liegen. Verhaltensforschung, die mentale Arbeit mit Tieren wird Ihnen neue Aspekte zeigen. Denken Sie daran, daß die Vögel Ihnen Weisheit

bringen, und vermeiden Sie eine nutzorientierte Haltung, so daß Sie nicht undankbar an ihnen handeln.
Ihnen als *Künstler* zeigt der Rabe das Pendant zum Adler. Während der Adler äußere Kraft und Vitalität repräsentiert, ist der Rabe ein Sinnbild des Denkvermögens, gerade wegen seiner Intelligenz. Sie haben viel Willenskraft und Durchhaltevermögen, aber sind ganz auf die äußere Leistung fixiert. Pflicht und Bemühung zehren Ihre Kräfte auf. Jede Schwäche oder Niederlage deprimiert Sie. Es ist jetzt nicht mehr die Zeit des Adlers, sondern der Rabe weist Sie auf Ihre inneren Kräfte hin. Alle nach äußerem Erfolg schielenden Kräfte zersetzt er. Er bietet Ihnen die Möglichkeit, ebenso Außergewöhnliches zu leisten wie der Adler, aber mit Hilfe völlig anderer Mittel. Klugheit und Spiel sind seine Eigenschaften. Spielerisch sollten Sie mit Ihren Kräften umgehen. Im Spiel liegt der Sinn, nicht im Gewinnen. Gönnen Sie sich Ruhepausen.

Spirituelle Deutung

Thema: Zersplitterung der Kräfte – Neubeginn
Der Rabe ist ein Symbol für den Beginn einer neuen Runde Ihrer inneren Entwicklung. Es ist der Beginn der Jüngerschaft, die zur Einweihung führt. Der schwarze Vogel steht stets im Zusammenhang mit dem uralten Wissen von der Einheit, bevor der Kosmos geschaffen wurde. Diese Einheit wird durch einen Kreis oder ein Ei symbolisiert. Es ist der Weg zurück zum archetypischen Menschen »Adam Kadmon«, der schöpferischen Urquelle. Sonne und Saturn werden dem Raben als Planeten zugeordnet, was symbolisiert, daß es um die Vereinheitlichung der verschiedenen Persönlichkeitsteile geht. Dieses Ganzen kann sich Ihre Seele dann als Werkzeug bedienen. Wille, Ehrgeiz und die freie Entscheidungsmöglichkeit sind Kräfte, die für Sie auf Ihrem Weg zur Identität wichtig sind. Sie sind jetzt an einem Punkt, wo Sie eine Menge negativer Erfahrung und Frustration hinter sich gelassen haben. Dieser »Fäulnisprozeß« war wichtig, sonst ständen Sie jetzt nicht auf der Schwelle zur

Initiation. Denn auch Schmerz und Trübsal sind eine Einweihung, die den wahren Weg sichtbar machen. Die Gegensätze in uns müssen getrennt werden, bevor wir sie auf neuer Stufe wieder zusammenführen können. Dies kann in uns selbst geschehen. Es kann sich aber auch im Widerspruch zwischen innerem und äußerem Leben zeigen, so daß von außen Schweres auf uns zukommt. Schicksal ist immer die Wirkung des Karmischen, ist das Gesetz von Ursache und Wirkung. Häufig wissen wir nicht, wo die Ursache liegen könnte. Dies ist nicht verwunderlich, ist die Welt der Ursachen doch energetisch. Die Ursache kann in unserem Denken oder Fühlen liegen oder aus einem anderen Leben kommen. Wäre es das Resultat einer Aktion, so wäre die Erkenntnis leicht für uns. Aber auf unserem spirituellen Weg werden wir mit inneren Kräften und Energien konfrontiert, um den Umgang mit ihnen zu erlernen. Die beiden Raben des Odin hießen nicht grundlos »Denkkraft« und »Gedächtnis«.

Ihnen wäre ein spiritueller Weg hilfreich, der Ihnen einen festen Rahmen zur Entfaltung gibt. Der Rabe steht auch für einen starken Ehrenkodex, wie ihn manche Ritterorden pflegten. Vielleicht ist die Freimaurerloge ein Weg für Sie, oder Gesellschaften wie der Golden-Dawn-Orden. Sie brauchen die Gemeinschaft der Weggefährten, denn Ihr Weg der Kraft und Ich-Konzentration ist nicht ganz ungefährlich. Es ist wichtig, daß Sie immer wieder Zeiten der Entspannung einlegen und loslassen, sonst könnten Sie Ihre Kräfte überspannen, was ein Gefühl des Versagens nach sich ziehen könnte. Weggefährten können da helfend einwirken. Gehen Sie mutig voran, denn so wie das Leben des Raben als unendlich gilt, so geht es auch um Ihre Unsterblichkeit. Lernen Sie erkennen, daß nichts und niemand unnütz ist, sondern daß jedes Wesen einen wichtigen Anteil an der göttlichen Aufgabe hat, auch wenn wir dies manchmal nicht sofort erkennen.

Rebhuhn ☼ E

Zeichen der Materie und Verwirklichung

Affirmation: »Ich entwickle mein eigenes reiches Leben.«

Allgemeine Deutung

Lassen Sie sich im Moment nichts von anderen vormachen. Spielen Sie nicht den Lockvogel für andere, die dann den Gewinn absahnen. Es ist an der Zeit, daß Sie Ihren eigenen Wert, Ihre unendlichen Möglichkeiten entdecken. In jeder Hinsicht müssen Sie jetzt selbständig werden und nicht im Schlepptau von anderen hängen, die Ihre Fähigkeiten nur ausnutzen. Schmücken Sie sich nicht mit fremden Federn, denn die Enthüllung läßt Sie zum Schluß als einsamen Narr dastehen. Entwickeln Sie Ihre eigenen Dinge. Auf Ihre Arbeit können Sie dann mit Recht stolz sein und so vermeiden Sie Übermut und Schadenfreude. Richten Sie Ihren Blick ganz aufs Praktische, Vernünftige, und widmen Sie sich dem Naheliegenden.

Persönlichkeitsentfaltung

Im Privatleben sind geordnete Verhältnisse und der ganz normale tägliche Rhythmus wichtig. Sie wollen unter keinen Umständen auffallen, sondern passen sich nahtlos ein in Ihre Umgebung. Dies verschafft Ihnen ein irdisches Zugehörigkeitsgefühl, denn Heimat ist wichtig für Sie. Sie lieben das Volkstümliche mit seinen Traditionen. Es ist Ihnen wichtig, daß die praktischen Lebensgrundlagen als Basis stimmen. Dies ist auch wichtig, vergessen Sie darüber hinaus aber nicht, daß der Mensch nicht vom Brot allein lebt, daß seine Seele ebenfalls der Nahrung bedarf. In Ihren Beziehungen spielen Konventionen eine wichtige Rolle. Ihr Verhalten orientiert sich an Verhaltensweisen der anderen Menschen. Sie sind für ganz klare Regeln im Umgang mit anderen, auch im moralischen Sinne. Setzen sich einzelne einfach darüber hinweg, so kann Sie dies sehr verstimmen. Die Welt muß in Ihren Augen stimmig sein, zumindest nach außen hin muß der gute Eindruck gewahrt sein. Diese Haltung kann innerlich zur Belastung werden, da alles irgendwie ins Weltbild eingefügt werden muß. Vermeiden Sie Formulierungen wie »müssen«, »sollen«, usw. Entwickeln Sie einen eigenständigen Lebensstil. Im Beruflichen zeigt dieses Zeichen eine Einfügung in den allgemeinen Arbeitsprozeß. Sie arbeiten hart, wollen vorankommen, da die soziale Leiter für Sie wichtig ist. Erst wenn Sie Eigenständigkeit im Leben entwickeln, werden auch in beruflicher Hinsicht neue Ideen auftauchen.

Als *Vogelhalter* sollten Sie nicht immer nur die Erkenntnisse der anderen nachbeten. Sie können nur durch eigene Arbeit und Erfahrung zu wertvollen Einsichten kommen. Übernehmen Sie nicht zu viele Theorien, sondern praktizieren Sie selbst. Vor allem das Gebiet der Züchtung kann Ihr Interesse erwecken.

Als *Künstler* ging bisher alles glatt, erfolgreich, ohne große Hemmnisse. Aber ganz glücklich sind Sie nicht, Sie fühlen sich leer und hohl. Andere scheinen bisher Ihre Qualitäten für sich genutzt zu haben. Ihnen fehlte bis jetzt eine Idee. Sie haben viele Möglichkeiten und Verbindungen, ohne daß Ihnen klar war, wie sie zu nutzen sind. So wie das Rebhuhn zum Landwirt gehört, der sät, pflegt und erntet, so wird es Zeit, daß Sie Ihre eigenen Ideen ganz praktisch entwickeln. Keine Luftschlösser und Träume sind gefragt, sondern Alltagsleben. Das hört sich unkünstlerisch und langweilig an, weil man in der Ausbildung wenig über die Praxis und Organisation des künstlerischen Alltags erfährt. Aber nur, wenn Sie Ihre künstlerischen Ideen in die Praxis umsetzen, sie organisieren und strukturieren, können sie wachsen und Sie sie später als Ernte einbringen. Hier gibt es natürlich sehr unliebsame Streßfelder für Sie, wie z. B. der Umgang mit Honoraren, der Frage des Eigenwerts, sich zu präsentieren als Künstler und vieles mehr. Es gilt den Alltag, die Tagseite des Künstlertums zu integrieren.

Reiher ☼ W

Zeichen der Verwandlung

Affirmation: »Im Nichthandeln liegt meine Weisheit.«

Allgemeine Deutung

Der Reiher war in der ägyptischen Kultur das Abbild der aufgehenden Sonne. Für Sie bedeutet er, daß jetzt nicht die Zeit ist, in wilde Aktivitäten auszubrechen. Im Moment arbeiten die Umstände nicht für Sie, und Hilfe von außen würde wenig nützen. Was Sie tun, muß von Ihnen selbst kommen. Sie bestimmen über Ihr Leben. Nehmen Sie es in Ihre Hand. Hören Sie in sich hinein, und wenn Sie sich stark genug fühlen, handeln Sie ohne Zögern. Verfallen Sie nicht in melancholische Weltbetrachtung. Ihr Glück liegt in Ihrer Hand. Der Reiher galt als Bringer von Schwierigkeiten, da er im übertragenen Sinne eine negative Weltsicht ausdrückte. Er galt als Wetterbote, der Sturm ankündigt. Negative Emotionen können auch einen Sturm bewirken. Mangelnde Lebensfreude zieht Schwierigkeiten an. Wandeln Sie Ihr eher passives Inneres zu einem positiven, aktiven Kern, dann gebären Sie sich neu aus sich selbst heraus. Sie haben einen Hang zu Kunst und Wissenschaft. Fördern Sie diese Begabung, das kann Ihnen auch über eine aufwühlende Emotionalität hinweghelfen. Schreiben Sie Dinge nieder, denn Sie haben etwas zu sagen. Im Moment fühlen Sie sich einsam, aber Geduld, auch diese Phase geht vorüber. Ziehen Sie die Essenz aus Ihrem bisherigen Leben.

Persönlichkeitsentfaltung

Im Privatleben werden Sie mit vielen Emotionen konfrontiert, ja manchmal sogar förmlich überschwemmt. Ein Gefühl der Einsamkeit liegt über Ihrem Leben, selbst wenn Sie von netten Menschen umgeben sind. Was Ihre Ideen und Pläne für die Zukunft angeht, so fischen Sie im Moment eher im trüben. Entscheiden Sie jetzt noch

nichts, denn es ist eine Zeit des Abwartens hinsichtlich äußeren Tuns. Wichtiger ist, daß Sie sich im Moment mit Ihrem Innenleben beschäftigen. All die Probleme sollen die Integration Ihrer Persönlichkeit vorantreiben. Arbeit in Ihrem Inneren ist angezeigt. Aus diesem Grunde ist dieses Zeichen förderlich für alle Unternehmungen im künstlerischen oder wissenschaftlichen Bereich. Auch da, wo Präzision, Genauigkeit und Verantwortung gefordert sind, können Sie Erfolg haben, da Sie sich nicht aus der Ruhe bringen lassen. In Ihren Beziehungen brauchen Sie Menschen mit Tiefgang, mit denen Sie über die Sinnfrage reden können. In Gegenwart anderer sind Sie eher schweigsam. Oberflächliches Geplauder ist nicht Ihre Sache. Manchmal wäre es gut, Sie würden mehr aus sich herausgehen.
Als *Vogelhalter* haben Sie sehr viel Geduld und eine gute Beobachtungsgabe. Das bringt Ihnen wertvolle Erkenntnisse über die Vogelwelt. Versuchen Sie aber nicht, eine zu passive Lebenshaltung zu entwickeln, bewegen Sie sich viel in der freien Natur. Lassen Sie manchmal Ihren Gefühlen freien Lauf, damit Sie nicht allzusehr in der grauen Theorie steckenbleiben. Lassen Sie sich immer wieder von einem Ihrer Vögel inspirieren und erspüren Sie die unterschiedlichen Charaktere und Energien Ihrer Vögel.
Als *Künstler* haben Sie im Moment das Gefühl, einen aussichtslosen Einzelkampf zu führen. Sie fühlen sich deprimiert. Jeder Energieeinsatz für äußere Ziele ist in dieser Phase reine Verschwendung. Das Leben des Menschen pendelt zwischen Spannung und Entspannung, Licht und Dunkel. Jetzt ist eine Zeit in Ihrem Leben, wo Sie den philosophischen Weg nach innen gehen sollten. Gönnen Sie sich Ruhe und Besinnung. Sie werden neue Werte für Ihr Schaffen daraus gewinnen. Wir wissen, daß diese Phase der Künstlerpause, die wir zur Regeneration unserer kreativen Kräfte brauchen, heute ein schwieriges Unterfangen ist. Nur sind unsere Biorhythmen viel älter, und wir tun gut daran, für uns nach einer Lösung dieses Problems zu suchen. Beschäftigen Sie sich mit Schriften der Weisheit, um neue innere Ziele festzumachen.

Spirituelle Deutung

Thema: Melancholie – Selbst-Festigkeit

Der Reiher ist ein Zeichen der Einweihung und Initiation. Die erste Stufe der Einweihung bestand für die Menschheit im Akt der Individualisation, dem Erfassen eines eigenen Selbst. Danach erfolgte eine Einweihung, die dem Menschen ein zunehmend selbstbewußtes Dasein ermöglichte. Dies ist die Stufe, auf der wir im Alltag die Unwissenheit in Wissen wandeln und aus Erfahrung Fähigkeiten machen. Dieser Weg führt zur Ausweitung des Wissens, um das Mysterium des Kosmos zu enträtseln, das in der irdischen Substanz verborgen liegt. Der Reiher zeigt Ihnen, daß dies aber nicht Ihr Weg ist. Nicht der Weg des Studiums der Materie ist für Sie jetzt vorgesehen, sondern der Weg der Weisheit, der göttlichen Wissenschaften. Wissen müssen Sie hier in Weisheit verwandeln und Erfahrung in Eigenschaften. Es ist die Einweihung in die Stufe des geistigen Daseins. Bewußtseinserweiterung ist das Stichwort. Suchen Sie das für Sie wichtige Wissen bewußt aus, wenden Sie es im Alltag konsequent an, helfen Sie anderen mit diesem Wissen und tragen Sie dazu bei, die Evolution des menschlichen Bewußtseins voranzubringen. So werden Sie Weisheit erhalten und Hilfe von Eingeweihten, die schon lange vor Ihnen den Weg gingen und Ihnen jetzt Ihr Wissen offenbaren können. Das Geheimnis dieser Arbeit liegt darin, daß Sie alle Ihre Weisheit nutzen zum Aufbau Ihres eigenen inneren Körpers, dem inneren Tempel. Werden Sie zum strahlenden Tempel Gottes. Lernen Sie das richtige Material anzuziehen, um die feinstofflichen Körper aufzubauen, lernen Sie die Gesetze der Schwingung, Vibration und Anziehungskraft. Denken Sie daran, daß gute Gedanken Atome von feinster Qualität anziehen, die Ihre Körper verfeinern. Beschäftigen Sie sich mit den hermeneutischen Wissenschaften. So empfehlen es Reiher und Ibis.

Rotkehlchen ☼ L

Zeichen der Heilung

Affirmation: »Ich bin das Feuer, das alles treibt. Die Kraft der Flamme liegt in der Barmherzigkeit.«

Allgemeine Deutung

Dieser Vogel galt dem Feuergott Thor heilig und das Erlegen des Rotkehlchens wurde mit Feuer und Donner bestraft. Im Verhalten des Rotkehlchens zeigt sich sein feuriger Charakter. Hat es Vertrauen gefaßt, ist es sehr zutraulich, begegnet es aber einem Eindringling, so streitet es überaus aggressiv.

Auch bei Ihnen kann im Moment sehr schnell die Sicherung durchbrennen, wenn jemand einen wunden Punkt berührt. Fühlen Sie sich sicher, dann wirken Sie ausgeglichen. In Ihnen schwelt ein Kampf, da Ihre Umwelt und Umgebung Sie mit ihren Zwängen einengt. Die bisherigen Prinzipien sind wie ein Korsett und die neuen Kräfte haben noch nicht einen Kanal der Entfaltung gefunden. Mit jedem Schlag, den Sie gegen andere führen, treffen Sie eigentlich einen Teil Ihres Selbst. Gott ist Ihr Selbst, Ihre Seele, die das nicht mit anschauen kann. Seien Sie sanft mit sich und mit anderen.

Setzen Sie Ihre Kräfte aufbauend ein, indem Sie anderen helfen oder an einer Idee und Tätigkeit teilnehmen, die anderen Menschen Nutzen bringt. Gehen Sie aus sich heraus und auf andere zu. Im Helfen werden Sie Ihr eigentliches Selbst finden. Im Moment haben Sie eine glückliche Hand für alles Kaufmännische.

Persönlichkeitsentfaltung

Im Privatleben sind Sie ein Mensch, der unglaublich viel von seiner Umgebung wahrnimmt. Es ist fast eine Art sensitive Gabe. Dies macht Sie aber auch offen für negative Schwingungen, macht Sie verletzlich. Deshalb sind Sie häufig in Abwehr- und in Verteidigungshaltung. Das mag Ihnen vielleicht gar nicht auffallen. Erst wenn sich plötzlich körperliche Streßsymptome zeigen, fällt es Ihnen auf. Ihre leicht aufbrausende Haltung hätte es Ihnen zeigen können. Sie sind leicht zu begeistern, vor allem für Ideale. Für alle Unternehmungen ist es wichtig, daß Sie nicht über das Ziel hinausschießen und daß Sie entspannt reagieren. Abschalten fällt Ihnen schwer, so daß Sie Ihre Geschäfte stets innerlich mit sich herumtragen. Auch in Ihren Beziehungen geht es um Alles oder Nichts. So ist auch da viel Spannkraft und Spannung. Dafür brauchen Sie robuste Partner mit einem beträchtlichen Schuß erdhaften Gleichmuts. Im Moment wäre es gut, wenn Sie aufregende Unternehmungen oder Situationen nicht noch durch zusätzliche Energie anheizen. Versuchen Sie, eine kühle, gelassene Haltung einzunehmen. Atmen Sie tief durch, bevor Sie reagieren, tun Sie nichts in überschießender Reaktion. Sie haben ein hohes Maß an Spannkraft. Wenn Sie einmal die Balance und Kontrolle gefunden haben, kann es sich heilsam auf andere auswirken.

Ihnen als *Vogelhalter* zeigt das Rotkehlchen, daß Sie nicht überreagieren sollten, wenn die Dinge mal nicht so laufen wie gewünscht. Sie meinen, Sie hätten Schwierigkeiten in der Haltung, die andere gar nicht kennen. Der Sinn der Schwierigkeiten liegt aber im Lernen, damit umzugehen. So bilden Sie Heilkräfte aus und können anderen Hilfe leisten. Beschäftigen Sie sich mit Ihrer Heilerbegabung. Halten Sie einmal Ihre Hand über den Rücken eines Vogels oder anderen Tieres, um die Energie zu spüren, die von dort abstrahlt.

Als *Künstler* und Mensch sind Sie im Moment etwas reizbar. Dies liegt daran, daß Ihre Beziehungen nicht mehr so funktionieren, wie Sie sich das wünschen. Sie spüren, daß eine Veränderung Ihres Wirkungskreises kommt, und damit öffnen sich auch neue Eindrücke, die Sie erst einmal emotional verdauen müssen. Eine Phase geht in die andere über. Ihre Kunst ist sehr impulsiv, und es ist wichtig für Sie, auch die harmonisierenden Elemente mit einzubeziehen. Finden Sie Ausgeglichenheit und inneren Frieden.

Spirituelle Deutung

Thema: Mitgefühl – Persönliche Liebe

Auch dieser Vogel bringt uns mit dem Gesetz der Liebe in Verbindung. Es geht um die Kräfte der Barmherzigkeit und des Mitleids. Liebe ist die Kraft der Vereinigung und Vollendung. Dabei spielt die Identifikation eine große Rolle. Zu Beginn der geistigen Entwicklung mögen wir diese Kräfte nur auf die uns nahestehenden Menschen und Lebewesen übertragen haben. Der Rest der Welt interessiert nicht. Dann beginnen wir diese Liebe auszuweiten und sie wird selbstloser, da wir sie weniger von unseren emotionalen Bedingungen abhängig machen. Diese Fähigkeit der tiefen Identifikation mit allem Leben kommt planetarisch von der Konstellation des Drachens und dem Sternzeichen Waage. Das Geheimnis liegt darin, daß sich diese Kraft nicht an der äußeren Form orientiert, sondern am positiven geistigen Lebenskern, der auch als »Juwel im Lotus« bezeichnet wird. Was wir dadurch erlangen können ist die Leuchtkraft. Ihnen zeigt es an, daß es an der Zeit ist, Mitgefühl zu üben. Suchen Sie in sich und anderen Wesen nach dem Juwel des Lichts. Dadurch wird sich Ihr inneres Licht entwickeln, und Sie werden zu einem Ratgeber und weisen Berater und Heiler. Lassen Sie Ihr Licht leuchten in der Dunkelheit, also in Ihrem irdischen Körper.

Schwalbe ✹ L

Zeichen der Liebe und Beziehung

Affirmation: »Ich bin die Botschafterin der Klarheit des Lichts und der Reinheit der Luft. Weit geht meine Reise.«

Allgemeine Deutung

Die Schwalbe galt früher als Bringerin von Liebesgrüßen und als Glücksbotin. Deshalb war sie auch der Aphrodite zugeordnet. Aus ihrem Flug ersah man das Reiseglück. Ihr Temperament galt als sanguinisch, sie liebte das gesellschaftliche Schwatzen. Schwalben unter dem Dach galten als Schutz für Haus und Hof. Ihnen zeigt Sie, daß sich neue Beziehungen und neue Freunde auftun. Ihr häuslicher Umkreis wird dadurch eine Bereicherung erfahren. Sie weiten Ihren Kreis. Eine schöne, gesellige Zeit steht Ihnen bevor. Noch sind alle Dinge in Bewegung. Schweifen Sie nicht ständig ab von gefaßten Plänen. Achten Sie aber immer darauf, daß nichts Ihren klaren Blick trübt, und suchen Sie stets Offenheit. Meiden Sie undurchsichtige Situationen. Fordern Sie Klarheit. Dann bleibt Ihnen das Glück gewogen. Gibt Ihnen jemand eine weisen Rat, so sollten Sie auf ihn hören. Es kommen Neuigkeiten oder Nachrichten. Warten Sie diese ab, ehe Sie Entscheidungen treffen. Heimat und Geborgenheit sind für Sie wichtig.

Persönlichkeitsentfaltung

Seien Sie offen im Privatleben. Nehmen Sie das an, was Ihnen von anderen angeboten wird. Vor allem hören Sie auf deren Rat. Viele Möglichkeiten werden Ihnen angeboten, was manche Reise erforderlich machen wird. Aber die Dinge stehen günstig für Sie, viele Kontakte werden sich ergeben. Alles, was mit Aufbau zu tun hat, steht unter günstigen Vorzeichen. Rat und Unterstützung sind Ihnen gewiß. Neue Menschen werden sich zu Ihrem Kreis gesellen, was ein echter Gewinn sein wird. Überhaupt laufen viele Dinge in Ihrem Leben über die Kommunikationsschiene. Schnell finden Sie Kontakt zu anderen Menschen und können diesen auch locker gestalten. Dem *Vogelhalter* sagt die Schwalbe, daß es Zeit ist, Kontakte zu Gleichgesinnten zu pflegen. Tauschen Sie sich mit Kollegen aus. Beobachten Sie die Beziehungen Ihrer Vögel untereinander. Ihr soziales Verhalten bietet Ihnen tiefe Einblicke in die Welt der Vögel. Was Sie daraus erlernen, macht Sie zu einem wertvollen Ratgeber und Vortragsreisenden. Bemühen Sie sich, Beständigkeit im Umgang mit Ihren Vögeln zu erreichen.

Dem *Künstler* zeigt die Schwalbe viele Reisen an. Sie werden in absehbarer Zeit ganz schön auf Achse sein. Ihre Kunst wird Sie zu vielen Orten dieser Welt führen und Sie werden viele Menschen kennenlernen. Irgendwann wird aber auch der Wunsch, ein Heim, eine Mitte zu haben, in Ihnen auftauchen, und Sie werden sich damit auseinandersetzen müssen, wo nun eigentlich Ihre Wurzeln liegen.

Spirituelle Deutung

Thema: Weisheit – Einfalt

Die Schwalbe wird Jupiter und Venus zugeordnet, zwei glückbringenden Planeten. Die schöpferischen Kräfte verbinden sich mit übergeordneten Werten. Die Schwalbe gilt als Baumeister und bedeutet für Ihre spirituelle Arbeit, daß Sie niederes und höheres Denken verbinden sollen. Dies hat mit dem Bau der Antahkarana zu tun. Viele kennen die Lehre von der Sutratma, dem Lebensfaden, der im Herzen verankert und mit dem Blutstrom verbunden ist. Die Antahkarana ist der Bewußtseinsfaden, der im Gehirn verankert ist und mit dem Nervensystem in Verbindung steht. Wenn sich Lebensfaden, also Lebenserfahrung, und Bewußtseinsfaden, der die aus der Erfahrung gewonnene Weisheit symbolisiert, vereinen, entsteht ein dritter Faden, der schöpferische Faden. Dies bedeutet, daß der Punkt erreicht ist, an dem die schöpferischen Kräfte der Seele sich durch die Persönlichkeit ausdrücken können. Der Mensch beginnt im Leben bewußt selbst Dinge zu erschaffen. Bezeichnend ist, daß die Schwalbe ihr Nest aus Lehm baut, also aus der Verbindung der Elemente Erde (Handeln) und Wasser (Fühlen). Dies ist eine gute Verbindung, da Erde dem ausufernden Drang des Wassers Einhalt gebietet, also Form und Schutz gibt. Gleichzeitig durchdringt das Wasser die zur Trockenheit neigende Erde, schützt sie vor Sprödigkeit und macht sie fruchtbar. Die Schwalbe verkörpert das Denkprinzip, also den Verstand. So kommen im Symbol der Schwalbe alle drei Ebenen zusammen. Das Handeln verbindet sich mit den Gefühlen und der Verstand zieht seine Lebenserfahrung daraus, formt die Essenz des Erlebten. Um daraus fortschreitendes seelisches Bewußtsein zu entwickeln, bedarf es der Meditation, Aufmerksamkeit, Disziplin und des Drangs, dem Werk zu dienen. Ihnen zeigt dies, daß Sie aufmerksam Ihr Leben und alles, was mit Ihnen in Verbindung tritt, betrachten und reflektieren. Nehmen Sie Ihr Leben an und leben Sie es bedingungslos. Schauen Sie, welche Weisheit sich Ihnen darin zeigt und welche Weisheit entsteht an den Punkten, an denen Sie mit dem Leben in Berührung kommen. Dann beginnen Sie diese Weisheit oder Erkenntnis zu gestalten. So werden Sie zum Architekten und künstlerischen Schöpfer Ihrer Seele. Meditieren Sie über das Bild der Schwalbe, über ihren geschmeidigen Flug und über ihr Nest, das sie kunstvoll am Hause, zwischen Erde und Himmel, baut.

Schwan ☼ W

Zeichen der Verwandlung

Affirmation: »Ich gleite über die Tiefe des dunklen Sees. Unsterblich ist mein Gesang.«

Allgemeine Deutung

Die Schwäne waren dem See der drei Nornen zugehörig, die älter als die Götter waren und deren Schicksalsspruch sich selbst Götter beugen mußten. Das Wasser ist ein Symbol für die Tiefe unserer Emotionalität, die älter als unser Bewußtsein ist. Mit dieser uralten Kraft sind wir schicksalsmäßig verstrickt, im Osten bezeichnet man dies als »Karma«. Daß sich Neues schicksalhaft ankündigt, finden wir auch im Ausdruck »Mir schwant etwas«. Der Schwan ist Künder Ihres Schicksals. Dies kann als Person oder Ereignis auftauchen. Es hat eine tiefe Bedeutung für Sie, und noch mag sich Ihnen der Sinn nicht zeigen. Doch Schicksal als Gabe der Götter zu betrachten, wandelt es von einem blinden zu einem sinnhaften Geschehen.

Versuchen Sie, den Sinn in Ihrem Leben zu finden und es nicht als blindes Schicksal anzunehmen. Indem Sie es mit anderen Augen betrachten, werden Sie sehend und es bekommt Sinn. Es ist die Kraft der Evolution, die Sie zu neuen Ufern treibt, die Sie wachsen läßt. Schwanenjungfrauen leben im Märchenwald, oft trifft ein Ritter sie badend an. Der Wald deutet auf uralte Muster der Vergangenheit. Indem sich die Jungfrauen das Schwanenkleid überziehen, können sie fliegen. Auch Sie tragen in sich die Gabe der Zukunftsschau, die Sie entwickeln können. Lassen Sie sich nicht durch alte Glaubenssysteme und Denkmuster zurückhalten. Eine ganz neue Welt kann sich für Sie auftun, wenn Sie Ihrem Geist das Schwanenhemd überziehen und zu neuen Welten aufbrechen. Denken Sie stets daran, daß Sie ein eigenes unsterbliches Lied in sich tragen, das aus höheren Welten kommt. Bleiben Sie diesem Lied treu und folgen Sie seinem Ruf in die Ferne. Dann wird Ihre Lebenswanderung Sie zu fernen Zeilen bringen. Inspirierte Musik und Poesie verbinden sich im Schwan. Achten Sie im Moment auf alles, was von außen an Sie herantritt. Es hat tiefere Bedeutung: Folgen Sie dem Ruf des Schwans.

Persönlichkeitsentfaltung

Im Privatleben tun sich jetzt ganz entscheidende Dinge. Sie spüren diese Konzentration in Ihrem Leben, wo wichtige Dinge als Samen für die Zukunft gesät werden. Oft muß aber noch das Fazit aus der abgelaufenen Phase gezogen werden. Alles bekommt plötzlich tiefe Bedeutung für Sie. Achten Sie jetzt besonders auf Ihre Träume, da Sie Ihnen wertvolle Hinweise für Ihr Handeln geben können. Stecken Sie gerade in schwierigen Umständen, so könnte sich unvermutet ein Retter ankündigen. Lassen Sie Ihr Leben so weitergehen, ändern Sie nicht Ihre Richtung. Für Reisen, innerlich oder äußerlich, stehen die Zeichen günstig. Ihre Beziehung zu anderen Menschen bekommt eine tiefere Dimension. Die Liebe wird Ihnen heilig. Vielleicht haben Sie auch eine Art Déjà-vu-Erlebnis und treffen Menschen, die Sie zu kennen meinen. Seelenverwandtschaft und Vertrautheit werden als echt erlebt.

Dem *Vogelhalter* zeigt der Schwan, daß er mit »reinem Herzen« an seine Vögel herangehen sollte. In der Reinheit liegt ein tiefer Sinn. Die Vögel sind die Boten der Götter, und Sie können aus dem Studium ihrer Farben und ihres Verhaltens die Fähigkeit der Vorhersage entwickeln. Weissagung ist die Gabe des Schwans. Auch der Gesang der Vögel kann Ihnen viel Neues vermitteln. Halten Sie nicht an alten starren Ansichten über Vogelhaltung fest, sondern suchen Sie nach Neuem. Sie haben die Gabe, anderen zukunftweisende Ideen zu vermitteln.

Für den *Künstler* ist der Schwan aus Wagners »Lohengrin« ein bekanntes Symbol. Lohengrin ist der Sonnenritter, während der Schwan der verzauberte Bruder Elsas ist und dem Mondprinzip zugehörig ist. Die Sonne, also Lohengrin, taucht im Frühling auf, während er im Herbst verschwindet. Der zurückverwandelte Bruder Elsas kommt wieder, als der Mond seine Herrschaft ankündigt. Hier haben wir wieder das solare und lunare Prinzip, die das Jahr teilen. Im Endeffekt sind Lohengrin und Elsas Bruder ein Symbol der Zwillinge, die eng mit dem Schwan verknüpft sind. Kein Wunder, daß der im Zwilling geborene Richard Wagner diesem Mythos neues Leben einhauchen konnte. Es geht dabei um die Dualität im Menschen zwischen Seelenregung und Vernunft. Der Schwan zeigt Ihnen als Künstler, daß es an der Zeit ist, sich der mystischen Seite in Ihrem Leben und Ihrer Kunst zu widmen. Der Schwan steht als Zeichen polarer Spannung, die sich als innere elektrische Unruhe äußern kann. Ihr Verstand hat angst, seine Macht abzugeben, schwimmt der weiße Schwan doch auf dunklem Gewässer. Dinge jenseits des Verstandes machen uns angst. Vor allem sind wir gefordert, keine Fragen zu stellen, das heißt, wir dürfen unseren Verstand nicht benutzen und den Namen nicht nennen, damit verliert sich der Zauber. Die spirituellen intuitiven Aspekte lassen sich nicht in rationale Schublädchen legen, denn sie sind größer und weiter. Verwirklichen Sie den eigenen Mythos in Ihrer Kunst und in sich selbst. Jenseitserfahrungen und Verluste aller Art können eine initiative Rolle in Ihrem Leben spielen. Sie verlieren etwas, aber Sie bekommen den Schwan als Gegenleistung, Sie bekommen mediale Kräfte. Lernen Sie, in Ihrer Musik sich ganz von Ihrer Intuition leiten zu lassen. Das Gesangliche spielt in Ihrer Kunst eine große Rolle.

Spirituelle Deutung

Thema: Ewiges Bewußtsein – Furcht vor Vergänglichkeit

Der Schwan spricht das Thema Ewigkeit und Zeit an. Es sind die zwei Flügel des schwarzen Schwans, die die Finsternis und Urmatrix des Kosmos symbolisieren, und die der Ausgangspunkt der Involution, das Herabsteigen des Geistes in die Materie, waren. Der weiße Schwan ist Sinnbild der Vereinigung und bildet den Abschluß der evolutionären Stufen, die den Weg zurück weisen, bereichert um die Fähigkeiten des Bewußtseins. So sind die Schwanenflügel auch am Kopfe des Einweihungsstabs, dem »caduceus«, angebracht. »Zeit« bezeichnet das Wirken der Persönlichkeit, das an Raum und Zeit gebunden ist. Ewigkeit wird durch geistige Prinzipien symbolisiert, durch Wahrheiten, die den Logos betreffen. In den Zehn Geboten finden wir Regeln, die das niedere Selbst ansprechen, die den Charakter der Persönlichkeit formen sollen. Es sind Gesetze des täglichen Lebens. Im Abschnitt des Schwans aber geht es um die Ewigkeit, was das Erfahren grundlegender Kräfte unseres Kosmos beinhaltet. Liebe ist eines dieser Prinzipien oder Kräfte, die Bewegung und Entwicklung bewirken und schließlich zur Vollendung führen. Das höchste Prinzip ist göttliche Einheit, da sie über dem Einzelmenschen und den Gruppen von Menschen steht. Sie haben die Möglichkeit, Botschafter dieser Einheit zu werden, was Ihnen die Türen des wahrhaft Magischen öffnen wird. Sie können Kontinuität in Ihrem Bewußtsein erreichen, was für Sie die Angst vor dem Tode aufheben wird, da Sie von der Ewigkeit und der

Fortdauer Ihres innersten Seins überzeugt sein werden. Dies wird dann eintreten, wenn Sie durch inneres Erleben, z. B. Imaginationsreisen, Astralreisen oder spirituelle Erfahrungen, davon überzeugt sein werden, daß Sie einen ätherischen Körper haben, der unabhängig vom irdischen Körper arbeitet. Beschäftigen Sie sich mit den Totenbüchern der Alten Weisheiten und Sie können vielen Menschen ein Hoffnungsträger für ein neues Verständnis werden. Stellen Sie die Ansprüche Ihres stets aktiven Verstandes zurück und folgen Sie dem Ruf Ihrer Seele. Astrologisch werden dem Schwan Sonne-Venus-Kontakte zugeordnet.

Specht ☼ L

Zeichen der Materie und der Verwirklichung

Affirmation: »Einsam suche ich meine karge Nahrung unter der Rinde. Mühe und Arbeit ist mein Leben.«

Allgemeine Deutung

Der Specht galt als Sinnbild der Kräfte des Mars. Die Energien des Mars bilden unseren Antrieb, sind die treibende Kraft unserer Wünsche. Daß wir uns in Bewegung setzen auf ein Ziel hin, ist ihr Wirken. Oftmals sind unsere Wünsche nimmersatt und werden zur verschlingenden Gier. Vom Specht geht die Sage, daß er eine verwandelte Frau ist, die zu geizig war, Jesus Brot zu geben. Ihre Brote buken sich so riesig aus, wie oft unsere Wünsche, daß ihr das für Jesus viel zu groß erschien; sie wollte nur ein winziges Brot abgeben. Ein Übermaß an persönlichen Wünschen führt zu einem Zusammenbruch der Kräfte, so daß man danach auf einem bescheideneren Energieniveau weiterleben muß. Auch ist Einsamkeit und innere Kargheit vorprogrammiert. Deshalb überprüfen Sie Ihre Wünsche und Ziele, die Sie ansteuern, ob Sie sich dabei nicht übernehmen. Ob es nicht zu Lasten anderer geht, z. B. Ihrer Familie, wenn Sie nur an der Karriere arbeiten. Gönnen Sie sich und anderen auch einen Teil Ihrer Zeit, es wird im Endeffekt Ihren Kräften zugute kommen. Verfallen Sie aber nicht in das andere Extrem, der mangelnden Antriebskraft und der Bequemlichkeit. Lassen Sie nicht andere für sich arbeiten und Sie picken nur die Rosinen heraus. Eine andere Sage um den Specht besagt, daß auf das Wort Gottes alle Vögel anfingen an der Welt zu bauen, nur der Specht mit seinen Gamaschen war sich zu fein für diese Arbeit. Zur Strafe mußte er fortan sein Futter unter der toten Rinde (ein Symbol für die abgestorbenen Wünsche) suchen. Eitelkeit kann auch zur Einsamkeit führen. Großzügigkeit ist die beste Art, seine Energien fließen zu lassen. Sie haben eine gute Gabe, in andere Menschen hineinzuhören, zuzuhören, und dies macht Sie zu einem idealen Helfer und Therapeuten. Versuchen Sie alle Facetten des Lebens zu integrieren, so kommen Sie zu einem ganzheitlichen Erleben. Der Specht verleiht Ihnen die Gabe, daß Sie anderen Menschen den Weg zu ihrer geistigen Heimat weisen können. Sie können sehr gut unterscheiden zwischen hohlen und echten Werten. Prüfen Sie sehr genau, was im Moment auf Sie zukommt.

Persönlichkeitsentfaltung

Im Privatleben haben Sie eine Menge Angebote, und es gilt jetzt herauszufinden, was davon tragfähig ist. Dies gelingt Ihnen nur durch Ausprobieren und mit viel Geduld. Schieben Sie jetzt nichts auf. Kraft und Ausdauer sind jetzt gefragt. Die Mühe des Aussortierens wird sich lohnen. Danach können Sie sich auf eine Sache konzentrieren, was die Effizienz und den Gewinn Ihrer Arbeit mehren wird. Werke, an denen Sie schon lange gearbeitet haben, werden ihren Abschluß finden. Achten Sie jetzt auch auf Zeichen, die in neue Richtungen weisen und die es möglich machen, Ihren Wirkungskreis auszudehnen. Ein Wohnungswechsel wäre jetzt günstig. In Ihren Beziehungen gilt es jetzt auf der Hut zu sein vor falschen Freunden und verlockenden Versprechungen. Überprüfen Sie alles Wichtige auf seinen Gehalt und seine Wahrhaftigkeit.

Für den *Vogelhalter* bedeutet der Specht, mit seinen Kräften hauszuhalten und sich zu überlegen, wieviel Tiere man betreuen kann. Sie sollten auch am Leben der Vögel teilhaben können und nicht nur eine Fütterungsmaschine sein. Die Pflege von Eitelkeiten ist fehl am Platz. Finden Sie Ihren Rhythmus im Umgang mit den Tieren. Betrachten Sie die Vögel nicht als Projektionsobjekte Ihres Wunschlebens. Sie können eine gute Gabe der Diagnostik und Kommunikation mit Vögeln entwickeln, wenn Sie lernen, in den Vogel hineinzuhören, ihm zuzuhören. Beschäftigen Sie sich mit der Lehre von den Farben. Dieses Wissen kann Ihnen gute Dienste leisten.

Als *Künstler* wäre es jetzt an der Zeit, daß Sie an verschiedene Türen pochen, das heißt, sich vorstellen und bewerben. Aber prüfen Sie gut, ob die Stelle Ihren Erfordernissen ganz entspricht. Sie haben einen ganz eigenen Stil im Unterrichten, der durchaus Schule machen kann. Sie haben eine schnelle Auffassungsgabe und arbeiten gerne allein, oft unermüdlich. Wenn alles nicht so schnell geht wie Ihr eigener Rhythmus, reizt Sie dies. Geduld ist wichtig, gerade auch, um auswählen zu können. Rhythmus hat eine Faszination für Sie. Tun Sie mehr damit.

Spirituelle Deutung

Thema: Unterscheidungskraft – Innere Leere

Der Specht bringt Sie in Verbindung mit der Kraft der »Unterscheidungsfähigkeit«. Kritisches Unterscheidungsvermögen ist eine wichtige Kraft geistigen Fortschritts. Solange wir in unserem Denken ganz emotional sind, handeln wir überstürzt und unangepaßt. Wir orientieren uns am Äußeren und lassen uns häufig von der »Verpackung« über den wahren Inhalt täuschen. Wir packen viele Dinge an, wider besseres Wissen und gegen alle Einwände, da wir unsere Kräfte falsch einschätzen. Wir benutzen mehr die Kraft des

Eifers als die des Denkens. Wir lassen uns nichts entgehen, sind überall dabei. Unkluges Handeln paart sich hier durchaus mit guten Motiven. Aber unsere Wünsche sind die gestaltende Kraft, und oft müssen andere, auch Wesen und Helfer der feinstofflichen Ebenen, das wieder einrenken, was uns mißlingt. Es geht um diese Stufe der Selbsterkenntnis, durch die wir erkennen, welchen Platz wir im Rahmen des Ganzen im Moment und vielleicht auch für diesen Lebenszyklus einnehmen, und unsere Kräfte dementsprechend weise einschätzen lernen. Seien Sie weise in Ihrem Handeln. Lernen Sie Kräfte und Zeit der Größe und Weite einer Aufgabe anzupassen. Schärfen Sie Ihre Intuition, um das Wesentliche und das Erforderliche in einer Situation zu erkennen.

Intuition, mit praktischem, vernünftigem Anpacken gepaart, ist Ihre Stärke. Dies kann Sie zu einem vollendeten Diener des göttlichen Selbst machen. Ihr Weg ist der der kleinen Schritte. Im spirituellen Sinne sind sie weitaus effektiver als große Sprünge, die nur halb geraten oder gar mißlingen. Der richtige Einsatz der Kraft und der richtige Moment sind entscheidender für die Wirksamkeit als die Quantität der Kraft.

Sperling ☼ L

Zeichen der Materie und Verwirklichung

Affirmation: »Alles Äußere ist nur eitler Schein; ich bin, der ich bin.«

Allgemeine Deutung

Dem Gott Odin war er Boten- und Nachrichtenträger. Wegen seines unauffälligen Federkleides wurde er auch als »Kleiner Mönch« bezeichnet. Ihnen zeigt er, daß Sie nicht zuviel Wert auf Äußerlichkeiten legen sollten. Oft sieht man die Bedeutung von jemandem nicht im Äußeren. Wer würde vom Sperling denken, daß er Bote eines Gottes ist? Beurteilen Sie die Dinge nach ihrem inneren Wert, nach ihrer inneren Bedeutung. Auch sollten Sie nicht zu sehr an der Vergangenheit hängen, sondern optimistisch in die Zukunft schauen. Finden Sie Ihre innere Heimat, Ihren eigenen Standort. Der hoffnungsfreudige Sperling ist ein Lebenskünstler, weiß er doch, daß jeden Tag irgendwo der Tisch für ihn gedeckt ist. Machen Sie es wie der Sperling. Bescheidenheit, Zukunftsvertrauen und Humor machen Sie zum Boten göttlicher Kräfte. Begegnete früher ein Flüchtling einem Sperling, so bedeutete dies einen unglücklichen Ausgang seiner Flucht. Bekanntlich pfeifen es ja die Spatzen vom Dach. Dies kann man sinnbildlich sehen: Wer sich ständig selber flieht und etwas anderes sein möchte, als das, was er ist, dem ist viel Unglück beschieden. Sexualität ist im Moment ein wichtiges Thema für Sie. Leben Sie diese Kraft kreativ und spielerisch und bleiben Sie nicht im Leistungsdenken verhaftet. Im Moment sollten Sie sich hüten, allzuviel von Ihren Ideen und Plänen auszuplaudern. Überlegen Sie, wem Sie was mitteilen wollen und können. So wie der Sperling immer dort seine Heimat sucht, wo er reichlich Nahrung findet, wird auch für Sie die Zeit kommen, wo Sie den richtigen Platz in Ihrem Leben finden werden. Achten Sie darauf, was Menschen in Ihrer Umgebung erzählen. Es könnte etwas dabei sein, dem es sich nachzugehen lohnt.

Persönlichkeitsentfaltung

Ihnen könnte jetzt eine Nachricht zukommen, wo Sie einen guten Platz für Ihre beruflichen Absichten finden können, wodurch sich auch Ihre materiellen Bedingungen verbessern. Diese mögen durchaus in einfachem Gewande daherkommen, so daß es für Sie nicht sofort sichtbar sein wird, welche Chancen sich für Sie dadurch eröffnen. Werten Sie nicht den äußeren Schein. Teamarbeit ist für Sie eine schöne Sache, die auch zu konstruktiven Ergebnissen führt. Ungünstig wäre es, im Moment Dinge abzubrechen oder Situationen zu fliehen. Stellen Sie sich der gegenwärtigen Situation, nur so können Sie auch ernten. In Beziehungen gilt es, vorsichtig vor Klatsch zu sein. Vermeiden Sie, zu viel über sich und Ihre Pläne auszuplaudern. Nicht immer fällt es Ihnen leicht, die richtigen Worte zu finden, und nicht alles muß ausgesprochen werden. Wichtig ist, daß Sie dem Klatsch keine Nahrung geben.

Dem *Vogelhalter* zeigt dies, daß er einen Vogel so annehmen sollte, wie er dem Wesen nach ist. Versuchen Sie nicht, es umzuerziehen oder gar abzuschieben, wenn es nicht Ihre Erwartungen erfüllt. Betrachten Sie es als Sendboten göttlicher Kräfte. Demut und Humor im Umgang mit Vögeln sind förderlich und können dann auch auf die Menschen überspringen, denen er begegnet. Tun Sie dies, so werden Sie selbst zum wahren Sendboten positiver Kräfte, und jeder wird Sie um Ihre heitere Ruhe und um Ihren Optimismus beneiden.

Als *Künstler* sind Sie ein barocker Sinnenmensch. Kunst und Genuß gehören für Sie zusammen. Sie halten denjenigen für keinen guten Künstler, der nicht mit allen Sinnen lebt. Sie lassen fünf auch mal gerade sein, das macht Sie sympathisch für andere. Die Kollegen sind gerne um Sie, da der »Tisch« in jeder Hinsicht immer reich gedeckt ist. Natürlichkeit und Humor sind wahrhaft göttliche Gaben. Versuchen Sie aber, die Balance zwischen Genuß und Süchtigkeit zu halten.

Spirituelle Deutung

Thema: Meisterung – Begehren

Der Sperling steht für Sie als Zeichen, daß der nächste Schritt Ihrer geistigen Entwicklung in der Meisterung des »Kama«, also Ihres Wunschbegehrens oder Ihrer Begierde besteht. Häufig wird das Kama als üble Kraft dargestellt, aber zunächst ist es eine Kraft, die materielle Schöpfung ermöglicht. Wir möchten unsere Kräfte und Ideen äußerlich verwirklicht sehen. Aber in der Entwicklung auf dem Weg zurück zur Seele kommt eine Zeit, wo diese Kraft überwunden werden muß. Die Wurzeln des Wunschbegehrens liegen in unserem Denken, in dem, was wir durch unsere Gedanken manifestieren möchten. Sie müssen das Begehren umwandeln in Liebe, und es nicht auf Irdisches richten, sondern auf die himmlischen Qualitäten. Es geht also um eine Umkehrung des Energieflusses dieser Kraft. Wie wir in unserem Herzen denken, so sind wir auch nach außen. Diesen Gedanken gilt es für Sie zu fassen und Ihre Herzenskraft zu entwickeln. Befragen Sie stets Ihr Herz über Ihr Denken und Handeln. Der Sperling wird dem Planet Venus zugeordnet.

Storch ☼ E

Zeichen der Macht

Affirmation: »Bevor ich Neues ans Tageslicht bringe, scheide ich Wesentliches von Unwesentlichem.«

Allgemeine Deutung

Aus den Tiefen des Wassers bringt der Storch das Neugeborene ans Tageslicht. Er ist Träger der Lebenskraft. Aber den Störchen ist auch das Richteramt zu eigen und sie haben unter sich einen strengen Ehrenkodex. Für Sie bedeutet er, daß Sie nicht stets neue Ideen verfolgen sollten, bevor Sie die alten nicht aussortiert haben. Fangen Sie nicht stets neu an, sondern pflegen Sie die guten alten Ideen. Stopfen Sie stets Neues in sich hinein, so wird Ihre Psyche überladen und Sie werden sich sehr erschöpft fühlen. Gutes Haushalten der Energien ist hier nötig. Sonst leiden Sie unter Reizüberflutung, die Sie nervös macht. Hüten Sie sich vor zuviel Pedanterie und legen Sie ruhig Ihre Steifheit etwas ab, damit Sie Ihre Lebensfreude nicht zudecken. Häusliche Tugend ist schön, solange sie nicht alleiniges Maß aller Dinge ist. Da Sie viel Geduld haben, könnte ein Heilberuf für Sie interessant sein. Sie haben die Autorität dafür. Auf jeden Fall bringt der Storch Ihnen als Glücksbote neue Gelegenheiten, die Ihr Leben und Ihr Heim verschönern können. Er deutet auch eine Zeit an, in der rechtliche und vertragliche Dinge zu überlegen sind. Absicherung ist das Thema.

Persönlichkeitsentfaltung

Im Privatbereich bringt dieses Zeichen einen glücklichen Stern für Ihre Unternehmungen und für Ihr Heim. Alles wird einen glücklichen Ausgang nehmen, solange Sie nicht zu starr an alten Rechten oder alten Überzeugungen festhalten. Alle Initiativen, die neues Leben gebären, stehen unter glücklicher Fügung. Besonders fallen Unternehmungen darunter wie die Gründung eines Heimes, auch im übertragenen Sinne. Alle festen Verträge sind jetzt günstig. Feste Beziehungen sind Ihnen wichtig, wie auch das zeremonielle Element. Gesellschaftliche Tradition, die das Zusammenleben der Menschen reguliert, hat für Sie Bedeutung. Meiden Sie im Moment Orte, an denen Unfrieden und Zwietracht herrschen. Man könnte Sie nämlich bitten, Partei zu ergreifen oder Recht zu sprechen, was nicht sehr einfach ist. Tun Sie dies nur, wenn Sie eine wohlbegründete Chance sehen, Dinge wieder zusammenzufügen und damit eine »Neugeburt« zu ermöglichen.
Der *Vogelhalter* muß Kontinuität entwickeln und nicht ständig neue Ideen der Tierhaltung aufgreifen. Ihre Vögel brauchen momentan viel Sicherheit und Stabilität. Stets Neues macht sie reizbar und nervös. Kümmern Sie sich speziell um die Aufzucht, mit der Sie viel Erfahrung gewinnen können. Sie haben ein gutes Gespür für philosophische und ethische Grundsätze. Bilden Sie diese aus und arbeiten Sie damit, auf diese Weise können Sie dem Vogelreich sehr nützlich sein. Heilkräfte schlummern in Ihnen, die Sie zum Nutzen der Vögel auch üben und fördern sollten.
Der Storch ist seiner Natur nach in sich zwiespältig. Dem *Künstler* kann er auf der einen Seite ein neues unerwartetes Angebot bringen. Der Storch wird mit einem Kapellmeister verglichen, so daß es wahrscheinlich ist, daß Sie eine führende Position bekommen oder eine Erweiterung Ihrer bisherigen Aufgabe. Sollten Sie als Musiker

bisher nur klassische alte Werke gepflegt haben, so wäre jetzt die richtige Zeit, sich auch um andere Musik oder neue Musik zu kümmern. Das hilft Ihnen, alte Zöpfe abzuschneiden, und hält Sie elastisch. Es wäre auch an der Zeit, falls Sie es noch nicht tun, Bewegung in Ihr Leben zu bringen. Das kann ganz einfach körperliche Bewegung sein.

Spirituelle Deutung

Thema: Gerechtigkeit – Recht

Der Storch bietet Ihnen auf Ihrem Weg eine besondere Gelegenheit. Sie haben die Möglichkeit, sich auf neue Schwingungen einzustellen, die Sie zu einem besonderen Vermittler kosmischer Energie machen. Beschäftigen Sie sich mit der Kunst des Atmens, dem Pranayama. Achten Sie dabei auf den energetischen Aspekt und nicht auf den technischen. In der Pause nach dem Einatmen bietet sich Gelegenheit zu neuen Schwingungen. Meditation und Atem müssen sich verbinden. Lassen Sie sich jetzt nicht von kleinlichen irdischen Verstrickungen abhalten. Es gilt, ein größeres Ziel zu gewinnen, und die Zeit arbeitet für sie. Dafür müssen Sie freie Bewegung haben und Unabhängigkeit. Lassen Sie sich nicht durch den Alltag einschränken. Entschlossenheit ist wichtig, um die Übungen täglich durchzuführen. Zunächst werden Sie damit eine Reinigung des Körpers und verbesserte Energiezufuhr erzielen, bevor Sie in die feineren energetischen Gesetze eindringen können.

Der Storch bringt Sie außerdem in Kontakt mit dem Thema Inkarnation und Reinkarnation. Alle Zugvögel sind ein Sinnbild dieses Vorgangs. Sie kommen im Frühling bei uns an und bleiben bis zum Ende des Sommers. In dieser Zeit sind wir Menschen auch gerne im Freien, betätigen uns sportlich oder feiern Feste. Das Leben ist mehr nach außen orientiert. Dies entspricht dem Zustand der Inkarnation eines Wesens, was die irdisch-materielle Äußerung bedeutet. Die Wesen sind mit allen körperlichen Sinnen faßbar. Im Herbst ziehen dann die Zugvögel in den Süden. Wir wissen, daß es sie noch gibt, aber wir können sie mit unseren äußeren Sinnen nicht wahrnehmen, nur mit dem inneren Wissen. Es ist dies eine Art der Verhüllung. Auch wir Menschen ziehen uns in die Häuser zurück, es folgt die dunkle Jahreszeit, in der uns mehr die inneren Themen beschäftigen. Das Leben und die damit verbundenen Sinnfragen bekommen Bedeutung. Die äußere Welt lenkt uns in dieser Jahreszeit viel weniger ab und wir gewinnen Zeit zum Nachdenken. Dies entspricht dem Seelenzustand des Menschen nach dem Prozeß des Todes. Er hat sich aus seinen äußeren Hüllen zurückgezogen in sein Seelendasein. Als noch in der Materie inkarnierte Menschen können wir einen Verstorbenen unter normalen Umständen mit den äußeren Sinnen nicht wahrnehmen, wohl aber mit den inneren. In den östlichen Lehren wird der noch nicht zum Seelenbewußtsein erwachte irdisch inkarnierte Mensch so beschrieben, daß seine Persönlichkeit wach ist, seine Seele aber mehr oder weniger schläft. Nach dem physischen Tod dagegen schläft der äußere Mensch, seine Persönlichkeit, während der seelische Mensch wach ist. Die geistige Entwicklung durch Schulungen soll den irdisch inkarnierten Menschen dahin bringen, daß auch seine Seele noch im irdischen Dasein erwacht, so daß Persönlichkeit und Seele verschmelzen. Die Inkarnation eines Menschen in diese Welt und sein Zurückziehen aus dieser Welt ist eng auch an das Wort »Gesetz« gebunden, das Karma. Dies entscheidet über den Prozeß auch der Reinkarnation in eine irdische Hülle. So werden die Themen Geburt, was eine Inkarnation in diese oder jene Welt bedeuten kann, Reinkarnation und Karma Ihr Interesse wecken. Diese Beschäftigung wird nützlich sein, um Ihr eigenes Leben besser verstehen und auch anderen Menschen helfen zu können. Ihre persönlichen Vorstellungen von Recht werden sich dann in ein Gefühl für die göttliche Gerechtigkeit wandeln.

Taube ☼ L

Zeichen der Liebe und Beziehung

Affirmation: »Ich bringe den Zweig der Harmonie und der Liebe in eine Welt der Unordnung.«

Allgemeine Deutung

Die Taube zeigt Ihnen, daß Ihr Leben in emotionaler Unruhe ist. Die Welt um Sie herum erscheint in Aufruhr. Denken Sie an die Sintflut (große Gefühlsausbrüche), als die Taube von Noah ausgesandt wird und mit einem Ölzweig wiederkehrt. Gerade in solch einer Lebenssitution gilt es, die innere Ruhe zu bewahren und die innere Harmonie aufzusuchen. Bewahren Sie eine Haltung der Liebe und Versöhnlichkeit und hören Sie auf die innere Stimme. Die Taube zeigt Ihnen, daß bald wieder Ruhe und Festigkeit in Ihrem Leben einkehren und daß die Unordnung sich in Fruchtbarkeit wandeln wird. Gut ist es, sich mit anderen auszutauschen, etwas zu unternehmen, so daß man nicht emotional vor sich hin brütet. In eine Gruppe von Tauben fährt kein Habicht, sagt der »Physiologus«. Die Taube ist ein Symbol der geistigen Wiedergeburt, und jeder Geburt geht ein unruhiger Übergangszustand voraus. Hilfreich ist es, wenn Sie sich eine Vision Ihrer Zukunft aufbauen. Eine starke geistige Einbildungskraft ruht in Ihnen, und für Sie gilt besonders der Satz: »Du bist, was du denkst.«

Persönlichkeitsentfaltung

Im Privatleben sind jetzt Kräfte gefragt, die Harmonie und Frieden fördern. Ausgeglichenheit und Ruhe werden sich dadurch einstellen. Es geht hauptsächlich um zwischenmenschliche Beziehungen. In allen Dingen, wo es um Liebe, Schönheit und Künstlerisches geht, wird sich jetzt Positives gestalten. Es ist eine Zeit für die schönen Dinge des Lebens. Das Geschäftliche steht nicht im Vordergrund. Fordern Sie sich und Ihre Umwelt nicht zu stark, denn es

ist eine Zeit der Entspannung, des Fließen-Lassens. Alle Bestrebungen, das Schöne im Menschen zu fördern, Lebensbedingungen zu verbessern, finden jetzt Ihr Interesse.
Dem *Vogelhalter* zeigt die Taube, daß es Ihre innere Ruhe ist, die starke innere Liebe zum Tier, die Ihnen das Reich der Vogelwelt erschließen wird. Die Taube ist nicht arglistig, auch nicht störrisch, sondern reinen Herzens. Hören Sie deshalb auf Ihre innere Stimme, wenn Sie mit den Vögeln zusammen sind, so kann sich Ihnen die Fähigkeit zur Inspiration erschließen. Vögel werden Ihnen vielleicht Worte oder Gedanken eingegeben, die Sie niederschreiben möchten. Eine friedliche, sanfte Atmosphäre erschließt Ihnen die Herzen der Vögel.
Dem *Künstler* bringt die Taube Inspiration und visionäre Kraft. Sie bekommen jetzt ganz entscheidende künstlerische Anregungen für Ihren weiteren Weg. Sie haben die Chance, jetzt kosmischer Inspiration ganz nahe zu sein. Voraussetzung aber dafür, daß die Inspiration bei Ihnen anlangen kann, ist ein friedvoller harmonischer Zustand. Dies gilt innerlich wie äußerlich. Durch die aufgewühlten Wasser (= Emotion) dringt nicht der Strahl des göttlichen Lichts. Die Taube ist eine kollektive Kraft, die Ihnen ermöglicht, in Ihrer Kunst etwas auszusagen, was auch für das Kollektiv große Bedeutung hat. Sie können zum Sprachrohr werden.

Spirituelle Deutung

Thema: Selbstbehauptung – Harmlosigkeit
Die Taube repräsentiert für Sie eine Geisteshaltung, die wir als Haltung der Rechtmäßigkeit und der Harmlosigkeit bezeichnen können. Alles Böse dieser Welt entsteht aus schädlichen magnetischen Zuständen und deren Ausstrahlung. Das Gesetz, andere Wesen nicht zu schädigen, ist Ihr persönlicher Weg des spirituellen Wachstums. Dabei gilt es, die äußeren Taten zu betrachten und Ihr Handeln zu überdenken, was noch relativ einfach ist. Viel schwerer ist die innere Haltung der Harmlosigkeit, was bedeutet, daß Sie

keine Emotionen und Gedanken hegen, die durch ihre Ausstrahlung die Aura eines anderen Menschen verletzen können. Schlechte Gedanken und Gefühle, verletzende Worte sind so schlimm wie entsprechende Taten. In der Tat sind diese noch gefährlicher, da sie unsichtbar wirken. Bedenken Sie, daß alle negativen Emotionen als schädigend gelten, die das Selbst oder die Energetik eines anderen Wesens beeinträchtigen. Aggressive Emotionen sind für uns objektiv schädigend, das ist uns klar. Denken Sie aber auch an energetische Emotionen, wie Depression, Selbstmitleid, Niedergeschlagenheit, also an all die Emotionen, die nur auf das Ich konzentriert sind. Üben Sie sich in einer positiven Lebenshaltung, urteilen oder kritisieren Sie nicht vorschnell, halten Sie sich zurück im Reden und impulsiven Handeln. Rechte Rede zeugt von der Kunst der Selbstbeherrschung, das rechte Denken von der Fähigkeit zu einsichtsvoller Liebe und das rechte Handeln zeugt von der Kenntnis der göttlichen karmischen Gesetze. Es ist aber nicht die Harmlosigkeit gemeint, die aus Schwäche oder Sentimentalität entspringt, die alles Unangenehme vermeidet, um keine Auseinandersetzung aushalten zu müssen oder die vielgeliebte bestehende Ordnung zu verlieren. Wahres Verständnis und Verstehen seiner selbst und der Wesen, die mit einem in Berührung kommen, sind nötig für wahre Harmlosigkeit.

Dies ist der Weg zur Harmlosigkeit, der wahrhaft eine Herausforderung für alle Menschen ist. Für Sie wird er jetzt zur Aufgabe. Ihr Ziel winkt darin, daß Sie fähig werden, sich als Seele in allen Dingen dieser Erde wiederzufinden. Manchmal fühlen Sie sich, als würden Sie in einem inneren Bad gesotten. Gerade das zeigt Ihnen aber, daß die Reinigung von alten Mustern in vollem Gange ist und die Freilegung Ihres spirituellen Selbst bevorsteht. Sie werden die Abgrenzung des Ich überwinden, was Sie in großem Maße zur Heilung befähigen wird. Ihre Kraft, die nur wohltätige Energien anzieht, wird schließlich fähig sein, negative Schwingungen aufzufangen, zu zerlegen und dorthin zurücksenden, wo sie herkamen. So können Sie zum wahren Friedensstifter und Konfliktberater werden, eine Aufgabe, die in der heutigen Welt immer dringlicher werden wird.

Wachtel ☼ E

Zeichen der Materie und der Verwirklichung

Affirmation: »Als Pilger dieser Erde folge ich meinem Weg mit gutem Mut.«

Allgemeine Deutung

Sie sind ein Mensch, der auf Herausforderungen sehr sensibel reagiert und sie durchaus annimmt. Sie gehen gerade Ihren Weg, lassen sich durch nichts aufhalten, da das Licht Ihrer Seele klar die Richtung angibt. Anderen können Sie gut Mut machen, tun Sie dies. Achten Sie aber darauf, daß Sie sich nicht ständig und durch alles fordern lassen. Überlegen Sie, wo es sich lohnt, Energie einzusetzen und mit welchen Mitteln es am klügsten ist, etwas durchzusetzen. Sonst könnte es sein, daß Sie zu allerlei Verkrampfungen, körperlicher wie gedanklicher Art, neigen werden. Gerade da Sie stets sehr schnell sind, gilt es auf Ausgeglichenheit zu achten. Sie sind ein guter und wachsamer Beobachter, dem nichts so schnell entgeht. Das macht Sie für feinnervige Aufgaben geeignet. Achten Sie auf den Rhythmus des Mondes.

Persönlichkeitsentfaltung

Im Privatleben werden Sie im Moment richtig gefordert, was eine Widerspiegelung Ihrer inneren Kräfte ist. Sie sind energiestark und fordern Dinge geradezu heraus. Es ist wichtig, sich im Moment mit anderen zu messen, das stärkt das Selbstbewußtsein. Manches kann so durchgefochten, manches Ziel durchgesetzt werden. Manch ein Herausforderer wird jetzt auch Ihren Weg kreuzen und manchmal werden Sie vielleicht mehr Konkurrenten haben, als Ihnen lieb ist. Es ist eine gute Zeit für Sportliches, für Wettbewerbe und für Bewerbungen. Aber auch eine gute Zeit, um lästige Angewohnheiten loszuwerden, Lebensmuster zu verändern. Sie haben jetzt die Energie dafür. In zwischenmenschlichen Beziehungen gilt es aufzupassen, daß Eifersucht nicht überhandnimmt und Sie sich nur noch in Herausforderungen sehen. Das könnte viel zerstören.

Dem *Vogelhalter* zeigt die Wachtel emsige Geschäftigkeit an. Sie sind dauernd auf Achse, tun dies und jenes. Sinnvoll wäre es für Sie, die Arbeit besser zu strukturieren. Lassen Sie ruhig den Dingen auch mal ihren Lauf, regeln Sie nicht alles. Auch Sie sind ein Pilger auf dem Weg zu mehr Erfahrung und besserer Einsicht in das göttliche Wirken in der Natur. Lassen Sie ruhig öfters den gesunden Rhythmus der Natur wirken. Sie werden sehen, wie entspannend das für Ihre Vögel und Sie selbst ist. Sie haben ein ausgeprägtes Beobachtungsvermögen, was Sie manches Detail entdecken läßt, das andere nicht wahrnehmen.

Als *Künstler* zeigt Ihnen die Wachtel Eigenwilligkeit an. Sie haben einen guten Kampfgeist und ein gesundes Selbstbewußtsein. Ihre künstlerischen Konzepte sind ebenfalls eigenwillig. Eine Ablehnung derselben bedeutet für Sie persönliche Kampfansage. So befinden Sie sich in einer emotionalen Situation der steten Anspannung, jeden Augenblick in den Kampf zu müssen. Anpassungsfähigkeit und Diplomatie gilt es zu lernen, den Dingen einfach auch mal ihren Lauf zu lassen. Es wird Ihrer künstlerischen Laufbahn förderlich sein. Dabei gilt es natürlich, nicht alle Eigenständigkeit über Bord zu werfen. In der Mitte liegt wie immer der Weg. Die Wachtel steht mit dem Geruchssinn in Verbindung, dem Sinn, der für Einheit mit dem Ziel steht und für Unterscheidungsvermögen. Geben Sie Ihrer Intuition und Ihrer »guten Nase« Raum, ihre Fähigkeiten zu entfalten. Denn das Ziel ist die Darstellung Ihrer Kunst. Nehmen Sie Ihre Emotionalität zurück und geben Sie Ihrer Intuition mehr Raum.

Spirituelle Deutung

Thema: Mut – Verlustangst

Die Wachtel bringt Sie in Verbindung mit der Empfindung »Angst«. Und in der Tat sind unsere Ängste so schrecklich wie die neunköpfige Hydra. Es gibt Ängste auf der materiellen Ebene, z. B. Besitz und Gesundheit zu verlieren, auf der emotionalen Ebene die Angst vor Mißerfolg und Verlust eines Menschen. Es gibt die mentale Angst des Zweifels, die Angst, den Verstand zu verlieren, und der Verneinung, daß das Leben vielleicht doch keinen Sinn hat. Auch die Angst davor, daß plötzlich die Angst unser Leben leiten könnte. Und so bemühen wir uns täglich mit unserem mühselig aufgebauten Wertesystem, das in unserer linken Gehirnhälfte sitzt, allem aus dem Weg zu gehen, was uns in Angst und Unsicherheit versetzt. Durch viele schmerzhafte emotionale Erfahrungen haben wir eine labile Balance gefunden, die nicht erschüttert werden darf. Auf diesem Eiland fühlen wir uns sicher. Unsere Vermeidungstaktik treibt allerdings seltsame Blüten, die wie die Hydra ins Numinose wachsen können, vor allem, wenn wir den Kontakt zur eigentlichen Ursache durch stetes Verdrängen längst verloren haben. Diesen Zustand bezeichnet man in der Kinesiologie als »keine Wahl«. Stellen Sie sich vor, Sie wollen einem Ihnen verhaßten Menschen unter keinen Umständen begegnen. Welche Umwege sind Sie bereit, dafür in Kauf zu nehmen? Dies ist numinose Furcht. Selbst wenn Sie es schaffen, diesem Menschen nicht zu begegnen, müssen Sie stets damit rechnen, daß ein anderer auftaucht, der vielleicht noch schlimmer ist. Gerade auch in der spirituellen Entwicklung haben Menschen ganz tiefsitzende Ängste, die zum großen Teil sogar kollektives Erbe sind. Angst vor der Stille, vor Dunkelheit, vor Kontakt mit Verstorbenen und Ufos. Angst vor den schrecklichen Prophezeiungen noch schrecklicherer Propheten. All dies erfüllt unser Leben. Und keiner von uns ist frei davon, auch nicht die sogenannten Fortgeschrittenen. Auch für Sie ist es Zeit, daß Sie sich mit Ihren Ängsten beschäftigen. Hilfreich stehen Ihnen auch neue Heilrichtungen zu Verfügung, wie etwa die Kinesiologie. Die Bekämpfung der Furcht braucht die klare Erkenntnis, um die Ursache der Furcht zu entdecken. Dies ist die Kraft des Windes. Damit kann ihr Kraft entzogen werden. Dann bedarf es des Mutes, die Konfrontation mit der Angst auszuhalten. Dies bedarf der Energie und der Helligkeit der Sonnenkraft. Und es bedarf der Demut. Die Demut, nicht alles allein schaffen zu wollen, sondern auch Hilfe von anderen anzunehmen, so wie Herakles ohne Unterstützung des Iolaos und der Wachtel keinen Erfolg gehabt hätte. Demut bedeutet auch die Erkenntnis, daß die Schlange der Furcht ein Teil unseres Selbst ist, genährt durch uns selbst. Sie ist die Nachtseite von weisheitsvoller Erkenntnis, von Stärke und von Demut. Sobald Sie anerkennen, daß es höhere Kräfte gibt, daß Sie selbst diese besitzen, haben Sie auch den Schlüssel zu Ihrer Angst in der Hand.

Waldschnepfe ☾ E

Zeichen der Verwandlung

Affirmation: »Ich wahre das Geheimnis des silbernen Mondlichts.«

Allgemeine Deutung

Sie haben ein Faible für Märchen. So spielen Traumszenen in Ihrem Leben eine wichtige Rolle. Sie warten darauf, daß Ihnen die Traumprinzessin oder der Traumprinz über den Weg läuft, oder eine gute Fee Ihr Leben verzaubert. Bewahren Sie Ihre Phantasie und die Kunst des Träumens, aber lassen Sie sich nicht vom täglichen Leben abhalten. Schieben Sie nicht alles weg und hoffen, daß sich alles irgendwann mit einem Zauberstab lösen läßt. Vor allem werden Sie dann anfällig für Menschen, die Ihnen etwas vorgaukeln. Sie glauben etwas Höheres zu sehen, dabei unterliegen Sie einer Illusion. Dies gilt vor allem im partnerschaftlichen Bereich. Nutzen Sie Ihre Phantasie für kreative Möglichkeiten.

Persönlichkeitsentfaltung

Im Privatleben sitzen Sie sozusagen auf dem Wartestand. Sie warten, daß etwas geschieht, von dem Sie hoffen, daß dies Ihr ganzes Leben verändert. Sie haben lediglich Ahnungen, wissen nicht konkret, auf was Sie warten. Sie lieben es, sich in romantischen Träumen zu ergehen, sehen in allem ein Zeichen, ein Symbol. In der Tat können Sie im äußeren Leben im Moment auch wirklich nicht viel tun. Es unterliegt nicht Ihrem Einfluß. Wichtig ist es, die Hoffnung nicht aufzugeben. Haben Sie Ausdauer und Geduld. Je mehr Sie sich in Ihrer Erwartung verkrampfen, desto schwerer kann diese eintreten. Günstig wirkt sich dies auf alle inneren Beschäftigungen aus, für Phantastisches, Esoterisches und Okkultes. Darin liegt jetzt Erfolg. In Beziehungen zu anderen gilt es etwas vorsichtig zu sein, da Sie alles durch die romantische Brille sehen. Sie knüpfen starke Hoffnungen an andere, projizieren zu starke Erwartungen auf den Partner, was keine gute Voraussetzung zur Erfüllung ist.

Dem *Vogelhalter* zeigt die Schnepfe an, daß es an der Zeit wäre, sich von der Abstraktion der Vogelhaltung ins Leben selbst hineinzubegeben. Beobachten Sie die Vögel in der freien Natur. Das schult Aufmerksamkeit und Geduld. Dadurch bekommen Sie auch wieder ein Gefühl für die Bedürfnisse Ihrer Vögel. Haben sie genügend Freiraum, Farben? Dürfen sie fliegen?

Dem *Künstler* zeigt sie ein Problem im Umgang mit seiner Kunst. Er kommt sich vor, als wäre das Anbieten seiner Kunst eine Art der Prostitution, ein Zurschaustellen auch seiner inneren Gefühle. Hier gilt es zu lernen, daß sich hinter Prostitution einst eine sehr spirituelle Haltung verbarg, die für uns heute nicht ohne weiteres nachvollziehbar ist. Prostituierte waren Dienerinnen von Göttinnen. So wäre es für Sie gut, daß Sie den spirituellen Wert Ihrer Kunst sehen, die wahrhaft vom Göttlichen Selbst kommt. Es geht nicht um Ihre Person, sondern um etwas, was durch Sie geschieht und Ausdruck in Ihrer Kunst findet.

Wendehals ☼ L

Zeichen der Liebe und Beziehung

Affirmation: »Ich wende mein Schicksal und betrachte meine Welt in allen Richtungen.«

Allgemeine Deutung

Der Wendehals galt als Zaubervogel der Aphrodite. Ihnen fällt es nicht leicht, Ihre Zuneigung auszudrücken, Kontakt zu anderen Menschen aufzunehmen. Überheblichkeit ist im Moment nicht angebracht. Erotik und Sexualität haben eine starke Anziehungskraft, fast eine magische Wirkung auf Sie. Sie möchten gerne die Zuneigung leiten können. Sie möchten Dinge einfach gerne ändern können. Hier lehrt Sie der Wendehals, daß es sinnvoller wäre, sich in allen Richtungen in der Welt einmal umzusehen, als vor Schreck starr in eine Richtung zu blicken. Werten Sie nichts, sondern erleben Sie den Reichtum an Erfahrung, den die Welt Ihnen bieten kann.

Persönlichkeitsentfaltung

Im Privatleben befinden Sie sich im Moment in einem festgefahrenen Zustand, der dringend der Veränderung bedarf. Jetzt ist die Zeit dafür günstig. Die Dinge geraten in Fluß, so daß sich Ihnen dadurch vielfältige Möglichkeiten erschließen. Aber überhasten Sie nichts, sondern nehmen Sie sich Zeit, um sich in aller Ruhe umzuschauen, was Sie gerne verändern möchten. Dann können Sie auch die Richtung erkennen, in die sich die Dinge verändern sollen. Abwechslung, Vielseitigkeit und Veränderungen versprechen jetzt beruflichen Erfolg. In zwischenmenschlichen Beziehungen hätten Sie am liebsten einen Zauberstab, um alles nach Ihren Wünschen verändern zu können. Aber je mehr Sie sich in Ihrem Wunsch und Wollen versteifen, desto weiter wird sich das zu erreichende Ziel entfernen. Und selbst wenn Sie das Ziel erreichen, könnte sich das im Nachhinein entgegen Ihren Erwartungen als etwas völlig anderes entpuppen. Überprüfen Sie im emotionalen Bereich Ihr Verlangen und Ihre Wünsche, versuchen Sie deren Begründung zu durchschauen. Das erspart Ihnen spätere zweifelhafte Erfolge.

Dem *Vogelhalter* zeigt der Wendehals, daß es Zeit wäre, sich in verschiedenen Gebieten umzusehen. Naturreisen und Forschung könnten für Sie sehr interessant werden. Vielleicht sollten Sie eine vogelkundliche Reise unternehmen.

Als *Künstler* spielt für Sie die erotische Energie eine wichtige Rolle in Ihrem Schaffen. Für Sie muß dieser Zauber des Verführerischen vorhanden sein, das gewisse Etwas. Das kann von Ihnen selbst ausgehen, von Kollegen kommen, oder auch von Zuhörern. Diese Energie nutzen Sie, um eine Atmosphäre zu schaffen, die Ihnen das Publikum geneigt macht. Die erotische Kraft ist eine der wichtigsten kreativen Kräfte, die der Mensch besitzt, und es ist gut, daß Sie zu dieser Kraft stehen. Liebeszauber und Liebessehnsucht sind etwas Herrliches und Entrückendes. Und Sie haben viel Erfolg damit. Aber lassen Sie sich diesen nicht zu Kopfe steigen und bekommen Sie nicht das Gefühl, alle Menschen einfach so um den Finger wickeln zu können. Bleiben Sie seriös und bemühen Sie sich um Reinheit Ihrer Motive. Vor allem fixieren Sie sich nicht auf diese Kraft, sondern seien Sie vielseitig und weiten Sie Ihre Kräfte nach verschiedenen Richtungen.

Spirituelle Deutung

Thema: Lebendigkeit – Verhärtung

Der Wendehals verknüpft sich mit dem Thema Wendepunkt oder Krise. Krisen erleben wir meist sehr negativ. Wir erleben starke Kräfte in uns, denen wir hilflos ausgeliefert scheinen. Es gibt Zyklen oder Phasen im inneren Wachstum des Menschen, die bei allen Menschen ähnlich sind. Dies sind so besondere Phasen wie die Pubertät, oder die Saturn-Phase so um das 30. Lebensjahr. Und es gibt natürlich individuelle Krisenzeiten bei jedem Menschen. Die eine Phase wird abgeschlossen und eine andere kommt herein. Der Übergang ist die Krise. Haben wir die neu hereinkommenden Energien in uns integriert, geht es wieder aufwärts. Es ist der Prozeß der Integration und das Aufnehmen eines neuen Rhythmus. Es ist die von unserer Seele ausgesandte Energie, die verlangt, daß wir bestimmte unterbewußte, verdrängte Aspekte unseres Selbst ans Licht heben und in unserem Bewußtsein integrieren. Nur so bleibt unser Leben im Fluß. Eine Krise beginnt dann, wenn wir ein starkes Maß an Angleichung oder Identifikation mit dem bisher Erreichten erlangt haben. Würden wir auf diesem Level weitermachen, würde dies keine weitere Entwicklung bringen, sondern zunehmende Verhärtung und Verfestigung. In der Krise wird uns die Chance zu neuem Leben gegeben, zu neuen Zielen und Inhalten. Dies bringt uns auf unserem Weg voran. Die Stärke und Härte einer Krise zeigt uns unsere Verfestigungen und damit auch Werte, die wir um jeden Preis für uns erhalten wollen, auch wenn die eigene Seele diese als nicht weitertragend ansieht. Die moderne Psychologie kennt heute diese psychischen Techniken, die wir als Menschen im Laufe unserer Kindheit und Jugend entwickelt haben, um emotional zu überleben.

Auch Sie müssen sich mit inneren Krisen auseinandersetzen. Sehen Sie die damit verbundenen Schwierigkeiten nicht als Unglück oder Mißerfolg, sondern als Chance für weiteren Fortschritt. Die Krise zeigt ja gerade, daß Sie Fortschritte in Ihrer Entwicklung schon vollbracht haben. Schauen Sie zurück, was Sie bis jetzt erreicht haben. Krisen sind anstrengend, aber Sie gehen gestärkt daraus hervor und haben das Gefühl, etwas gewonnen oder geleistet zu haben. Unbehagen und Schmerz sind in diesem Fall Zeichen des Höherstrebens. Was Ihnen helfen kann in dieser Phase, ist Ihr schöpferisches Vorstellungsvermögen. Benützen Sie Ihre Phantasie und Kreativität. Schulen Sie sich in der Kunst der Imagination, des positiven Denkens und in der Haltung »als ob«. Licht wird sich einstellen, so daß Sie den nächsten Schritt klar vor sich sehen. In der Enthüllung werden Sie die Absicht Ihrer Seele begreifen und danach wird die Integration vollbracht sein.

Wiedehopf ☼ L

Zeichen der Verwandlung

Affirmation: »Ich kenne das Verhältnis von Zeit und Raum und damit das Geheimnis der Welt.«

Allgemeine Deutung

Ihm wurde die Weisheit zugeordnet, da er als Botschafter des weisen Königs Salomo galt. Kein Geheimnis des Lebens war ihm unbekannt. Ihnen zeigt er, daß Sie im Moment zu viel von sich und anderen fordern. Die Anforderung, was Ihnen die Welt zu geben habe, ist nicht ungefährlich. Stets bleibt man unbefriedigt und die Frustration wächst. Es besteht die Gefahr, daß Sie nicht mehr unterscheiden können zwischen ihren Wünschen und den Realitäten. Es könnte Ihnen später als Aufschneiderei ausgelegt werden. Sie wollen am liebsten alles wissen und dies sogleich. Auch magische Mittel würden Sie anwenden, wenn es zum Ziel führte. Der Wiedehopf unterweist die anderen Vögel, wie wichtig es ist, sich von Besitzdenken, von Machtgelüsten und anderen Forderungen zu befreien, um zu seinem wahren Selbst und zu innerer Ruhe zu kommen. Im Nichtanhaften liegt das Geheimnis, und alles wird Ihnen zur rechten Zeit offenbar. Zu einem Zeitpunkt, wenn Sie es auch in richtiger Weise anwenden können. Seien Sie wie der Wandervogel, der der Wiedehopf ist, wandern Sie von einer Erfahrung zur nächsten und lassen Sie überflüssiges Gepäck zurück. Am Ende werden Sie Weisheit erlangt haben. Bemühen Sie sich, andere in Ihr Tun, Fühlen und Denken mit einzubeziehen. Diese gemeinsam geteilten Erfahrungen bilden den Jungbrunnen Ihres Lebens. Sie haben ein Talent, anderen Menschen Dinge zu erklären, die vielleicht sogar ins Philosophische und Spirituelle gehen. Üben Sie Gelassenheit im Alltag.

Persönlichkeitsentfaltung

Im Privatleben spielen Sicherheiten, und da vor allem die materiellen, eine wichtige Rolle. Sie versuchen sich stark an Vergangenes zu klammern, weil dies Ihnen sicherer erscheint als die Zukunft. Da Sie aber viel Originalität und Freiheitsliebe besitzen, schmücken Sie die Vergangenheit aus, so daß sie schöner erscheint als sie tatsächlich war. Dies blockiert Sie, Ihre Kräfte für zukünftiges Handeln zu verwenden. Verlust an Realität mag sich dann einzustellen. Vielleicht bemühen Sie sich auch, diese innere Spannung zu betäuben. Unzufriedenheit und Leere wird dies aber nicht beseitigen. Was Sie in dieser Situation tun sollten, ist, den unnötigen Ballast der Vergangenheit abzustreifen. Werfen Sie aber nicht alle Sicherheiten über Bord, sondern entledigen Sie sich nur der Lebensmuster, die überholt und nicht mehr angemessen sind. Verlassen Sie sich auf Ihre Originalität und auf Ihren Erfindungsgeist. Vielleicht hilft Ihnen das Niederschreiben Ihres Lebens, um sich von den Schatten zu befreien. Dies ist auch wichtig für Ihre Beziehungen, damit diese eine Verjüngung erfahren können. Im beruflichen Sinne sind Betätigungen günstig, die Sprache, Reden oder Lehren beinhalten.
Ihnen als *Vogelhalter* zeigt der Wiedehopf, daß Sie sich stets vom Besitzdenken lösen müssen. Die Vögel sind nicht Ihr Besitz, sowenig dies ein anderer Mensch sein kann. Betrachten Sie es als Leihgabe, daß die Vögel im Auftrag ihres Göttersymbols zu Ihnen gekommen sind, um Sie etwas zu lehren, um Sie in Kontakt mit einer Welt von Energien zu bringen, die Ihnen ohne die Mithilfe der Vögel verschlossen wäre. Betrachten Sie die Vögel als Weggefährten, als Partner auf Ihrem Weg, und sie werden Ihnen viele Geheimnisse der Schöpfung zeigen. Der Wiedehopf galt immer als zauberisches Wesen, dem geheime Kräfte gehorchten, nämlich die der Elemen-

tarwesen. Sie werden die Natur mit neuen Augen betrachten. Sie haben einen »grünen Daumen« für Vögel, den Sie entwickeln können. Ihnen gelingen Dinge, die andere nicht zuwege bringen. Lassen Sie aber die anderen teilhaben an Ihrem Wissen und Ihrer Erfahrung, was letztlich den Vögeln nützt.

Für Sie als *Künstler* spielt das »Wandervogeldasein« eine wichtige Rolle. Sie lieben diese Ungebundenheit und das Abenteuer des Reisens. Gerne erzählen Sie von Ihren Fahrten so manchen Schwank, wobei Ihnen die Kunst der Ausschmückung nicht fremd ist. Sie haben sehr viel Originalität und Witz und Ihre Begabung liegt in Ihrem Scharfsinn. Sie bleiben kein Wort schuldig. Sie haben einen Hang zur Musik, die von fahrenden Musikanten geschrieben wurde. Alles, was mit Rätseln zu tun hat, fasziniert Sie. Diese ist Ihre äußere, bunte Seite. Versteckt und noch nicht entwickelt haben Sie die tiefere Seite Ihres Daseins. Dem Wandernden erschließt sich das geheime Wissen, das man nur in der Natur lernen kann, und aus der Erfahrung der Menschen, die man trifft. Eng damit verknüpft ist das Wissen der mittelalterlichen Bauhütten. Zahlen sind für Sie etwas Magisches, und vielleicht sollten Sie sich mit den Lehren der Freimaurer, der Kabbala oder der Rosenkreuzer beschäftigen. Gerade die Zahlenverhältnisse in der Musik üben eine Anziehungskraft für Sie aus.

Spirituelle Deutung

Thema: Freiheit – Materielle Verhaftung

Der Wiedehopf wird dem Saturn und dem Mond zugeordnet. Ihnen bringt er in Ihrer spirituellen Entwicklung die Lehre des Losgelöstseins und Nichtanhaftens. In Ihrer bisherigen Entwicklung haben Sie sich ganz mit den äußeren Zielen identifiziert, womit Sie auch Ihre Seelenenergie für persönliche Zwecke eingesetzt haben. Ihre Seele identifizierte sich mit Ihnen als Persönlichkeit. Jetzt kehrt sich das Rad um. Die Persönlichkeit beginnt, sich mit der Seele und deren Werten zu identifizieren. Das bedeutet, die inneren Werte gewinnen langsam am Vorzug gegenüber den äußeren. Daß dies nicht ohne Widerstände und Reibereien abgeht, ist nur zu verständlich. Es geht für Sie jetzt darum, alle persönlichen Werte zu überprüfen und loszulassen. Das gilt auch für persönliche Beziehungen. Den Dienst als Seele gilt es ohne Absicht und Zweck zu tun. Gerade das Loslassen persönlicher Beziehungen fällt sehr schwer, wie jeder Elternteil am Loslassen seiner Kinder erfahren kann. Im Endeffekt geht es aber darum, die Kinder loszulassen, um sie als erwachsene Seelen und Freunde auf höherer Ebene wiederzugewinnen. Dies ist ein Akt seelischer Freiheit. Auch die Anerkennung, wenn die Kinder einen trennenden Weg gehen möchten, so schmerzvoll dies für uns sein mag. Losgelöstsein bedeutet nichts anderes, als daß wir alles Denken, Fühlen, Tun von der persönlichen Absicht, Funktion oder Zweckorientierung befreien. Damit gewähren wir dem Gegenüber die Chance und Freiheit, so zu sein, wie es seiner inneren Entsprechung und Bestimmung nach sein möchte. Auch daß wir ständig Verantwortung für andere übernehmen, müssen wir loslassen. Denn wir beurteilen die Dinge nach unseren persönlichen Erfahrungen, die ein winziger Ausschnitt der Ganzheit sind. Die Ursache liegt in den Erfahrungsmustern zum Thema »Sicherheit«, die wir in unserer eigenen Kindheit mitbekommen haben. Das Loslassen des Wiedehopfs kann erst stattfinden, wenn wir wissen, was wir loslassen, und wenn wir selbst innere Sicherheit und Stabilität haben. Wenn wir im Loslassen Angst haben, etwas zu verlieren, oder Angst, daß unsere Stabilität, unser Haus zusammenfällt, dann besitzen wir noch nicht diese innere Sicherheit, die allein von einer geistigen Grundhaltung kommt. Meditieren Sie über das Bild mit einem Rosenkreuz, über den ein Vogel sich im Fluge erhebt. Der Vogel als Symbol der Freiheit in Zeit und Raum verbindet sich mit der rosigen Farbe der Hingabe. Das Kreuz an sich ist ein Symbol der irdischen Stabilität. Die Rosen verklären das Kreuz, was bedeutet, daß es um einen stabilen Einfluß des Seelischen geht, was uns auch materiell Sicherheit gibt.

Zaunkönig ☼ L

Zeichen der Entfaltung

Affirmation: »Ich verberge mich in den Niederungen der Erde und bin doch heimlicher König.«

Allgemeine Deutung

Leicht sind Sie durch schmeichelnde Worte zu verlocken und damit ein leichtes Opfer für manch betrügerische Absicht. Sie lassen sich gerne vom Schein der Dinge blenden. Heimlich pflegen Sie zu Hause Ihren Stolz, es doch eigentlich besser zu können als andere. Leicht träumen Sie sich in diesen Selbstbetrug hinein. Kommen Sie lieber aus Ihrem Versteck und bringen Sie Ihre Qualitäten ans Tageslicht. Überzeugen Sie andere durch Tatsachen Ihres Könnens und Tuns. Sie werden selbst glücklicher sein, und die Anerkennung durch andere wird nicht auf sich warten lassen. Pflegen Sie die ritterlichen Tugenden des »Fair Play«, wobei Sie nicht auf Witz verzichten müssen. Treffen Sie selbst Ihre Entscheidungen.

Persönlichkeitsentfaltung

Im Privatleben zeichnen Sie sich durch Witz und Pfiffigkeit aus. Innerhalb des Rahmens Ihres Wirkungskreises haben Sie viel erreicht und eine beachtliche Stellung inne. Beschränken Sie sich aber im Moment auf diesen Wirkungskreis. Es könnte durchaus sein, daß verlockende Angebote oder Wünsche an Sie herangetragen werden, so daß Sie versucht sein könnten, Ihr »Revier« auszuweiten oder ein neues hinzuzugewinnen. Gerade Ihre Pfiffigkeit könnte Sie dazu verleiten. Dies wäre derzeit wenig ratsam, da es Feinde und Neider auf den Plan rufen könnte, und Sie könnten über Ihre eigenen Stricke fallen. Betreiben Sie nicht eine Kunst, alle gegeneinander auszuspielen, was heute oft als Kunst der Diplomatie bezeichnet wird. Für hochfliegende Pläne und deren Ausführung ist im Moment nicht der richtige Zeitpunkt, Sie könnten dabei an Macht verlieren.

Ehrgeiz und Stolz spielen in Ihren Beziehungen eine Rolle. Beweisen Sie sich nicht stets selbst, was für ein toller Hecht Sie sind. Bescheidenheit und Zurückhaltung können Ihren Beziehungen mehr nützen.

Dem *Vogelhalter* zeigt der Zaunkönig, daß er gewissermaßen der König unter Ihren Vögeln ist. Nur sollten Sie dabei nie vergessen, daß die Stellung des Königs ursprünglich alles andere als beneidenswert war, denn er hatte als Stellvertreter der Götter mehr zu leisten als der Normalsterbliche und mehr Verantwortung zu tragen. Seine ganze Sorge hatte dem Wohlbefinden seiner Untertanen zu gelten, und Heilkraft war für ihn verpflichtend. Im Laufe der Zeit ist das Amt des Königs mehr und mehr heruntergekommen. Zeigen Sie im Umgang mit Ihren »gefiederten Untertanen«, daß Ihnen einzig und allein ihr Wohl am Herzen liegt und daß Sie sich in Ihre Vögel hineinversetzen können, um ihre Bedürfnisse zu erspüren. Das geht weit über Futter und Volierengröße hinaus!

Dem *Künstler* zeigt der Zaunkönig, daß der wahre Wert im eigenen Selbstbewußtsein liegt, nicht in der äußeren Stellung. Äußerlich ist er ein Zwerg, aber innerlich ein König unter den Vögeln. Sie lassen sich schnell von anderen beeindrucken und denken, andere können das viel besser. Ihr Selbstbewußtsein wird geringer. Im Gespräch oder zu Hause in Ihrem Kämmerlein vertreten Sie dann eher die Meinung, es mindestens genauso gut zu können. Dieser Zwiespalt frißt Sie auf. Innerlich schätzen Sie sich hoch ein, nach außen haben Sie oft nicht den Mut. Sie haben Angst vor dem Vergleich, Angst, Ihren eigenen inneren Ansprüchen, die sehr hoch sind, nicht zu genügen. Hier hilft nur »Tun«! Können und Kunst entwickeln sich nur, wenn wir ständig aktiv sind. Gerade auch an Fehlern und Versagen reifen wir. Nur so entwickelt sich selbstbewußtes Können. Nutzen Sie Ihre Energie dafür, treten Sie nach vorn und aus sich heraus. Sie werden zufriedener mit sich und der Welt sein.

Spirituelle Deutung

Thema: Mentale Kraft – Eigenwilligkeit

Der kleine Zaunkönig birgt in sich ein großes Geheimnis, das Geheimnis des vollen Mondes. Zur Zeit des Vollmonds kann das Sonnenlicht ungehindert übertragen werden. In der esoterischen Lehre wird der Mond als Überrest und Vergangenheit einer alten Gedankenform bezeichnet. Er sei lediglich eine Hülle, habe kein Leben mehr und aus diesem Grunde wurde er als Symbol des Formlebens oder der Körperwelt gewählt. Vor allem der Vollmond im Juni, dem Höchststand der Sonne, wurde in allen alten Kulturen als großes Fest gefeiert. Es ist der Zeitpunkt im Jahr, wo das Ausströmen der göttlichen Energie am stärksten ist. Es wird der Sieg des Lebens über die Materie gefeiert. Der Mond steht in Beziehung zum Thema »Gruppenarbeit« und »Reinigung«. Die Aufgabe des Jüngers auf diesem Pfad besteht in der Mitarbeit in einer Gruppe, die das Gute fördert und die Erde von allen Schlacken befreit, die ihre wahre Natur verdecken. Dieses Werk wird als Erlösung bezeichnet. Bisher wurde dieses Gesetz der Reinigung verzerrt auf das Körperliche angewendet. Wir sehen dieses Mißverständnis in der falschen Handhabung des Zölibats oder in einer starren Vorschrift von Diäten. Das Körperliche kann nur durch das Geistige transzendiert werden. Körperliche Einstellungen können hilfreich sein. Aber wenn die Konzentration rein auf dem Körperlichen liegt, wird sich nichts ändern. Ihnen zeigt der Zaunkönig, daß es für Ihre Entwicklung wichtig ist, sich der Meditationsarbeit in einer Gruppe zu widmen. Das bedeutet keineswegs eine kirchlich-religiöse Gemeinschaft, sondern Sie können sich mit Menschen regelmäßig treffen, die dieselben spirituellen Interessen haben wie Sie. Was zählt, ist der Wille zum Guten, der Wille, an dieser Arbeit teilzunehmen, mit dem Ziel, der inneren menschlichen Sphäre Erneuerung und Umwandlung zu bringen, was seine Auswirkungen in der gesamten Atmosphäre der Erde haben wird. Die Menschen haben sich im materiellen Sinne die Erde untertan gemacht und sie »kultiviert«, mit sehr zweifelhaftem Ergebnis. Aber nun schlägt die Stunde der geistigen Kultivierung. So winzig der Zaunkönig von seiner Größe her ist, so besitzt er doch einen starken Willen und Mut zu Höherem. Nicht die Macht der Äußerlichkeiten und des Körpers ist seine Kraft, sondern die innere Macht der Gedankenkraft.

Die sieben Göttervögel

Phönix

Dieser mystische Vogel gibt uns viele Rätsel auf. Er ist verwandt mit der Sonne und ein Sinnbild für Tod und Wiederauferstehung. Er verkörpert die auf- und untergehende Sonne, die Herbst- und die Frühlingssonne. Die alten Griechen bezeichneten auch einen außergewöhnlichen Menschen oder eine entsprechende Sache als Phönix. Laut Sage verbrennt sich der Phönix selbst auf einem Holzstoß wohlriechender Hölzer. Aus seiner Asche entsteht ein kleiner Wurm, der sich alsbald zum neuen Phönix entwickelt. Dies erinnert sehr an die Reinkarnationslehre, wie sie in Tibet gelehrt und gelebt wird. Dem Phönix wird nachgesagt, daß er keine Nahrung zu sich nähme, sondern nur vom Sonnenlicht leben würde. Sein Name besagt, daß er aus der geheimnisvollen phönizischen Mysterienschule stammt, und bedeutet eigentlich »der vor dem Gotte hergeht«. Er gilt als Herold des kommenden Gottes, weshalb er auch ein Symbol des Christus wurde. Interessant ist, daß wir den Phönix in allen Kulturen finden. Die Beschreibungen sind sehr ähnlich und passen ganz genau auf den mittelamerikanischen Quetzal. Er war dort ein heiliges Tier und galt der Wissenschaft als Fabeltier, bis er tatsächlich entdeckt wurde. Der Phönix in seinem rotgoldenen Kleid und seiner Krone steht für den Zustand der Erleuchtung und Meisterschaft.

Der Zustand des Vogels ohne Flügel ist der Beginn der Verwandlung und steht für den noch unbewußten Menschen. Es ist ein dumpfer Zustand des Bewußtseins. Der Rabe symbolisiert den Zustand der Nigredo, in dem man seine Emotionen und deren Wirrnis kennenlernt. Vom Leben gebeutelt, scheint das körperliche, materielle Dasein ohne Sinn. Die Nacht der Seele, Melancholie und Depression gehen damit einher. Als Vorgang entspricht dem Raben

die Sublimatio, die erste Reinigung der Materie durch Trocknen. Verwesung, Läuterung und Trennung des Körperlichen vom Geistigen finden hier statt. Es beginnt sich die Erkenntnis durchzusetzen, daß man selbst etwas tun muß, um aus dieser Zerrissenheit zu gelangen, wofür der Pfau steht. Kreativ beginnt man an seinem Leben zu arbeiten und es kehrt Farbe ins Leben ein. Wenn Körper und Geist getrennt sind, dann setzt die trockene Reinigung der flüchtigen Teile des Rückstands ein. Dabei entsteht der Pfauenschwanz, also die Regenbogenfarben. Der Pfau steht für die Farbe Grün, die Farbe der Hoffnung und des Wachstums. Vereinigt man alle sieben Spektralfarben durch lange Erfahrung und Erprobung in sich, hat man das irdische Leben ganz ausgekostet, so beginnt die Vereinigung der sieben Farben, die symbolisch auch für die sieben bestimmenden Kraftströme im Menschen stehen. Der Weg der Läuterung und Ablösung vom Irdischen beginnt. Das Licht des Himmels bekommt eine starke Anziehungskraft, und der Schwan steht für die erfolgte Läuterung (albedo = Weißung) und für die überirdische Ruhe und Harmonie. In dieses Gefäß des Schwans, das ganz leer wird an persönlichen Emotionen und Strebungen, kann sich dann der zündende Strahl Gottes werfen, und der Mensch wird zum Gottessohn, zum Phönix. Die Seele ist dann wieder auferstanden, ist heimgekehrt ins himmlische Reich. Dieses Rad kann auch im Bezug zur Reinkarnationslehre gesehen werden. Der Mensch wird als Kind wie ein Vogel ohne Flügel geboren. Er ist ganz von seiner Umwelt abhängig. Im Laufe seines Lebens durchwandert er dann die verschiedenen Stadien auf seine Weise.
Der Scharlachvogel, die chinesische Entsprechung des Phoenix, besitzt fünf Gefiederfarben. Nach dem Grad der Verwandlung verfärben sich seine Federn. Hier liegt der Ausgangspunkt in der Farbe Schwarz, dem Zustand des introvertierten, noch nicht geoffenbarten Geistes. Indem ihm weiße Federn wachsen, tritt der Zustand der Offenbarung ein. Er tritt in die Welt als Wort oder Bote der inneren Welt. Dann erst entwickeln sich seine Farben. Diese sind ganz in

das chinesische Elementenrad eingebunden, womit auch das Akupunktursystem verbunden ist. Interessant ist, daß wir auch im »Physiologus« den Scharlachvogel finden, als scharlachfarbene Taube. Scharlach und Purpur waren im Christentum bedeutende Farben. Sie waren die Farbe des Blutes, das als Träger der Verwandlung eine große Rolle spielte. Scharlach galt als Farbe des irdischen Fleisches, das sich durch eine Transmutation in den Königsmantel Purpur, das Zeichen göttlicher Vollendung, wandelte. Die Taube gilt als Vogel der Liebe und des Friedens und sie ist ohne Arg. Das sind die Kräfte, die einen Menschen verwandeln.

Spirituelle Deutung

Thema: Wandlung – Aufstieg

»Ich verwandle mein Leben.«

Der Phönix ist das große Glück. Selbst wenn er sich verbrennt, steigt er aus seiner Asche wieder empor. Das zeigt Ihnen, daß Sie in Ihrem Leben keinerlei Angst haben müssen; Sie werden immer wieder auf die Füße fallen. Sie werden all das bekommen, was Sie wirklich brauchen. Der Aufstieg ist Ihnen gewiß. Auf dem spirituellen Weg zeigt er, daß Sie sich hohe Ziele gesteckt haben. Schnelle Wandlungsphasen folgen jetzt, die Sie aushalten müssen. Bleiben Sie auf das Ziel konzentriert. Sie bestimmen den Fortschritt und Sie haben sich für den zügigen Weg entschieden. Am Schluß werden Sie das Gold Ihrer Seele in Händen halten. Ihr Leben bekommt einen plötzlichen Aufschwung, der Ihren Unternehmungen gutes Glück verspricht. Vollendung ist Ihr Thema.

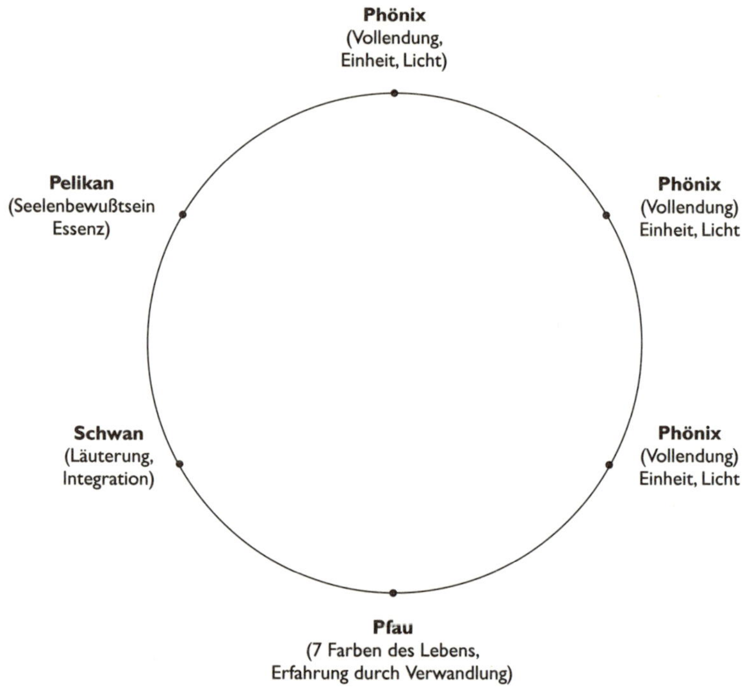

Simurg

Der Simurg (auch Simurgh oder Simorgh) ist der mystische Vogel, der um den Lebensbaum kreist und in diesem kosmischen Baum sein Nest baut. Er besitzt vier Flügel, als Symbol für die Quaternität der Welt, und ein rotes Gefieder. Anscheinend ist er eine Mischung aus Geier und Pfau. Bedeutsam ist vor allem sein Schlagen mit den Flügeln. Der Simurg wohnte einst auf einem hohen Berg, den noch kein Mensch je gesehen hatte. Einst fand er einen verwaisten Knaben, den er in seinem Nest aufzog, unterrichtete und stark machte.

Als der Knabe zu den Menschen zurückging, bekam er vom Vogel Simurg eine Feder, die er ins Feuer werfen sollte, wenn er je in Gefahr sei. Sofort würde er zu Hilfe eilen. So ist der Vogel Simurg hauptsächlich ein Helfer der in Not Geratenen, der Bedürftigen und Bedrängten. Seine innere Größe macht ihn zum König der Vögel. Interessant ist noch eine andere Erzählung, daß der Simurg eigentlich die Essenz der Qualitäten aller Vögel ist. Als die Vögel dieser Erde einst genug von der herrschenden Anarchie hatten, beschlossen sie, den Vogelkönig Simurg zu besuchen, der in einem kreisförmigen Gebirge und Palast über der Erdsphäre wohnte. Einige Vögel hatten gute persönliche Gründe, zu Hause zu bleiben, und die übrigen machten sich auf den Weg. Der Weg ist lang und sehr gefährlich, so daß viele der Ausgezogenen auf der Strecke blieben. Dreißig kommen nach vielen Mühen an und erblicken den König Simurg. Dabei stellen sie fest, daß sie alle der Simurg sind.

Spirituelle Deutung

Thema: Spirituelle Einheit – Weggefährten

»Ich wage alles für das Höhere.«

Es stehen große Entscheidungen bei Ihnen an, die die Tendenz haben: Alles oder nichts. Das ganze Leben ist ein Abenteuer, und wer zu Hause bleibt und nichts wagt, kann auch nichts gewinnen. Erforschen Sie mit Ihrer Klugheit und kühlem Kopf alle Möglichkeiten, die sich Ihnen bieten. Auf dem spirituellen Weg gibt es auch Wagnis und Abenteuer. Sie überlegen sich vielleicht gerade, ob Sie in eine bestimmte Richtung einsteigen. Das kann in Ihrer Umgebung Veränderungen bringen. Alles strukturiert sich anders. Manches wird aufgegeben werden müssen. Aber Sie können auch alles gewinnen. Sie werden Weggefährten treffen, die denselben Weg ein Stück mit Ihnen gehen werden. Das Thema in Ihrem Leben heißt jetzt »Aufbruch«.

Greif

Er besteht aus dem Kopf eines Adlers und dem Körper eines Löwen. Seine spitzen Ohren stammen vom Drachen. Er gilt als friedliebend und Wächter der Gottheiten. In Indien sollen einst die großen Goldschätze der Götter von Greifen bewacht worden sein. In Griechenland waren sie Begleiter der Rachegöttin Nemesis und wurden häufig auf Gräbern abgebildet. Aber sie zogen auch den Wagen des Sonnengottes Apollo. Apollo ist der weissagende Gott der Prophezeiung, der sich in Rätseln kundtut. Und so ist der Greif eng mit »Rätsel« verknüpft. Wegen seiner Kraft symbolisiert er auch Macht, wegen seines durchdringenden Blicks Wachsamkeit. In Persien sind Greife Bewacher des heiligen Feuers und des Lebenswassers.
Die Greifen können sowohl in der Luft leben wie auch auf dem Boden. Aus diesem Grunde waren sie Inbegriff auch des göttlichen Menschen, der noch auf Erden wandelt und doch mit dem Himmel verkehrt. So wird der Greif Sinnbild für Christus, aber auch als Wächter des Thrones Gottes. Aber er galt auch als Symbol für Habgier und Hoffart. An vielen Kirchenportalen finden wir Greife als Schutz und Wachen vor Dämonen. In Märchen gilt es oft, die vom König verlorene Greifenfeder zu finden und das Königreich samt Prinzessin zu gewinnen. Die älteren Brüder und die Mutter haben keinen Erfolg, nur der jüngste Sohn kann die Aufgabe erfüllen. In der Alchimie wird der Greif im Prozeß der Gewinnung des Steins der Weisen mit dem Vorgang der Destillation, also der Lösung und Verflüssigung, gleichgesetzt. Dabei wird er dem Planeten Mond zugeordnet.

Spirituelle Deutung

Thema: Unterstützung – Weisheit

»Ich erkenne meine göttlichen Helfer.«

Im Alltag bedeutet dies, daß Ihnen Schutz und Hilfe zukommt von Menschen in höherer Position. Dies fördert Ihre Angelegenheiten und treibt positive Früchte. Auf dem spirituellen Weg bedeutet dies ebenfalls Schutz höherer Mächte. Sie haben Gelegenheit, mit Ihren geistigen Helfern oder Schutzengeln in Kontakt zu treten. Daraus werden Sie viel Weisheit schöpfen, die Sie auch an andere weitergeben können. »Bewahren« ist hier Ihr Thema.

Harpyie

Den Griechen galten die Harpyien als die »Rasenden« und waren den Sturmwinden zugeordnet. Sie waren Kinder des Typhon, des Geistes, der die zerstörende Kraft in der Natur symbolisierte. Er erfüllte die Aufgabe, Zeitalter, die sich überlebt hatten, dem Ende zuzuführen. Die Heimat der Harpyien liegt am Tor zur Unterwelt. Die Harpyien besaßen zum Teil überirdisch schöne Menschengesichter, während der Unterleib von den Greifvögeln stammte und scharfe Krallen besaß. Mit ihren großen Flügeln peitschen sie die Lüfte, während ihr Haar im Sturmwind flattert. Diese Menschen-Raubvögel tauchen in allen Kulturen auf, die in Klimata wohnten, wo es elementare Sturmgewalten gab. Die Harpyien sind gleichzeitig Töchter des Thaumas, des Wunders, weil sie so außergewöhnlich in ihrer Erscheinung und Wirkung sind. Auch sind sie mit der Göttin der Morgenröte verwandt, da die Winde sich des Morgens bilden. Wenn früher Menschen plötzlich verschwanden, wurde dies den Harpyien zugeschrieben, die ihre Opfer durch die Lüfte entführten. Sie galten auch als Rachenengel der Götter.

Spirituelle Deutung

Thema: Veränderung – Wachstum

»Ich nehme die Herausforderung an.«

Im Alltag bringt die Harpyie ganz plötzliche und schnelle Veränderungen. Nichts ist plötzlich mehr wie es vorher war. Dies bringt Unruhe und stellt eine Herausforderung dar. Aber seien Sie überzeugt, daß nach dem Sturm wieder ein herrlicher Tag mit gereinigtem Himmel anbricht. Für den spirituellen Weg bringt die Harpyie ganz starke Energien herein, die eine große Verwirrung im Astralkörper auslösen. Starke Konfrontationen mit der eigenen Emotionalität finden statt. Aber diese Transformationsphase ist nötig und wird Sie weit voranbringen auf Ihrem Weg. »Veränderung« ist Ihr Thema.

Sirenen

Sie waren Gestalten, deren Oberkörper weiblich war und deren Unterleib Vogelgestalt hatte. Aphrodite soll Mädchen, die Jungfrauen bleiben wollten, in Sirenen verwandelt haben. Flügel stehen ja stets für »Begeisterung«, und so sind die Sirenen der Inbegriff des begeisterten, magischen Gesangs. Zum einen waren sie gefürchtet wegen der Verwirrung, die sie hervorriefen, denn sie konnten im Gedächtnis der ihnen nahenden Menschen lesen. Sie besaßen also telepathische Kraft, eine lunare Eigenschaft. Zum anderen vermochte ihr Zaubergesang die Gesetze der Zeit aufzuheben. Ein kurzer Augenblick im Bann dieses Gesangs entspricht der Lebensdauer eines irdischen Menschen. Nur der Tod kann einen aus ihren Fängen befreien. Auch wurde ihnen die Fähigkeit zugesprochen, Winde beruhigen oder Menschen in den Schlaf singen zu können, um sie dann zu zerreißen. Im psychologischen Sinne kann man die Sirenen auch als Kraft unseres Unbewußten und als Zustand unseres träumerischen, schlafenden Bewußtseins sehen. Dem damals sich gerade stark entwickelnden Verstand und Tagesbewußtsein stellten die Sirenen natürlich eine Gefährdung dar, da sie einem älteren, mondhaften Entwicklungszustand entsprachen. Ihre Fähigkeiten lagen im Bereich der Hellsinne und Telepathie. Erst als Odysseus sich die Ohren verklebte, seine Hellsinne verschloß, konnte er sie unbeschadet anschauen. Heute gleicht die Menschheit dem Odysseus, der nichts hören wollte und dessen Leistung ganz im Verstandesdenken liegt. Heute wird es wichtig, die Fähigkeiten der Hellsinne wieder aufzunehmen, da die Verstandesarbeit weit entwickelt wurde und nun sehr einseitig zu werden droht.

Spirituelle Deutung

Thema: Inspiration und Verwirrung
»Ich bin Mittler göttlicher Kräfte.«
Im Alltagsleben warnen die Sirenen vor einer Versuchung oder Gefahr. Tun Sie jetzt nichts Übereiltes. Denken Sie gründlich nach. Dem spirituellen Menschen bringen sie vielleicht überraschende Fähigkeiten in der Kunst oder Medialität. Dies kann durchaus ein verwirrendes Erlebnis für Sie und Ihre Umgebung sein. Lernen Sie, daß es auch ein Aus- und Abschalten feinstofflicher Kräfte gibt. Schulen Sie unter Anleitung diese Kräfte. »Unvorhergesehens« und »labile Zustände« sind mit der Sirene verbunden. Verlieren Sie Ihr Ziel nicht aus den Augen.

Garuda

Er ist eine Mischung zwischen Adler und Mensch. Er ist auch ein König der Vögel. Auf ihm reiten der Gott Vishnu und seine Gattin Lakshmi. Vishnu gilt als der Erhalter der Welt, ist die den ganzen Kosmos durchdringende Kraft der Ordnung. Er verkörpert Gnade und Güte. Lakshmi ist die Göttin des Schicksals. Gerät durch das ewige Wechselspiel der Dualitäten die Welt oder das Leben irdischer Geschöpfe aus dem Gleichgewicht, eilt Vishnu zu Hilfe. So gilt er als Glücksgott. Auch Garuda ist ein Glücksbote, dem alles Böse zuwider ist und der die Übeltäter auffrißt. Er wird auch mit dem Sonnenlöwen und dem Sonnenzyklus assoziiert.

Spirituelle Deutung

Thema: Ursache – Wirkung

»Ich schreite mutig voran.«

Im Alltagsleben verspricht der Garuda Glück und auch Gerechtigkeit. Das, was Sie ernten, hängt ganz davon ab, was Sie gesät haben. Den spirituellen Menschen bringt er mit seinem Karma zusammen, was durchaus ein glücklicher Umstand ist, wenn es Situationen gibt, durch die man die Waagschalen der Gerechtigkeit wiederherstellen kann. Das bringt einen großen Schritt weiter auf der spirituellen Bahn. Dies können auch nach außen hin wenig glückliche Zustände sein, aber Sie sehen den höheren Sinn dahinter und die Chance, die Ihnen daraus erwächst.

Basilisk

Er gilt als der König der Schlangen und Kriechtiere. Sein Wesen ist eine Mischung aus Hahn und Schlange. Der Kopf mit Krone und die Füße sind vom Hahn, aber der Körper endet in einen Reptilschwanz. Die Federn seiner Schwingen sind dornenartig. Seine magische Kraft zieht er aus seiner Ausdünstung, die als pestartig beschrieben wird, und seinem bösen Blick. Jedes Lebewesen, das von seinen Kräften erfaßt wird, stirbt auf der Stelle. In der Antike war das Bild noch gemäßigt. Im Mittelalter wurde das Bild des Basilisken ins Grauenvolle gesteigert, zum drachenartigen schwarzen Hahn mit vier Füßen. Der Basilisk entsteht dadurch, daß ein Hühnerei von einer Schlange oder einer Kröte ausgebrütet wird. Zahllos sind die Sagen über Menschen, die mit seinem bösen Blick in Kontakt kamen und den Tod fanden. Der bannende Blick der Schlange scheint das wichtigste Merkmal des Basilisken. Aber auch alles, was er mit seinem Hauch berührt, ist der Verfäulnis und dem Verderben ausgesetzt. Es gibt nur einen Weg, den Basilisk zu töten: indem man ihm einen Spiegel vorhält. Dabei ist wichtig, daß man

den Basilisk umbringt, bevor er seinen Blick wirken lassen kann. Sieht er sich im Spiegel, so zerplatzt er, da er seine eigene Häßlichkeit nicht erträgt. Auch Basilikum soll helfen, Schlangen zu vertreiben, so auch den Basilisk. Der einzige natürliche Feind des Basilisken ist angeblich das schnelle Wiesel. Wohnorte des Basilisken sind Brunnenschächte, Höhlen und Erdlöcher. In der christlichen Lehre ist der Basilisk ein Sinnbild für alles Böse dieser Welt und für den Tod. Christus überwindet das Gift des Basilisken. Christliche Prediger benutzten den Basilisk häufig als Symbol für Redner, die mit ihrem Blick, ihrer Ausstrahlung und ihrer Wortgewalt den Menschen falsche Lehren und Irrglauben vermitteln. Sie träufeln böses Gift in das Herz der Menschen. Gemeint waren damit natürlich die sogenannten Ketzer.
In der Alchimie ist der Basilisk ein Teil der Dualität. Er gehört zum Antimimos, dem göttlichen Nachahmer, der das böse, sündhafte Prinzip ist, das sich im Menschen verkörpert. Dieses Prinzip zeigt sich als Basilisk oder Skorpion. Sein Gegenpol ist der wahre Gottessohn, der Erlöser. Beide drücken die im Merkur vereinte Gegensätzlichkeit aus.

Spirituelle Deutung

Thema: Selbstbehauptung – Angst

»Ich stehe fest und sicher zu mir selbst.«

Im Alltag sollten Sie sich jetzt in acht nehmen vor Angeboten und gut gemeinten Vorschlägen. Es kann sein, daß man Sie ausnutzen möchte. Es könnte aber auch sein, daß Sie dabei sind, einer eigenen falschen Vorstellung oder Idee zu erliegen. Treffen Sie im Moment keine schwerwiegenden Entscheidungen. Warten Sie, bis Sie klare Informationen und Sicherheit haben. Der Basilisk ist mit dem Thema des »Hüters der Schwelle« verknüpft. Es ist die Gestalt, die an der Pforte des Eingangs zur Gotteswelt, zum Einweihungstempel wartet. Hier begegnen sich der Hüter der Schwelle, alle Kräfte des Menschen, die er durch Jahrtausende auf den niederen Ebenen ausgebildet hat, und der Seelenengel des Menschen, sein höheres Selbst. Der Hüter der Schwelle schaut dem Engel mit offenen Augen ins Antlitz. Der Basilisk vereinigt in sich alle Kräfte unseres selbstsüchtigen Verlangens und alle unsere Ängste, die wir durch unsere Lebenserfahrungen aufgebaut haben. Diese Emotionen lassen uns erstarren und sie bannen unser Leben. Dieser Moment macht uns anfällig für allerlei Heilsversprechungen und öffnet die Tore der Illusion, weil wir im Moment schwach sind. Hüten Sie sich vor falschen Versprechungen, vor falschen Lehrern und machen Sie sich keine Illusionen. Nur ein Spiegel, nämlich die Selbsterkenntnis, hilft, den Basilisk zu bannen. Denken Sie immer daran, es sind Sie selbst, den Sie darin sehen. Nehmen Sie Ihren Schatten an, nur so können Sie ihn und damit sich selbst erlösen.

Die neun Vogelattribute

Das Ei

Das Ei galt in seiner Art als ein Wunder und wurde ein allgemeines Symbol für die Schöpfung. Durch Wärme entwickelt sich, für den Betrachter unsichtbar, ein Prozeß, dessen Ergebnis erst mit dem Sprengen der Eischale sichtbar wird. So wurde das Ei zum Symbol für all die unsichtbaren göttlichen Kräfte, die die sichtbare Schöpfung bewirkten. Der Vogel und sein Goldenes Ei wurden zum Sinnbild des ewigen Urgrundes, des Dunkels oder der ersten Ursache, aus der sich unser Universum herausschälte. Der Vogel galt als jenseits von Zeit und Raum lebend. Die unsichtbar schaffenden Götter und tätigen Kräfte wurden mit Vogelnamen belegt. Auch wirken sie im Universum so unsichtbar wie das Küken im Ei. Die Form des Eis verbindet sich mit dem Symbol des Kreises, dem Urzustand vor der Schöpfung. Es ist der Zustand des »Dunklen Wassers«, es ist der Urgrund des »Nichts« und der »Leere«. Im nordischen Mythenkreis ist es »Niflheim« oder »Nebelheim«. Dieser Kreis spaltete sich durch eine Senkrechte in zwei Teile und es entstanden Himmel (Licht) und Erde (Finsternis). Dann erschien als nächste Stufe die Waagrechte, die Schaffung der Elemente. Im Mittelpunkt des Kreises, des Keims im Dotter, sahen die Alchimisten das Zentrum der Schöpfung, den Vogel des Hermes. Das Ei wurde zum Symbol des ewigen Lebens und der Urmatrix, es schwebte im »Wasser des Raumes«. Es war das abstrakte weibliche Prinzip, was sich auch in den Begriffen »Universalseele« oder »anima mundi« ausdrückt.

Es war auch das Zeichen aller Selbstgeborenen und Selbsterschaffenen, da es in sich die Grundbedingungen des neuen selbständigen Wesens trägt. Dionysos entsprang dem Weltenei, wie auch Brahma oder Ra. Der Gott Eros entsprang einem Ei, das von den ätherischen

Winden befruchtet wurde. Der Gott Ptha, der als »Eröffner des Lebens und des Todes« galt, entschlüpfte einem Ei. Das Ei galt auch als Symbol des Auferstehens nach dem Tode und wurde manchmal als über einer Mumie schwebend abgebildet. Dies bedeutete das Aufgehen des geistigen Menschen. Dieser Zustand entspricht in der esoterischen Lehre dem Devachan, dem Land der Wonne, das dem Verstorbenen als Aufenthaltsort dient bis zur Reinkarnation. Auch im Christentum spielte das Ei als Symbol des Todes und der Wiederauferstehung eine Rolle.

Eier dienten auch als augurische Mittel. Dazu wurde ein Ei über das Feuer gehalten. Ob es heil blieb oder in Stücke zerplatzte, gab dem Augur Informationen über das zu erwartende Schicksal. Eier wurden auch als Zaubermittel eingesetzt. Eine Eierschale, die mit einer Nadel zerstochen wurde, soll dem Essenden Übles bringen. Aus diesem Grund zerstampfte man nach dem Genuß des Eis seine Schalen, um alle Möglichkeiten eines Zaubers auszuschließen.

Die Germanen sahen im Ei ein Symbol für den wiedererwachenden Frühling. Die germanische Göttin Ostara stand damit in Verbindung. Als Zeichen der erstarkenden Sonne wurden die Eier mit roter Farbe bemalt. Sie hatten eine erotische Bedeutung und standen für Zeugung und Geburt.

Die Aura des Menschen selbst besitzt die Form eines Eis. Die Aura setzt sich aus Energiefeldern zusammen, die ähnlich Schalen um den physischen Körper gelegt sind. Der Mensch in seinem irdischen Körper ist die Keimzelle, die über seine feinstofflichen Hüllen mit kosmischer Energie versorgt wird. In diesem »Energie-Ei« wächst der Mensch heran, bis er eines Tages ein Entwicklungsstadium erreicht hat, in der er die Hülle sprengt und sich als freier Mensch, als Geist-Selbst entpuppt. Das Ei versorgt so lange den Menschen mit den »überirdischen« Nährstoffen und bildet zugleich einen energetischen Schutz. Es verwundert nicht, daß das Ei deshalb auch als Heilmittel für viele Krankheiten eingesetzt wurde.

In der Alchimie spielt das Ei ebenfalls eine wichtige Rolle und trägt dort den Namen »Ei des Philosophen«. Es ist ein Gefäß, das die »prima materia« enthält, die in sich den gefesselten Weltgeist trägt. An den vier Eckpunkten des Kreises sitzen symbolisch die Elemente. Durch den Prozeß werden die natürlichen Elemente in spirituelle verwandelt. Dadurch reinigt und regeneriert sich der Mikrokosmos und der Adler steigt als befreite Seele daraus empor.

Das ganze Ei

Sie sind gerade in einem inneren Prozeß, wo vieles gärt. Sie haben viele Ideen, und viele Wege tun sich auf. Aber im Moment wissen Sie noch nicht genau, wohin die Reise geht. Geduld und Ruhe braucht es für diesen inneren Wachstumsprozeß. Nehmen Sie sich einen Künstler zum Vorbild. Er hat eine Vision und ringt nun um die Ausführung. Je mehr er sich darauf konzentriert, desto fixierter wird er und desto weiter entfernt er sich von der Vision. Das Werk geht nicht voran und Enttäuschung macht sich breit. Dieser Prozeß ist sehr wichtig. Denn mit der Vision findet eine Identifikation statt. Um diese Vision nun in die äußere Welt zu bringen, muß der Künstler Distanz gewinnen, er muß der Vision eine Chance zur Verselbständigung geben. Kaum läßt der Künstler los und vergißt die Vision, ist die Kraft plötzlich da, das Werk in Angriff zu nehmen. Alles, was wir aus dem inneren seelischen und auch kosmisch-geistigen Urgrund herausziehen und ans Tageslichtbewußtsein bringen wollen, bedarf dieses Prozesses, der durch nichts abzukürzen ist. Die Alchimisten erkannten die Naturgesetze dieses Prozesses.

Das zerbrochene Ei

Sie haben lange genug über Ihren Ideen gebrütet. Ihr Streben nach absoluter Perfektion Ihres Tuns und Denkens läßt Sie glauben, daß Sie noch etwas Zeit benötigen. Aber eigentlich haben Sie Angst davor, sich zu zeigen, sich preiszugeben, und die schützende Hülle zu verlassen. Es ist aber jetzt an der Zeit, die zweite Stufe einzuläuten, nämlich das Erkannte in die Öffentlichkeit zu bringen. Erst da kann Ihr Werk den nächsten Schritt der Reifung nehmen.

Die Feder und die Flügel

In den Federn fängt sich das Licht und die Luft. Sie sind ein Ergebnis dieser ätherischen Kräfte. Sie verbinden den Geflügelten mit der Höhe, mit der Offenheit des Raumes. Damit heben sich die Geflügelten ab von den irdischen Wesen mit Haut und Fell, dringen ein in die Elemente des Geistigen und in dessen Geheimnisse. Vogelfedern enthalten bis zu 77 Prozent Kieselsäure. Diese ist in der Alchimie mit Leichtigkeit und Beschwingtheit verbunden. Sie gehören zum Element Luft und sind dem Tierkreiszeichen Widder zugeordnet.

Federn an sich sind ein Symbol des Fliegens und des Schwunges. Es geht um das Abheben, es berauscht und steht damit der Begeisterung nahe. Begeisterung und Ekstase werden ebenso mit dem Vogelflug verbunden, auch in der Antike waren sie Grundlage für die Orakelschau. Begeisterung bedeutet dabei, daß sich das irdische Ich, der Körper mit der Seele verbindet, was wiederum dem göttlichen Geist ermöglicht, durch dieses so geschaffene Medium zu sprechen. Ohne daß das Medium von dem Geist seines Gottes durchdrungen ist, kann es sich nicht zur klaren Schau aufschwingen. In Ägypten waren die Götter mit Federn geschmückt als Sinnbild ihrer Herrscherwürde. Flügel verleihen Geschwindigkeit und Leichtigkeit, während Flügellosigkeit Schwerfälligkeit und Bodenhaftung bedeutet. Vögel, die nur am Boden leben, haben zurückgebildete Flügel, wie z. B. die Straußenvögel. Der Federpfeil verbindet symbolisch das Ziel der Sehnsucht mit dem Schützen. Im extremen Fall können Flügel auch Unbeständigkeit und Flüchtigkeit bedeuten. Nicht zuletzt wirken Flügel auch schützend. Die gedankenschnelle Bewegung des Geistes und der Schutz der Götter wurden durch geflügelte Wesen ausgedrückt. Gefiederte Flügel ermöglichen also das Fliegen zu ungeahnten Höhen, hin zum Licht, ermöglichen eine Verbindung mit der Luft und dem Raum und verschaffen so einen Überblick. Dinge, die sonst nicht gesehen werden, können in ihrer Ganzheit betrachtet werden. Gleichzeitig werden durch den großen Abstand zur Erde die irdischen Probleme sehr klein. Diese Betrachtung des Alltagslebens aus Distanz wird auch in östlichen spirituellen Praktiken gelehrt, z. B. als abendliche Rückschau.

Daß das Federkleid aber nicht nur als äußere Hülle eine Bedeutung hat, sondern auch eine ätherische innere Entsprechung, wußten noch die Griechen. Es geht dabei um das unsichtbare Federkleid, das Menschen angeboren ist und das ein Seher in seiner übersinnlichen Schau wahrnehmen kann. Er kann am Ätherkörper eines Menschen wahrnehmen, von welchem Vogel das astrale Federkleid stammt. Das heißt dann nicht, daß dieser Mensch ein natürlicher Schwan ist, wie wir dies in den alten Mythen und Erzählungen lesen, sondern daß er die Qualitäten dieses Vogels und seines Gottes besitzt.

Rudolf Steiner griff solche Gedanken wieder auf und schrieb den Federn des Vogels diese seelisch-astralen Kräfte zu, die beim Menschen am Werk sind, wenn er Gedankenarbeit leistet. Deshalb sei es seiner Meinung nach möglich, in der übersinnlichen Schau zu erkennen, welcher Vogelart das emotionale Denken eines Menschen entspricht. In früheren Zeiten zeigte eine Feder auf dem Hut an, daß der Träger ein Raufbold und streitsüchtig ist. Die Feder galt als Zeichen der Herausforderung. Adlerfedern wurden von Indianern und auch Jägern getragen als Zeichen ihres Mutes und ihrer Kühnheit. Im 19. Jahrhundert wurden Vogelfedern zum Moderausch und Millionen von Vögeln mußten für die Putzsucht ihr Leben lassen.

Im Federkleid drückt sich die Persönlichkeit eines Vogels aus. Nimmt man die Federn weg, bleibt nicht mehr viel übrig. Dieses Federkleid entstammt den charakteristischen Formen auf der astralen Ebene und zeugt von bestimmten Qualitäten. Vogelmasken und Federhauben spielen deshalb in menschlichen Riten eine wichtige

Rolle. Mit Anlegen dieser Vogelinsignien gingen auch die entsprechenden astralen Kräfte auf den Menschen über. Das Federkleid verwandelt den irdischen Teil der Wesen und ermöglicht ihm den Eintritt in höhere Welten. Dies kann noch zu Lebzeiten stattfinden, wenn der Mensch sich mit seiner höheren Natur beschäftigt, oder er trifft auf seinen Vogel erst nach dem Ableben und begegnet ihm als Totenvogel. Auch besteht auf der Erde die Differenzierung aller Erscheinung, also die Unterschiedlichkeit. Erst im Himmel heben sich diese Kontraste auf, beginnt die Regentschaft von Gleichheit und Gerechtigkeit. Die Göttin Ma, zuständig für Wahrheit und Gerechtigkeit, trug die Federn eines Strauß, deren Gleichheit ein Sinnbild für himmlische Gerechtigkeit war. Federn galten auch als Zeichen der Würde und waren nur Göttern, Königen oder Priestern gestattet. Auch Künstler verwendeten Federn als Ausdrucksmittel, wobei dies wieder mit der Kraft der Begeisterung zusammenhängt. Die Musen schmückten sich mit Federn, aber auch die Sirenen. Einst soll es einen Sängerwettstreit zwischen Musen und Sirenen gegeben haben, bei dem die Musen siegten. Die Sirenen mußten als Verlierer ihre schönsten Federn abgeben. Flügel und Federn bedeuten immer einen energetischen Fluß, es ist immer eine Bewegung vorhanden. Luft und Licht weben als Kraft in der Bildung des Federkleids mit, das nach außen zusehends verhornt und somit auch Schutz und Hülle bieten kann. Gebärdensprache und Mimik eines Vogels sind stark abhängig von diesem Federkleid. Die Gebärdensprache ist bei den Vögeln sehr lebhaft und vielgestaltig, was sie dem Künstlerischen, dem Inspirativen nahe bringt. Götter und Genien waren meist beflügelt. Die Abwesenheit der Flügel symbolisierte ein Verweilen, einen bleibenden Zustand und ein Ruhen. Die Flügel selbst symbolisierten Schnelligkeit, Schutz, Flüchtigkeit, Wandel, Vergänglichkeit, Unbeständigkeit, Begeisterung und Schwung.
Vielleicht liegt in diesen Qualitäten der Feder der Grund dafür, daß Federbetten und Federkissen angeblich nicht gesund seien. Man könne auf ihnen keinen wohltuenden, tiefen Schlaf finden. Einem

Sterbenden würden Federdecken den Übergang ins Jenseits erschweren, da Federn die Seele zurückhalten.
Eine Feder ist ein Geschenk des Himmels. Es entstammt dem Impuls unseres höheren Selbst und soll uns unsere Träume und inneren Bestrebungen anzeigen. Eine Feder ist ein Wink, uns mit der Qualität des entsprechenden Vogels zu befassen und sie in das eigene Leben zu integrieren. Es liegt darin ein Geheimnis für die eigene Entwicklung verborgen. Es ist eine Feder, die wir zum Bau unseres eigenen »ätherischen« Federkleides verwenden können.

Das Nest

Das Nest der Vögel ist eine Meisterleistung der Flechtkunst und bietet gleichzeitig Umhüllung und Schutz. Erde, Wind und Wasser müssen abgehalten werden, um die Wärme zu regulieren. Gerade die Technik der Wärmeisolation beherrschen die Vögel gut. Vögel haben eine hohe Körpertemperatur, und die Jungen sind in ihrer Nacktheit ganz auf Wärmezufuhr angewiesen.
Symbolisch hängt das Nest eng mit dem Wind zusammen. Um im magischen Zauber den Wind zu knüpfen und zu fesseln, knotete man Stricke nach bestimmten Mustern. Dies pflegten die Seefahrer früherer Zeiten. Das Lösen der Knoten bedeutete die Entfesselung des Windes. In den Mythen gibt es das sogenannte »Nestelknüpfen«: Indem man Fäden verknüpfte, hemmte und fesselte man zauberische Kraft. Es ist eine Art Bannen der ätherischen Kräfte der Luft. Den Kabbalisten war das Nest Symbol für den Garten Eden und für den Himmel. Vogelnester im Garten galten als Glücksbringer. Wer sie mutwillig beschädigte, war dem Fluch der Götter ausgesetzt und Unglück stand ihm ins Haus. Im Traum erschienene Bilder von Vogelnestern mit Eiern und Vogelküken galten als Vorhersage für einen gesegneten Hausstand. Leere Nester zeigten eine lange Abwesenheit von zu Hause an.

Manche Vögel benutzen Baum- oder Erdhöhlen. Sie schließen sich also ab vom Einfluß des Himmels und haben es trocken und warm. Das Nest und die Höhle sind wichtige Stationen auch in der spirituellen Initiation und in der Alchimie. In den Gefäßen, im Nest wird etwas Neues ausgebrütet, wächst im alten irdischen Menschen der neue geistige Mensch heran.

Das volle Nest

Schlagen Sie jetzt Wurzeln und festigen Sie Ihr Leben. Sie haben jetzt die Grundvoraussetzungen in Ihrer Umgebung erreicht, die für Ihre weitere Aufgabe über viele Jahre bestimmend sein werden. Sie haben jetzt einen idealen »Wohnort« oder stehen kurz davor, diesen zu bestimmen. Gerade für die geistige und kreative Entwicklung ist es wichtig, daß man nicht zuviel Energie verbraucht für die Organisation häuslicher Dinge und des Alltagslebens. Der Alltag, die Familie, die Arbeitsumgebung sollten der sichere und gefestigte Hort sein, von dem Sie dann in neue geistige Richtungen aufbrechen können. Das volle Nest bietet auch Schutz und einen Rückzugspunkt. Das Symbol bedeutet eine Komprimierung und Verdichtung der ätherischen Energien, um höchste Kraft zu entfalten.

Das leere Nest

Dies zeigt Ihnen, daß es Zeit für einen Wechsel ist. Der Wechsel des Wohnorts oder Wirkungskreises könnte sich einstellen. Im Moment hat Ihnen die gewohnte Umgebung nichts mehr zu geben. Jeder Ort trägt bestimmte Schwingungen, die man für seine »Arbeit« braucht. Das Symbol zeigt Ihnen, daß die Energie dieses Ortes erschöpft ist. Neue Kräfte brauchen häufig auch ein neues Gefäß. Neue Kräfte gilt es zu lösen und freizumachen. Sollten Sie das Gefühl haben, daß Sie an dem Ort bleiben müssen, so wäre es ratsam, diesen auf energetische Kräfte untersuchen zu lassen oder mit Hilfe des Feng-Shui neue Energiequellen zu erschließen.

Der Baum

In der Alchimie ist der Baum ein Symbol des psychischen Wachstums- und Wandlungsprozesses. Er hat seine Wurzel im Irdischen, zieht daraus die Nährstoffe. Indem er diese verwandelt, dienen sie ihm als Nahrung und er wächst dem Himmel entgegen. Er hat eine mütterliche Bedeutung und symbolisiert die Geburtsstätte, wo wir herkommen, die Lebensquelle, aus der wir trinken. Er verkörpert also den weiblichen Ursprungsaspekt. Die Erde als Erdmutter gab den Menschen mit den Bäumen die erste Nahrung. So wurden Bäume zu Kultbäumen in allen Völkern, unter denen man die ursprüngliche Einheit mit dem eigenen Ursprung, der Erdmutter, versuchte herzustellen. Früchte des Baumes wurden das Opfermahl. Gleichzeitig finden wir den Baum, wie er als Phallus aus dem Manne wächst und damit Zeugungskraft bedeutet. In anderen Schriften steigt die phallische Kraft aus den Wurzeln des Himmelsbaumes herab, während die weibliche Kraft aus den irischen Wurzeln gebärt. So wird der Baum zum Symbol der Zeugung, wird die Bedeutung des Geschlechts bekannt. Zeugung aber beinhaltet auch den Tod, weshalb der Baum ein Symbol für das Grab wird. Häufig wird aus diesem Grunde das Kreuz, an das Jesu genagelt wurde, mit dem Baum gleichgesetzt. Was leben will, muß sterben, um wieder aufzuerstehen. Der Urbaum zeigt auch die Wurzel an, aus der sich alles entwickelt hat, und wird damit zum Stammbaum. Im Paradies steht der Baum der Weisheit, dessen irdische Entsprechung nach der Vertreibung der Baum des Wissens und der Erkenntnis wurde. Aber dieser Baum ist schwer von den anderen Bäumen des irdischen Gartens, die die Begierden und Verführungen darstellen, auseinanderzuhalten. Der philosophische Baum hat wie der Sephirot-Baum seine Wurzeln in der Luft, also im Himmel. Vögel sind als Symbole des alchimischen Prozesses um diesen Baum gruppiert. Seine zwölf Äste symbolisieren die zwölf Gebote und die zwölf alchimistischen Operationen. Manchmal wird Gott gar als Baum selbst bezeichnet,

da er die Wurzel und der Stamm sei, aus dem alles entspringt. Im himmlischen Baum befinden sich die Nester der Vögel oder Engelwesen. In der Alchimie finden wir auf der Krone des Baumes einen Adler, einen Pfau oder einen Storch oder Pelikan mit Nest.
Der Baum war in allen Kulturen das Symbol des Lebens, der Gesetze und der Schöpfung. Dabei geht es um den geistigen Urbaum, den Lebensbaum. Der Baum hat ein ewiges Leben, ruht in sich selbst und wirkt dadurch kräftigend und heilend. Er führt Elemente der Dunkelheit hinauf ins Reich des Lichtes. In seinem Stamm wohnen Dryaden oder Nymphen, die die persönliche Eigenschaft eines Baumes ausmachen und mit diesem leben und sterben. Die Elfen der nordischen Mythologie sind geistige Mittler zwischen Göttern und Menschen. Sie bewohnen die Bäume. Bäume wurden zum Sinnbild des Lebens, da sie den Kreislauf des Jahres anzeigen und somit der Zeit verwandt sind. Sie speichern die Geschichte des Lebens in ihren Jahresringen.
In alten Kulturen gab es heilige Haine von Bäumen, die tabu waren für jeden Frevel und jede Nutzung. Bäume bezeichneten im esoterischen Sinne auch Initiierte. Jesus wurde zum »Baum des Lebens« und Buddha fand Erleuchtung unter dem Baum. Die falschen Lehrer mit bösen Absichten wurden mit verdorrenden Bäumen verglichen, an deren Wurzeln die Axt gelegt wurde. Vögel verteilen die Astralenergie der Bäume, was wir äußerlich daran erkennen, daß sie zur Fortpflanzung und Verbreitung der Bäume eine Menge beitragen.
Ein Vogel und ein Baum symbolisieren, daß Sie Ihren Geist und Ihre Ideen verankern müssen. Sie haben viele Ideen und dauernd gehen Sie mit Neuem um. Sie lassen sich sehr schnell ablenken. Die Krone des Baumes wird breiter und breiter, doch fehlt der Bezug zur Tiefe. Konzentration und Stetigkeit sind gefragt. Begeisterung und stürmisches Vorwärtsgehen haben Nachteile. Stetes, regelmäßiges, beharrliches Bemühen wird Sie weiterbringen auf Ihrem Weg, so wie der Vogel einen Sitzplatz zum Ruhen braucht. Ordnen Sie Ihr Denken und wenden Sie Ihre ganze Konzentration den Dingen zu,

die Sie gerade tun. Dies betrifft auch die kleinen alltäglichen Verrichtungen. Damit wächst Ihr Bewußtsein dem natürlichen Gesetz entsprechend. Orientieren Sie sich an den Prozeßvorgängen der Alchimie. Alles hat seinen steten, unverrückbaren Fortgang, kein Stadium kann übersprungen werden. Lernen Sie Ihre alltäglichen Aufgaben erkennen und annehmen. Das wird Ihnen Kraft bringen und Stabilität.

Der Vogelzug

Der Vogelzug konnte stets zwei verschiedene Bedeutungen haben. Kam er im Frühling, so bedeutete dies die Ankunft von Glück und Segen. Eine hoffnungsfrohe Zeit stand bevor. Die Ankunft der Zugvögel fand seine Entsprechung in Festen und Riten der Erneuerung. Dabei spielte auch die Ahnen- und Tiersymbolik eine große Rolle. Das Bewußtsein sollte wieder mit dem archaischen Mutterboden verbunden werden, mit dem Instinkt, der im Unterbewußtsein schlummert. Stetes Wachbewußtsein bringt eine Verodung und das Fehlen des Instinkts ist häufig eine Quelle der Verwirrungen. Das Band zwischen Bewußtsein und Unterbewußtsein wurde jeden Frühling neu geknüpft. Frühling wurde mit Zeugung, Potenz und Lebensfreude assoziiert.

Verließ der Vogelzug im Herbst die nördlichen Gefilde, um nach Süden zu ziehen, so war es ein Abschiednehmen. Sehnsucht und Trauer waren damit verbunden. Auch die Ungewißheit, welcher Vogel wiederkehrt.

Der Frühlingszug

Im Alltag ist es Zeit, das Leben mehr zu genießen. Feiern Sie die Lebensfreude. Hohe Erwartungen und Pläne können jetzt in Angriff genommen und erfüllt werden. Hohe Erwartungen im äußeren Leben werden sich kaum erfüllen. Es ist Zeit, sich seinem inneren

Selbst zu widmen. Gönnen Sie sich Entspannung, Ruhe und widmen Sie sich der Meditation.

Der Herbstzug

Keine Zeit für allzu große Erwartungen. Die positiven, fördernden Kräfte stehen im Moment nicht zur Verfügung. Manche hohe Idee muß aufgegeben oder verschoben werden. Hohe Erwartungen im äußeren Leben werden sich kaum erfüllen. Es ist Zeit, sich seinem inneren Selbst zu widmen. Gönnen Sie sich Entspannung, Ruhe und widmen Sie sich der Meditation.

Der Vogelschwarm

Eine große Anzahl an Vögeln ist ein sehr gutes Omen für alle Unternehmungen. Die Kräfte multiplizieren sich. Auf der anderen Seite mag es für manchen ein Symbol für numinose Ängste sein. Man denke nur an den berühmten Film »Die Vögel« von Alfred Hitchcock. Harmlose, alltägliche Vögel werden zu unberechenbaren Gefahren, stehen für eine Ansammlung unterbewußter Ängste, die nicht faßbar sind. Viele Menschen haben aus diesem Grunde Angst vor flatternden Vögeln. Vögel sind schnell, schwer zu fangen und wirken als Schwarm äußerst verwirrend.

In der Deutung ist das Auftauchen des Vogelschwarms günstig für die Menschen, die ein klares Ziel vor Augen haben und ihr momentanes Leben auf solidem Sockel gegründet haben. Dies bringt Ihnen ein Mehr an dynamischer Energie in die gewählte Richtung.

Menschen, deren Zustand im Moment labil ist, könnten eher ein Plus an Verwirrung erfahren, was jegliche Art von Ausgeglichenheit noch mehr bedrohen könnte. Hier wäre es sinnvoll, sich auf einen Vogel zu konzentrieren, um erstmals eine Balance herzustellen. Denn Sie befinden sich gerade in einem Zustand der Orientierungslosigkeit, obwohl es viele Möglichkeiten und Ideen gibt.

Die vier Lebensräume der Vögel und ihre Beziehungen

Für das Orakel und seine Deutung spielen die Lebensräume mit ihren entsprechenden Elementen eine wichtige Rolle. Die Elemente und die dazugehörenden Vögel finden Sie auf den Karten vermerkt. Es ist bedeutungsvoll im Orakel, in welchem Element ein Vogel sich im Moment bewegt. Dies schafft eine Beziehung zwischen den Elementen und damit den Lebensräumen und Ausdrucksebenen. Die aktiven Elemente wie Luft/Feuer und Wasser/Erde vertragen sich, aber die gegenüberliegenden wie Feuer/Wasser oder Luft/Erde vertragen sich schlecht. So ist es durchaus wichtig, zu betrachten, in welchem Elemente ein Vogel sich gerade bewegt. Bewegt er sich in einem seinem eigenen Lebensraum adäquaten Element, so wird das seine Kräfte positiv unterstützen. Im anderen Falle schwächt dies seine Kräfte, und diese haben für den Moment nicht die nötige Durchsetzungskraft.
Sie finden zunächst den Bezug zu den Vögeln, die mit dem jeweiligen Element verbunden werden. Dann folgen die einzelnen Kombinationen eines Elements mit den anderen Elementen und die damit verbundenen Aussagen.

Wasser

Wasservögel – Die Welt der Gefühle –
Das Sich-Lösende – Die reinigende Kraft
Sie wurden mit dem Wasser in Verbindung gebracht, womit zunächst das Urmeer oder das mythische Urwasser gemeint ist. Es ist der Zustand, in dem die Elemente noch nicht getrennt sind und keine Differenzierung vorliegt. Es ist auch dieses Meer oder See, durch das wir nach unserem Tod wieder zurückkehren werden. Zunächst

findet ja der Prozeß statt, in dem wir unseren Körper sozusagen abgeben und er sich dann wieder in die Elemente und Grundsubstanzen auflöst. Dies ist das Reservoir der Naturkräfte, die dem Pan zugeordnet werden. Dahinter liegt das Jenseits. Auf dem See schwimmt der Schwan, der, gleich einem Fährmann, durch seinen Gesang den Seelen die Richtung weist. Gelöstheit und Vertrauen sind die Kräfte des Wassers. Das melancholische Temperament wird ihm zugeordnet. Das Wasser ist stets in Bewegung, wie der Mond. Es bringt tausend Formen an den Tag und ist wechselhaft in seiner Stimmung. Es steigt zur Höhe, ist also optimistisch, aber es fällt auch als Regen wieder nieder und sammelt sich in der Tiefe, also in der Depression. Sensibilität, Kreativität und Mitgefühl liegen in diesem Element. Das Wasser ist ständig in Bewegung, grenzenlos und schwer zu fassen. Es wirkt reinigend und heilend.

Aktive Kraft: Gefühl, Schöpfertum, Sensitivität, Tiefgründigkeit, Hilfsbereitschaft, Teilnahme
Blockierte Kraft: Angst, Labilität, Weltflucht, Depression, Selbst-Flucht, Irrationalität
Wirkungsebene: Die Ebene des Gefühls und des Schöpferischen. Die Beziehung und Unterstützung sind nötig
Zu erwerbende Kraft: Stabilität
Zu lernende Lektion: innerer Frieden

Kombinationen des Elements Wasser: Das Einbeziehende

Wasser – Wasser
Heimat – Verlorenheit
Das Meer des Unbewußten, der Sehnsüchte und Träume. Sich-Lösen, Sich-Treiben-Lassen sind das Thema. Für alle kreativ Schaffenden ist dies Lebenselixier. Für die Alltagsrealitiäten ist das unfaßbar, undurchschaubar und nicht verläßlich. Fehlt die Spannung, das Gefühl, nichts tun zu können, so kann dies zu Depressi-

vität führen. Die Tiefe der eigenen Gefühle mag für manche erschreckend sein und dies vermag die Lebenskraft herabzuziehen. Wasservögel wie der Schwan muten uns sehr elegant in ihren Bewegungen an. Vollendete Schönheit lädt zum Träumen ein, regt unsere Phantasie an. Gleichzeitig drückt sich darin aber auch schmerzhafte Vergänglichkeit aller Dinge aus. So wurde der Schwan wie auch das Wasser zum Symbol von Leben und Sterben zugleich. Es ist der Urgrund, aus dem alles entsteht und wohin auch alles zurückkehrt.

Kommentar
Für alle Tätigkeiten der Außenwelt, des Alltags, steht jetzt wenig Energie zur Verfügung. Ihre inneren Kontinente kommen in Bewegung, was Ihnen zu Beginn vielleicht angst macht, sich auf den kosmischen Ozean einzulassen. Erschließen Sie sich Ihre inneren seelischen Bereiche. Widmen Sie sich esoterischen Lehren, Ihren Träumen, und schaffen Sie Ausdruck für Ihre schöpferischen Kräfte, die sich nicht an Zweck und Nutzen orientieren. Es geht um Sie selbst.

Wasser – Feuer
Intensität – Überspanntheit
Dies hat mit Lebenslust zu tun, mit Gefühlen, die das Leben antreiben. Gefühl und Lebenskraft vereinigen sich zum Eros. Das Sicheinfühlen-können ist eine wichtige Kraft. Es kann auch zur Leidenschaft und zum Sinnenrausch führen, wenn Gefühle stets den Willen schüren. Wasser kann sehr besitzergreifend sein und vom Leben, dem Feuer also, alles fordern. Dies trübt die klare Sicht und die Einsicht. Ein Zug von Wasservögeln, die in Richtung Sonne ziehen, mag uns ein Bild dieses Gefühls geben. Aber es könnte auch Ikarus sein, der im Übermut der Sonne zu nahe kam und seine Flügel verbrannte.

Kommentar
Überprüfen Sie die Forderungen, die Sie an das Leben stellen. Versuchen Sie sich in einer Haltung, etwas genießen zu können, auch ohne es besitzen zu wollen. Loslassen ist angesagt, da Sie sich sonst in Gefühlswogen wiederfinden werden, die Sie sehr viel Kraft kosten werden, um wieder in ruhiges emotionales Gewässer zu kommen.

Wasser – Erde
Phantasie – Verwirrung
Hier gilt es, die unendliche Welt der eigenen Gefühle und Befindlichkeiten an den Alltag anzupassen. Können diese Gefühle nicht in die Außenwelt integriert werden, so entsteht ein Stau, der sich in Schmerz und Depression äußert. Da, wo Entwicklungen verkrusten und starr werden, entsteht Leidensdruck. Es gilt, die eigene Phantasie auszudrücken und greifbar zu machen. Auch eine relativierende Einstellung zum Alltäglichen gilt es zu ermöglichen, da man weiß, die Welt ist viel größer und weiter. Manche Wasservögel erscheinen in ihren Bewegungen zunächst plump, da sie mit ihren Schwimmhäuten nicht an die Erde angepaßt sind. Aber sie haben eine eigene Grazie und ihre Füße muten wirklich phantastisch an, wie von einer anderen Welt.

Kommentar
Im Moment sind Sie sehr verletzlich und verwundbar, da Ihre Gefühlswelt auf Ausdruck drängt. Dies ist ein wichtiger Prozeß der Reinigung. Sie nehmen viele Gefühle in Ihrer Umgebung wahr, die ja alle verarbeitet sein wollen. So ist es nicht Zeit, sich beruflichem Erfolg zu widmen, sondern Ihre Gefühle zu erforschen, damit Sie im Einklang mit Ihrer Welt leben können. Ein schöpferisch kreativer Lebensweg ist ratsam.

Wasser – Luft
Die ganze Bandbreite menschlicher Emotionen kann hier einen Ausdruck finden. Die Schönheit der Gedanken motiviert die Kreativität. Andere Menschen können sich sehr gut einfinden und sich hineinfühlen in die künstlerischen Werte. Es verschafft den kollektiven Gefühlen Ausdruck und man wird zum Sprachrohr derselben. Sehr sensibel reagiert man auf die Umwelt. Es kann auch zu einer sehnsuchtsvollen melancholischen Stimmung kommen und man kann zum Traumtänzer werden. Kein Bild vermag dies besser zu dokumentieren als ein Zug von Wasservögeln im Herbst. Man möchte mitfliegen.

Kommentar
Entfalten Sie Ihre eigene Wirklichkeit und folgen Sie der Welt Ihrer Träume. Ihr inneres Selbst gibt Ihnen in den Träumen den für Ihr Leben wichtigen Richtungsimpuls. Es kommt alles so, wie es für Sie richtig ist. Dies müssen Sie zu erkennen lernen. Hören Sie auf Ihre Eingebungen und Ihre innere Stimme. Halten Sie nicht fest an falschen Wertvorstellungen im Leben, an äußeren Zielfixierungen.

Feuer

Die Feuervögel – Die Welt des Willens –
Das Sich-Offenbarende – Die antreibende Kraft
Das sind die Vögel, die dem Mars oder der Sonne zugeordnet wurden. Es sind die Greif- und Rabenvögel. Sie haben scharfe Krallen, viel Kraft und können sich hoch in der Luft und damit der Sonne am nächsten bewegen. Sie werden den göttlichen Kräften zugeordnet, überbringen Erkenntnis und Gesetze der Götter. Die Lieblinge dieser Vögel sind die Helden, denen sie Mut, Scharfsinn und Tatkraft bringen. Das cholerische Temperament wird ihnen zugeordnet. Das Feuerelement enhält den Willen und die Lebens-

kraft. Es ist die Kraft des Antriebs, der Begeisterung und Lebendigkeit. Sie ist impulsiv und vorwärtstreibend. Die Lebenskraft fließt ungehindert durch den Feuertypus, was ihn lebenbejahend macht. Wegen seiner Stärke sieht er sich als Zentrum. Um diese Kraft zu entfalten, braucht es Bewegungsspielraum und Freiheit.

Aktive Kraft: Lebensfreude, Dynamik, Enthusiasmus, Impuls, zentriert, zielorientiert, Schaffenswille
Blockierte Kraft: Ungeduld, Anmaßung, Leidenschaft, Willkür, Direktheit
Wirkungsebene: Es wirkt durch den persönlichen Willen und das persönliche Selbst. Arbeit an den Kräften des Selbstes. Selbstverwirklichung
Zu erwerbende Kraft: Selbstkontrolle
Zu lernende Lektion: Liebe

Kombinationen des Elements Feuer: Das Wollen

Feuer (Licht) – Feuer
Intensive Leidenschaft – Fanatismus
Dies ist eine überaus energetische Kombination, die starken Durchsetzungswillen bewirkt. Das Erreichen des Ziels wird unter allen Umständen bis zur Selbsterschöpfung durchgeführt. Es besteht die Gefahr der Überforderung und der Ausschließlichkeit, die vor nichts haltmacht. Das Zeichen eines Anführers. Im spirituellen Sinne wird diese Kombination als Weg beschrieben, auf dem ein Jünger seine Willenskräfte zum Selbstverbrennungsplatz führt. Aus dieser Verbrennung des Eigenwillens steigt er als Phönix empor. Der scharfe Blick eines Greifvogels ist ein Symbol für diese Kraft.

Kommentar
Großes ist im Moment erreichbar. Gehen Sie aber mit Augenmaß vor.

Feuer – Luft

Begeisterungsdrang – Illusion

Eine Kraft der Begeisterung und der großen Hoffnungen ergibt sich aus dieser Kombination. Jugendliche Unbekümmertheit und ein Drang, sich selbst auszuleben, kommen hier zur Geltung. Realistisches und nüchternes Denken werden wenig angenommen. Frustrationen werden nur schwer verdaut. Die Realität wird als Hindernis und Begrenzung gesehen und kann so schnell zur Enttäuschung werden. Hochfliegende Pläne gehören hierhin, der große Wurf und nicht der Weg der kleinen Schritte. Alles oder nichts ist das Motto, denn das Erlebnis von Intensität ist wichtig. Das Bild von dem in großen Höhen kreisenden Greifvogel mag ein Symbol für diese Kombination sein.

Kommentar

Es ist gut, daß Sie hohe Ziele vor Augen haben. Aber konzentrieren Sie sich, betrachten Sie die Dinge immer wieder, bis das Ziel klar vor Augen steht. Damit erreichen Sie es.

Feuer – Erde

Anfeuernde Kraft – Erfolgszwang (Mißerfolg)

Dies bringt eine Motorik und Tatkraft, die zur Verwirklichung realer, irdischer Ziele antreibt. Selbstverwirklichung und Beharrlichkeit kommen hier zusammen. Keinen Platz haben hehre Gedanken, das Machbare ist entscheidend. Die Materie wird zum Zweck. Der Erfolg spricht für sich. Gerade in der Kombination dieser Elemente gilt es einen Gleichlauf zu finden zwischen Entspannung und Spannkraft. Diese Kombination hat etwas Anfeuerndes, das einen im Zustand der Ekstase über sich hinauswachsen läßt. Das Feuer schmilzt das Irdische, reinigt es und wandelt es. Es ist der alchimistische Prozeß der Kalzination, der Veraschung, was dem psychischen Prozeß der Überwindung des egozentrierten Willens entspricht. Der Adler begibt sich nur zur Erde, um sein Wild zu schlagen. In der Tat ein schwieriges Unterfangen für ihn, das oft mißlingt, von dem aber sein Überleben abhängt.

Kommentar
Konzentrieren Sie sich nicht ausschließlich auf den Erfolg oder die Folgen, denn dies könnte einen Mißerfolg nach sich ziehen. Erkennen Sie das wirklich Notwendige. Nehmen Sie die nötigen Entscheidungen selbst in die Hand. Achten Sie die Gesetze und die Ansprüche anderer.

Feuer – Wasser
Herausforderung – Ohnmacht
Eine Kombination, die brodelnd ist und aufschäumend wie eine Gischt. Gefühl und Wille treffen hier zusammen. Jeder Handlungsimpuls wird vom Gefühl mitbestimmt. Eine große Kraft, die allerdings der Formung durch das Feste, der Erde, bedarf, um alles Potential zu verwirklichen. Schwankend zwischen Selbstüberzeugung und Selbstzweifel. Der Wille setzt Dinge ins Werk, mit denen man gefühlsmäßig auch verbunden ist. Dies bewirkt Lebenserfahrung. Gefühlsmäßig weiß man aber oft nicht, wohin einen der eigene Weg treibt, so daß der Wille sich schwertut, ein Ziel festzumachen. Schwankende Entschlüsse sind die Folge davon. Der Fischadler mag ein Symbol für diese Kombination sein. Die Berührung mit dem Wasser fordert seine ganze Kraft und all seine Erfahrung, denn der Fisch kann ihn auch ins Wasser hinabziehen.

Kommentar
Diese Kombination fordert Sie heraus, ganz klar zu erkennen, welche unterbewußten Gefühle Ihre Willenskraft schwächen könnten. Zweifel, ob das der richtige Weg ist, unterhöhlt Ihren Willen. Lernen Sie ganz hinter Ihren Entschlüssen zu stehen, da sonst der Erfolg ausbleibt.

Luft

Die Luftvögel – Die Welt des Denkens –
Das Unabhängige – Die Kraft des Auftriebs
Dies sind vor allem die Singvögel. Sie drücken die göttliche Kraft durch ihren Jubelgesang aus. Expressiv und kommunikativ sind sie, schöpferisch ist ihre Tätigkeit. Beweglichkeit und Wandelbarkeit sind ihre Kraft. Ihnen entspricht das sanguinische Temperament. Das Luftelement füllt die Zwischenräume aus und zeigt sich als Beziehungen herstellend, als Interesse und als Kommunikation. Luft ist unabhängig, beschwingt und läßt die Dinge immer aus der Höhe, der Distanz betrachten. Aber Luft ist auch Träger von Schwingungen, wie Worten oder Tönen. Es hat mit Selbstausdruck zu tun.

Aktive Kraft: Transparenz, Objektivität, Perspektive, Flexibilität, Erkenntnis, Verbindung
Blockierte Kraft: Sinnlosigkeit, Leere, Beziehungslosigkeit, Zweifel, Weltenferne
Wirkungsebene: Luft wirkt auf das Denken und drückt sich in der Kommunikation aus. Interesse, neue Ideen, Zusammenhänge herstellen
Zu erwerbende Kraft: Teilnahme
Zu lernende Lektion: Brüderlichkeit, Zugehörigkeit

Kombinationen des Elements Luft: Der Austausch

Luft – Luft
Das Wesentliche – Abtrennung
Für alle hohen Gedankenziele und Weisheitslehren ist diese Verbindung günstig. Die reine Luft sucht nach der Essenz, die so unsichtbar wie sie selbst ist. Aber Luft verbindet sich mit nichts, was eine Entfernung von jeglichem Körperbewußtsein, eine Abkehr vom

Irdischen hervorrufen kann. Dies kann sich darin äußern, daß man das Gespür für alles Lebendige verliert und in einer Welt der kühlen Werte lebt. Unverbindlichkeit und schnelle Auffassungsgabe stehen hier nebeneinander. Der Drang zur Ungebundenheit, zur Freiheit ist ganz enorm. Alle Singvögel mit ihrem munteren Flug stehen für diese Elementenkombination.

Kommentar
Es ist an der Zeit, daß Sie alles für Sie in Betracht Kommende auf den essentiellen Gehalt überprüfen. Weisheit kann sich Ihnen erschließen, die Sie auch an andere weitergeben können. Pflegen Sie regen Austausch mit anderen Menschen. Entwickeln Sie ein Gespür für alles Lebendige.

Luft – Feuer
Begeisterung – Glaubenssystem
Das Wissen und die Kenntnis von Regeln bestimmen hier das Wollen. Wahrheit und Weisheit beeinflussen das Handeln. Aber es können auch Vorstellungen von außen sein, fremde Prinzipien und Regeln, die zum Handeln antreiben, was nicht dem eigenen Willen entspricht. So steckt man in einem Widerspruch. Man weiß dann nicht mehr weiter. Dann sucht man nach jemandem, der einem beim eigenen Selbstausdruck behilflich sein kann. Daraus entsteht dann das Dilemma, daß man auf die Hilfe von jemandem angewiesen ist, Rücksicht nehmen muß und doch eigentlich lieber alles selbst machen würde. Wenn man nur könnte. Der Zaunkönig steht für diesen Fall, da er des Adlers bedarf, um Sieger im Höhenflug zu werden. Die Lerche schafft dies aus eigener Kraft.

Kommentar
Setzen Sie Ihre ureigenen Gedanken um. Achten Sie nicht auf althergebrachte Meinungen oder Kindheitsmuster, die Sie von Ihrer Eigenständigkeit abhalten. Verwirklichen Sie Ihre Ideen.

Luft – Wasser
Frische – Flüchtigkeit
Die unendliche Weite, das Nicht-Faßbare locken hier. Stetig entstehen neue Ideen, neue Phantasien. Das Geheimnisvolle der ziehenden Wolken ist verlockend, das Geheimnis dahinter. Nichts ist eindeutig und scharf umrissen. Unendliche Variationen an Bilderfolgen beleben die Phantasie. Ein Gespür für das, was in der Luft liegt ist, eine natürliche Gabe dieser Kombination. Für die Umgebung erscheint man nicht so ganz greifbar und seriös, da nicht faßbar. Im Extremen kann dies zu einem Zustand führen, in dem man sich stets dem Leben entzieht, auf der Flucht vor dem Leben ist. Der Flug einer Wasseramsel oder eines Eisvogels übers Wasser entzieht sich unserem Auge, ist nur mit Geduld zu beobachten. Die erfrischende Fröhlichkeit und das Humorvolle dieser Kombination kommen zum Ausdruck, wenn Singvögel sich beim Baden förmlich mit Wasser überschütten.

Kommentar
Alles schöpferische Tun wirkt für Sie erfrischend. Gehen Sie mit Humor und Leichtigkeit an alles heran. Verjagen Sie Gedanken, die Sie an Vergänglichkeit und Vergangenheit erinnern. Machen Sie etwas aus Ihren Ideen, gestalten Sie sie.

Luft – Erde
Freiheit – Gebundenheit
Dies schafft eine gute Gabe, die Dinge aus einem Abstand heraus zu begutachten, aus der Luftperspektive. Vielerlei Verstrickungen lassen sich da entwirren. Alles kommt auf die Verbindung zwischen beiden an. Geht es um die eigenen Probleme, verzichtet man gerne auf eine Betrachtung derselben und beschäftigt sein Denken lieber mit anderen Dingen. Man zieht sich in den berühmten Elfenbeinturm zurück. Man scheut Bindungen aller Art, ist aber doch in sich selbst gebunden. Das eigene Denken in das eigene Tun zu integrie-

ren, ist hier die Aufgabe. Gute Vorsätze gibt es viele, aber erst der Gedanke, der zur Tat wird, schafft Lebenswerte. Singvögel trennen diesen Bereich stark. Auf dem Boden, dem irdischen Alltag, suchen sie Nahrung für ihren Körper. Dann erheben sie sich in die Luft und widmen sich dort ihrem kreativen Ausdruck. Und doch gehört beides zusammen.

Kommentar
Damit sich Ihre Absichten erfüllen können, kommen Sie nicht umhin, auch Verbindungen aufzunehmen und Verbindlichkeiten einzugehen. Das bringt natürlich manche Einschränkung mit, aber wichtig ist doch, daß Sie Ihr Ziel erreichen.

Erde

Die Erdvögel – Die Welt des Handelns
Den Bodenvögeln entspricht das fixe Element Erde. Die Konzentration richtet sich auf das Irdische und Praktische. Bodenvögel verbringen viel Zeit, Nahrung zu suchen. Verwurzelung und Festigkeit sind ihre Kraft. Das Temperament ist phlegmatisch. Hühnervögel kümmern sich nur um das Nächstliegende, sie lieben nicht die großen Entfernungen und Veränderungen. Die Kräfte sind stark in den Füßen konzentriert. Sie fliegen dann, wenn es nicht mehr anders geht. Manche haben die Flugfähigkeit sogar zurückgebildet. Das Erdelement vermittelt Konzentration und Stabilität. Die Beweglichkeit ist reduziert auf das Wesentliche. Es geht um die Formung und Gestaltung, um das Grundlegende und zu Bewahrende. Erde braucht Zeit, hat selbst viel Geduld und ist friedfertig. Unnachgiebigkeit und Widerstand vermittelt sie.

Aktive Kraft: Verantwortung, Stabilität, Struktur, Gestaltung, Gleichgewicht, Sinnlichkeit, Besonnenheit

Blockierte Kraft: Fixierung, Unbeweglichkeit, Isolation, Schweigsamkeit, Schwermut, Besitzbewahrung
Wirkungsebene: Die Erde bedarf des praktischen Tuns und Handelns. Sichtbare Gestaltung ist gefragt. Anderen gibt sie Schutz und Nahrung
Zu erwerbende Kraft: Beweglichkeit
Zu lernende Lektion: Dienen, Demut

Kombinationen des Elements Erde: Die Tatkraft

Erde – Erde
Innere Stärke – Erstarren
Sicherheit geht hier über alles, weshalb die Ordnung eines überschaubaren Raumes gesucht wird. Alles von außen Kommende wird in diesen eingefügt. Das Recht, das aus der Verwurzelung stammt, ist seine Kraft. Dies kann Stabilität geben, einen Hort der Zuflucht, kann aber auch kalt und einsam machen. Manchmal fehlt die Phantasie, daß es außerhalb des eigenen Kreises noch viel Interessantes geben könnte. Dieses Erstarren in Zwanghaftigkeit kann alles sinnlos machen. Die Kraft des Widerstandes, das Sich-nicht-dem-Schicksal-Beugen, gehört hierher. Beharrlichkeit ist ihre Stärke. Reine Erdvögel sind z. B. die Strauße, diese wuchtigen Vögel, die sich nicht mehr in die Luft erheben können. Ausdauernd sind sie und ihre starke Verteidigungswaffe sind ihre Füße.

Kommentar
Dies verheißt Ihnen Stabilisierung Ihrer Kräfte in den irdischen Bereichen und im körperlichen Bereich. Integration des Vorhandenen ist im Moment gefragt, um eine neue Ausgangsbasis zu schaffen. Entscheidungen, die Veränderungen und Wandel betreffen, sind derzeit nicht günstig zu fällen, da erst die innere Stabilität dafür dasein muß. Stabilität bedeutet aber nicht ein Erstarren oder Abwehren.

Erde – Luft
Gleichgewicht – Ungewißheit
Gedankenkraft verbindet sich mit dem Praktischen. Schwerfälligkeit, fixierte Gedanken lassen sich mit Beweglichkeit und Positivität verbinden. Aber man kann sich in den Einzelheiten und der Akribie verlieren, so daß der Inhalt verlorengeht. Alle natürlichen Dinge inspirieren zum Nachdenken, und selbst entfernte Zusammenhänge können erfaßt werden. Das Leben muß mit dem Denken verknüpft werden. Der Pfau, im biologischen Sinne ein Erdvogel, schläft nachts auf Bäumen, sucht also die Verbindung zur Luft. Rebhühner begeben sich nur in die Luft, wenn es nicht mehr anders geht, z.B. bei Gefahr. Sie fliegen nur kurze Strecken und suchen bald wieder die Erde auf.

Kommentar
Denken Sie, bevor Sie handeln. Für alles, was Sie tun, brauchen Sie im Moment noch mehr Informationen. Besorgen Sie sich diese. Danach können Sie zur Tat schreiten. Die Kombination zeigt Strebsamkeit und hohe Ziele an.

Erde – Feuer
Kraft der Verwandlung – Unterdrückung
Die Erde umhüllt das Feuer und das Magma. Die kreative Kraft des Feuers wird zurückgehalten und gestaut, denn Feuer bedeutet auch Veränderung. Die Erde möchte an der Sicherheit des Ist-Zustandes festhalten. Eine explosive Mischung. Die Kraft der Verwandlung steht hier. Die Kontrolle des Feuers, also des Willens, spielt eine Rolle.

Kommentar
Sie schieben im Moment tausend praktische Gründe vor, wieso Sie dieses oder jenes nicht in Angriff nehmen können. Finden Sie heraus, was Sie wirklich wollen, und schreiten Sie dann zur Tat.

Erde – Wasser

Einfühlungsvermögen – Selbstauflösung

Sicherheit und Sicherung spielen hier eine große Rolle, da die Erde das Gefühl kontrolliert. Mühelos lassen sich Lasten tragen und harte Arbeit verrichten. Zuviel Gefühl weicht allerdings die Erde auf, was Angst bedeutet. Angst, den sicheren Boden zu verlieren. Erde gibt dem Wasser den Rahmen und stellt die Regeln auf, was ein Akt der Grenzensetzung zur eigenen Sicherheit ist. Erde wirkt auf das Wasser wie ein Filter und das Wasser befruchtet im Gegenzug die Erde. Dies ist ein schöpferischer Prozeß. Die Erdvögel haben als Wat- und Sumpfvögel Bezug zu dieser Elementenkombination. Es sind Vögel, die schon im Federkleid und ihren rituellen Umgangsformen sehr viel Originalität und Künstlerisches ausstrahlen.

Kommentar

Sie sollten im Moment alles auf Ihre schöpferische Kreativität setzen. Seien Sie flexibel und wandlungsfähig, denn viele neue Möglichkeiten werden gerade »ausfiltriert«. Zementieren Sie im Moment nichts, sondern lassen Sie sich mit dem Fluß treiben.

Literaturverzeichnis

Agrippa von Nettesheim: *Magische Werke,* Ansata Verlag, Schwarzenburg 1979

Benker, Gertrud: *Eule und Mensch,* Eulen Verlag, Freiburg 1993

Blavatsky, H. P.: *Die Geheimlehre,* Verlag J. J. Couvreur, Den Haag

Campbell, Joseph: *Mythologie der Urvölker,* Sphinx Verlag, Basel 1991

Christie, Anthony: *Chinesische Mythologie,* Emil Vollmer Verlag, Wiesbaden 1968

Davy, Marie-Madeleine: *Geschöpfe der Sehnsucht,* Walter Verlag, Düsseldorf 1994

Friedreich, J. B.: *Symbolik und Mythologie der Natur,* Sändig Reprint, Vaduz 1984

Gattiker, Ernst u. Luise: *Die Vögel im Volksglauben,* Aula Verlag, Wiesbaden 1989

Gebelein, Helmut: *Alchemie,* Eugen Diederichs Verlag, München 1991

Golowin, Sergius: *Das Geheimnis der Tiermenschen,* Sphinx Verlag, Basel 1993

Gubernatis, Angelo de: *Tiere indogermanischer Mythologie,* Sändig Reprint, Vaduz 1978

Hildegard von Bingen: *Schriften,* Insel Verlag, Frankfurt a. Main, 1980

Ions, Veronica: *Indische Mythologie,* Emil Vollmer Verlag, Wiesbaden 1967

Jens Hermann: *Mythologisches Lexikon,* Wilhelm Goldmann Verlag, München 1964

Julius, Frits H.: *Die Bildersprache des Tierkreises,* J. Ch. Mellinger Verlag, Stuttgart 1991

Julius, Frits H.: *Das Tier zwischen Mensch und Kosmos,* Verlag Freies Geistesleben, Stuttgart 1970

Jung, C. G.: *Der Mensch und seine Symbole,* Walter Verlag, Olten 1980

Jung, C. G.: *Mysterium Coniunctionis, Bd. 1–3,* Rascher Verlag, Zürich 1955

Jung, C. G.: *Psychologie und Alchemie,* Rascher Verlag, Zürich 1944

König, Karl: *Bruder Tier,* Fischer Taschenbuch Verlag, Frankfurt a. Main 1983

Lurker, Manfred: *Adler und Schlange,* Verlag R. Wunderlich, Tübingen 1983

Paracelsus: *Sämtliche Werke,* Verlag Gustav Fischer, Jena 1930

Poppelbaum, Hermann: *Tier-Wesenskunde,* Philosophisch Anthroposophischer Verlag, Dornach 1982

Seel, Otto: *Der Physiologus,* Artemis Verlag, Zürich/München 1992

Sonnenschmidt, Rosina/Knauss, Harald: *Die Sinne verfeinern,* VAK Verlag, Freiburg 1996

Röhl, Alexandra: *Geflügelte über uns,* Verlag Freies Geistesleben, Stuttgart 1975

Schöpf, Hans: *Fabeltiere,* VMA Verlag, Wiesbaden 1992

Tiessen, Heinz: *Musik der Natur,* Atlantis Musikbuch Verlag, Zürich 1989

Wachsmuth, Guenther: *Erde und Mensch,* Philosophisch Anthroposophischer Verlag, Dornach 1980